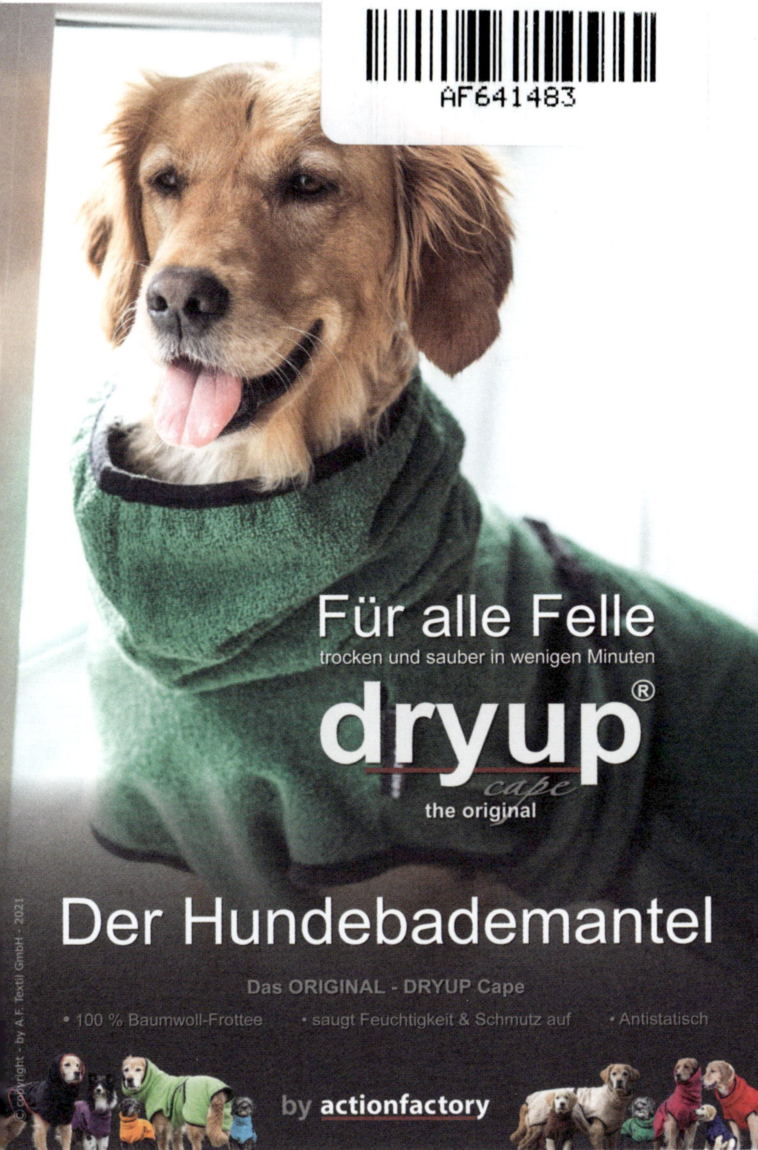
Für alle Felle
trocken und sauber in wenigen Minuten
dryup®
cape
the original
Der Hundebademantel
Das ORIGINAL - DRYUP Cape
• 100 % Baumwoll-Frottee
• saugt Feuchtigkeit & Schmutz auf
• Antistatisch
by actionfactory
© copyright - by A.F. Textil GmbH - 2021

Susanne Rohmund

FRED & OTTO

unterwegs im Pfälzer Wald und an der Weinstraße

Wanderführer für Hunde

Inhalt

Nördlicher Pfälzer Wald

Haardtrand und Weinstraße

Südpfalz und Wasgau

Nordwestliche Pfalz

3-Tages-Tour entlang des Weinsteigs

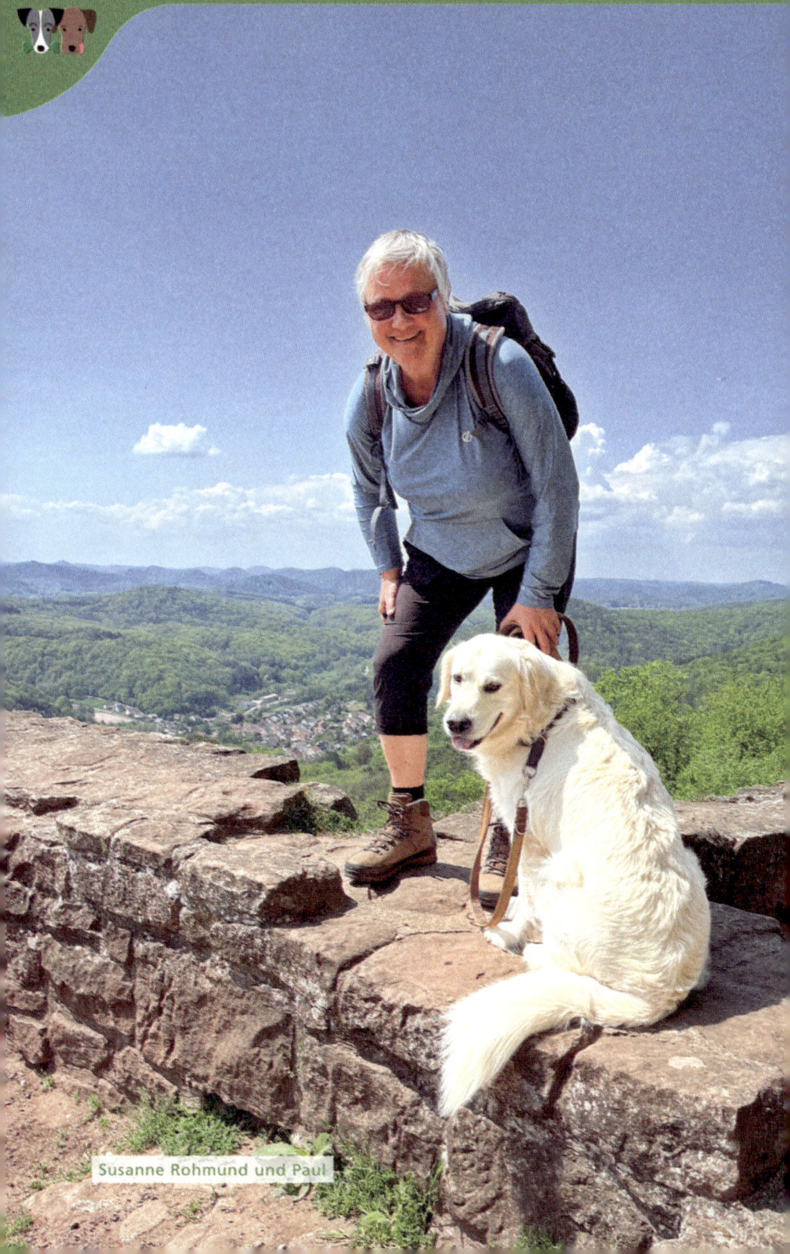

Susanne Rohmund und Paul

Vorwort

Zugegeben: Mit meinem Hund Paul zusammen hätte ich den Wald am liebsten für mich alleine. So wie an Regentagen, wenn nur wenige Menschen unterwegs sind. Trotz des Bedürfnisses nach Einsamkeit in der Natur, gebe ich meine Tourentipps gerne preis, damit auch andere die geheimen Pfade finden. Und so entstand vor einigen Jahren der Wunsch, einen Wanderführer für Hunde zu schreiben. Das Ziel: Schöne Touren abseits der Wanderautobahnen für Hundemenschen publik zu machen. Der Zufall, Google, ein Telefonat nach Berlin brachten mich und den Verlag zusammen: Der Wanderführer „Fred & Otto unterwegs im Pfälzer Wald und an der Weinstraße" ging an den Start.

Im Wald unterwegs zu sein, war schon immer mein Ding: Ich bin am Waldrand aufgewachsen. Meine Eltern wollten allerdings keinen Hund. Ich aber unbedingt, und deshalb musste die Nachbarshündin, ein schwarzes Schäferhundmix-Mädchen namens Laika, nach der Schule mit mir in den Wald. Ob sie wollte oder nicht. Bergauf und bergab. Erst abends erhielten die Nachbarn ihren müden, dreckigen, aber zufriedenen Vierbeiner zurück. Mit 40 Jahren bekam ich endlich meine eigenen Hunde. Maxx und Otto, zwei sechsjährige Golden Retriever aus dem Tierschutz. Jetzt mussten die beiden mit mir in den Wald. Bergauf und bergab. Tief rein in den Pfälzer Wald. Je einsamer, desto besser. Müde, dreckig und sehr zufrieden lagen wir abends auf dem Sofa.

Schöne Touren für Mensch und Tier zu planen und auszukundschaften, entwickelte sich zu meiner Leidenschaft. Ich machte einen Kurs zur Wanderführerin und nahm Familie, Freunde, Freundinnen und auch Fremde mit in meine grüne Welt. Immer wieder erklärten mir die Wandernden, dass sie wenig Orientierung haben und den Weg vor lauter Schildern oft nicht finden würden. Sich deshalb immer nur auf ausgetretenen Pfaden bewegen? Aus Angst, sich zu verlaufen? Das ist langweilig für Hund und Mensch, finde ich.

Ich hoffe, mit diesem Wanderführer Hundebesitzerinnen und -besitzern Mut zu machen, sich rauszuwagen, tief rein in den Pfälzer Wald oder in die Weinberge. Oder in Gebiete, wie beispielsweise den Donnersbergkreis oder den Wasgau, wo es an vielen Stellen abgeschieden ist.

Ein wichtiges Anliegen sind mir außerdem Touren für Seniorenhunde, die sich natürlich auch für sehr junge Hunde eignen. Als Maxx und Otto älter wurden und wir einen weiteren Goldi bei uns aufnahmen, die zehnjährige Lotti aus Ungarn, hatten meine Touren plötzlich ganz andere Anforderungen: nicht zu lang, moderate Steigungen, weicher Boden, eine warme, gemütliche Hütte oder einen Picknick-Platz zum Ausruhen, ein Schnüffel-Highlight für die Sinne, wie beispielsweise ein Wildsauloch, und, je nach Tagesform, die Möglichkeit zum Abkürzen. Mein Co-Autor Paul profitiert immer noch, an warmen Tagen, von diesen Seniorenhunde-Runden, denn selbst ein vierjähriger Hund ist froh, wenn dann die Tour nicht so lang ist und Schatten, Wasser und Pausen bietet.

Noch ein paar Worte zu meinem ständigen Begleiter: Paul, klar, ebenfalls ein Golden Retriever. Er wurde mit eineinhalb Jahren vom Vermehrer – der ihn als Zuchtrüde nutzen wollte, wozu Paul sich aber nicht eignet – abgegeben. Er landete im Tierschutz, schließlich als Pflegehund bei uns in der Pfalz, und durfte bleiben.

Klar, ich würde auch ohne Paul in den Wald gehen. Aber es macht einfach keinen Spaß ohne ihn. Wandern ohne Hund ist wie Fahrradfahren ohne Gangschaltung, wie Essen ohne Gewürze. Kann man machen, ist aber freudlos. Paul wurde nicht müde, auf den Wanderungen für dieses Buch immer gut gelaunt zu sein. Er grinste an den unmöglichsten Stellen in die Kamera und zog mich am Geschirr den Berg hoch, wenn ich keine Puste mehr hatte oder mir die Füße schmerzten. Dafür dankte ich ihm auf jeder Wanderung mit einem großen Fleischwurstbrötchen. Das Brötchen ist mittlerweile zur Tradition auf allen längeren Märschen geworden.

Danken möchte ich auch meiner Frau Ute, die diesem Buch immer wieder Inspiration und mir Motivation zum Fertigschreiben gab. Meine Familie und alle meine Freunde, mit oder ohne Hund, haben mich auf Touren begleitet. Was für ein Geschenk! Ganz besonders oft war

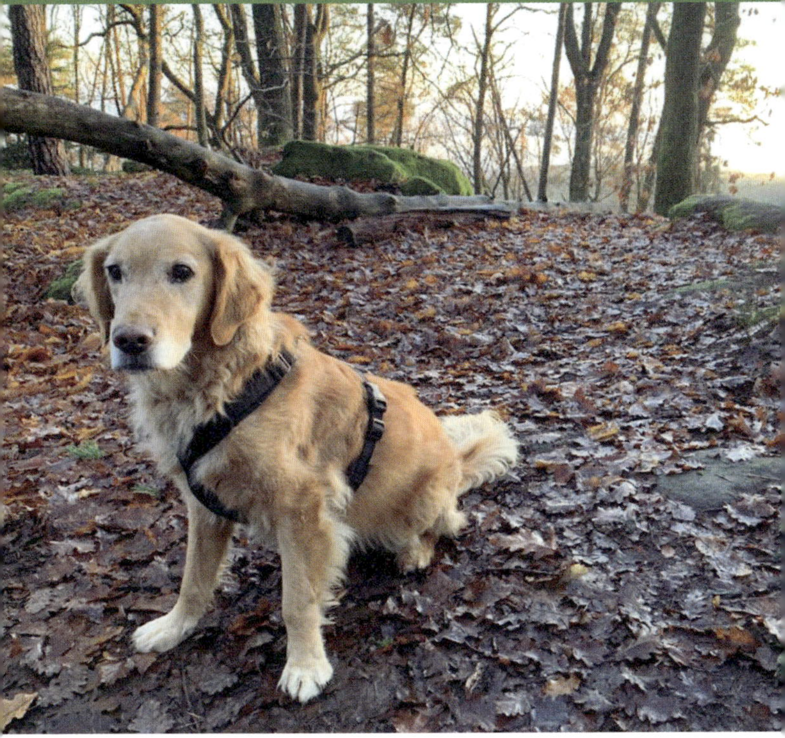

Seniorenhündin Lotti liebte ihre Kurzwanderungen.

unsere Trauzeugin Chris dabei, die nicht nur meine treuste Wanderfreundin ist, sondern mir auch das Pilzefinden beigebracht hat. Und von meiner Freundin Alex stammen einige der schönsten Fotos in diesem Buch. – Danke dafür!

Ich wünsche allen Hunden, aber auch ihren Besitzern mit diesem Wanderführer viel Spaß; den ein oder anderen Regentag, an dem ihr die Waldpfade und Hütten für Euch alleine habt; rücksichtsvolle E-Biker; volle Schorle-Gläser und leckere Wurstbrötchen für Eure Hunde. Möge Euch der Weg entgegeneilen und der Wind immer in Eurem Rücken sein!

S. Rohmund

Was zu beachten ist … Wandern mit Hund

Wandern mit Hund, ist das etwas anderes als der tägliche Spaziergang? Ja, auf jeden Fall! Die Touren sind länger und haben unterschiedliche Schwierigkeitsgrade. Abseits bekannter Spazierwege gelten oft andere Regeln. Zudem sind zusätzliche Aspekte für den Vierbeiner zu berücksichtigen. Schließlich trägt der Besitzer die Verantwortung für sich und seinen besten Freund.

Daten und Fakten zum Wanderführer

Dieser Wanderführer richtet sich an Hundebesitzer und Urlauber genauso wie an „Einheimische". Die meisten Touren sind Rundwanderungen, bei denen unterwegs eine hundefreundliche Einkehrmöglichkeit besteht. Bei der Auswahl wurde darauf geachtet, Touren mit unterschiedlichen Längen, für verschiedene Jahreszeiten und mit unterschiedlichen Schwierigkeitsgraden vorzustellen: leicht, mittelschwer, schwer (IronDog-Touren)– und Seniorenhunde-Runden. Gerade der Pfälzer Wald eignet sich für jeden Fitness-Level. Auch Junghunde und ältere Hunde finden eine passende Tour, denn kaum einer der Berge ist höher als 600 Meter. Die Anstiege sind meist sanft, die Waldpfade weich, und nur sehr selten gibt es Wege mit kleinen Schottersteinen. Leichte Wanderungen entsprechen meist breiten Forst- und Waldwegen ohne nennenswerte Steigungen. Mittelschwere Wanderungen sind anspruchsvoller. Hier können lange Wege, Steigungen, schmale Pfade oder rutschige Wurzeln das Wandern erschweren. Schwere Wanderungen sind sehr lange Touren mit einigen Aufstiegen. Hund und Mensch sollten für diese Touren fit und trainiert sein.

Die Gehzeiten in diesem Wanderführer entsprechen der üblichen Berechnung: Bei flachen Strecken wurden 4 Kilometer pro Stunde kalkuliert. Das ist ein Durchschnittswert. Manche Wandersleute sind schneller. Andere – vor allem Besitzerinnen und Besitzer von geruchlich interessierten Hunden – schaffen weniger Kilometer pro Stunde.

In diesem Wanderführer gibt es zusätzlich 15 Seniorenhunde-Runden. Vor allem unsere sehr alten Freunde lieben kurze Strecken, flache Wege mit weichem Boden und Abwechslungen, die die Sinne anregen. Sowie natürlich kleine Pausen zwischendurch. Diese Runden sind jeweils am Ende beschrieben und verfügen, falls nötig, ebenfalls über eine bei Komoot abrufbare Karte.

Die Touren in diesem Buch sind von Norden nach Süden nummeriert und

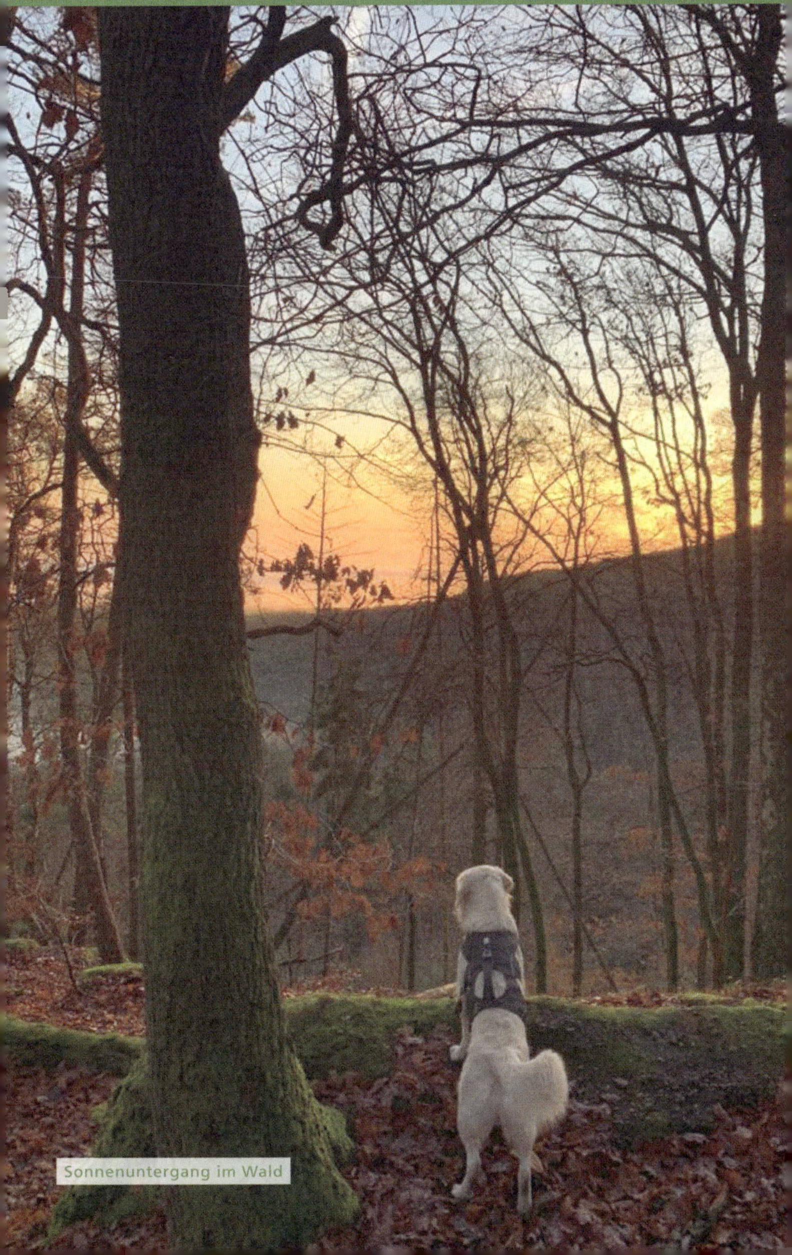

Sonnenuntergang im Wald

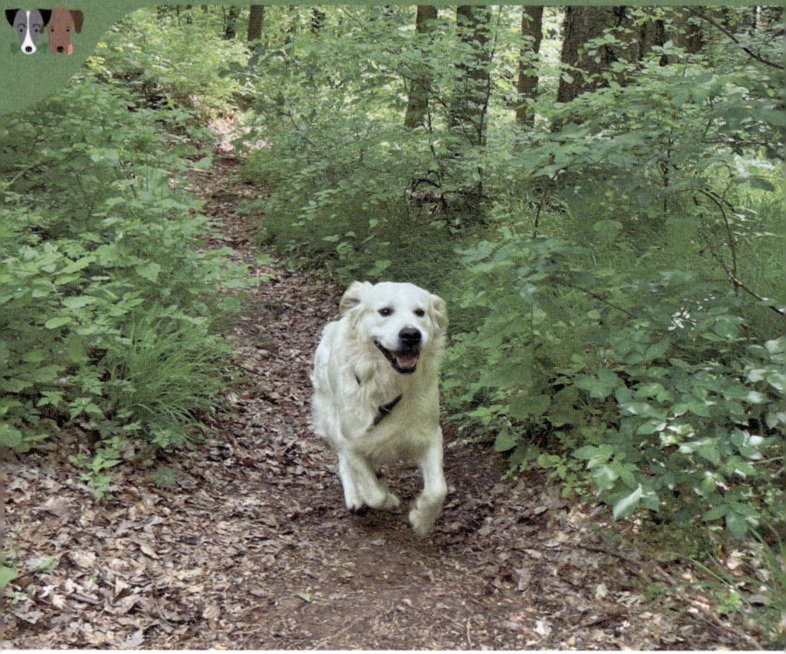

Raus aus dem Alltag, ab in den Wald

entsprechend in der Klappkarte eingezeichnet. Die Detailbeschreibungen wurden nach bestem Wissen und Gewissen recherchiert. Trotzdem kann es möglich sein, dass sich Strecken verändern. Die Natur zeigt nach einem kalten, nassen Winter ein neues Gesicht. Wanderwege wuchern zu und werden plötzlich nicht mehr gepflegt. Oder kleine Waldpfade sind nach einem trockenen Sommer oder Schneebruch gesperrt. Auch Gastro- und Übernachtungsangebote sind nicht in Stein gemeißelt. Hotels schließen oder Öffnungszeiten der Waldhütten variieren. Was sich auch immer für Korrekturen ergeben: Wir freuen uns jederzeit über Feedback.

Wandern mit Komoot

In diesem Buch finden sich alle wichtigen Informationen, von der Anfahrt über die genaue Route inklusive GPS-Daten bis hin zu Verpflegungs- und Übernachtungsmöglichkeiten. Zusätzlich können alle Wanderungen und Karten via App auf das Smartphone geladen werden. Dazu muss zunächst die kostenfreie App Komoot im App-Store oder im Play-Store heruntergeladen und installiert werden. Nachdem ein ebenfalls kostenfreier persönlicher Account angelegt ist, kann man „FRED &OTTO unterwegs …" bequem und einfach folgen. Dazu den Gutscheincode (siehe vordere Klappe des Buchs) im Komoot-Menü eintragen – und los geht's. Die Wanderungen können dann auch online heruntergeladen und offline gelesen werden.

Wandern gut planen

Jeder, der einen Vierbeiner hat, ist täglich draußen unterwegs. Doch anders als der tägliche Spaziergang benötigt eine Wanderung Vorbereitung. Wichtig ist dabei nicht nur die eigene Kondition, sondern auch, die des Hunds richtig einzuschätzen. Entsprechend sollten Tourenlänge, Schwierigkeitsgrad und Pausen bedacht werden. Lange, schwere Wanderungen sind übrigens für Hundewelpen und Junghunde – je nach Rasse von 12 Monaten bis zu 2 Jahren –, kranke sowie ältere Hunde nichts. Gleiches gilt für schwere oder kurzbeinige Rassen oder untrainierte Hunde. Dementsprechend bitte Länge und Schwierigkeitsgrad lieber zu langsam als zu schnell steigern.

Ein weiterer Punkt, der in der Planung bedacht werden sollte: das Wetter. Die Pfalz verfügt im Frühling, Herbst und Winter meist über gemäßigtes Klima. Der Sommer ist allerdings sehr heiß. Wanderungen können dann bei Mensch und Tier zur Überhitzung oder gar zum Sonnenstich führen. Deshalb an heißen Tagen nur sehr früh morgens kurze Touren wandern. Alle Wanderungen in den Weinbergen sind bei Sonnenschein im Sommer nichts für Hunde. Schon frühmorgens heizt es sich hier besonders schnell auf, denn es gibt kaum Schatten. Die Weinberge sind im Herbst, wenn sich die Blätter färben, oder im Frühjahr, wenn die Mandelbäume blühen, ohnehin am schönsten. In diesem Wanderführer sind einige Wanderungen aufgeführt, die sich auch für den Sommer eignen, weil sie Weiher oder Bäche sowie Schatten bieten.

Die richtige Ausrüstung für den Menschen

Gut passende, wasserfeste Wander- oder Trekkingschuhe sind die Grundausstattung für eine schöne Wanderung. Selbst im Mittelgebirge danken es die Füße nach einigen Kilometern. Auch alle anderen Kleidungsstücke sollten bequem sitzen und im Idealfall nach dem Zwiebelprinzip übereinander angezogen werden. So kann man sich an schwankende Temperaturen anpassen. Eine atmungsaktive Regenjacke, die gegen Nässe und Wind schützt, sollte bei unbeständigem Wetter nicht fehlen. Auch in der Pfalz kann es regnen.

Für Tageswanderungen reicht ein Rucksack mit einem Volumen von 20 bis 35 Litern. Ein guter Wanderrucksack besitzt einen Hüftgurt, der bei richtigem Sitz die Last von den Schultergurten nimmt. Schwere Lasten sollten grundsätzlich nah am Körper getragen werden, damit der Wanderer nicht vom schlecht austarierten Rucksack aus dem Gleichgewicht gebracht werden kann.

In den Rucksack gehören:
» mindestens 1-2 Liter Wasser
» Proviant (Müsliriegel, Nüsse, Trockenfrüchte, Brote, Käse, Obst)
» Wanderkarte
» Erste-Hilfe-Set
» Rettungsdecke
» Telefon
» Taschentücher
» Sonnenschutz
» Mückenspray
» Multifunktionsmesser
» Stirnlampe
» Powerbank für Handy
» Personalausweis (bei Grenzübertritt)

Das braucht der Hund

Für kürzere Wanderungen im Flachland reicht ein Halsband. Bei längeren Touren sollte der Hund unbedingt ein gut sitzendes Brustgeschirr tragen. Wer Wanderstöcke benutzt oder die Hände gerne frei hat, ist mit einem Hüftgurt gut beraten. So schleift nichts auf dem Boden herum.

Ins Hundegepäck gehören:
» Leine
» Geschirr
» Wasser (je nach Hundegröße mindestens 1-2 Liter)
» Faltnapf oder Hundetrinkflasche
» Hundekotbeutel und Transportgefäß (Plastikbox)
» evtl. Hundemantel (je nach Empfindsamkeit und Alter des Hundes)
» Erste-Hilfe-Set (siehe Infobox)
» Snack
» Handtuch
» Tuch als Liegefläche für Einkehr oder Pause
» Heimtierausweis (bei Grenzübertritt) mit gültigem Impfnachweis
» Bei Übernachtung: Futter und Schlafdecke

Im Gegensatz zum Menschen braucht der Hund unterwegs keine große Mahlzeit, freut sich natürlich über einen Snack. Futter bitte spätestens 1,5 Stunden vor der Wanderung geben. Und, klar, danach, wegen des erhöhten Energiebedarfs.
Auch in der Natur sollte der Hundekot aufgelesen werden. Zum einen könnte die Hinterlassenschaft auf Weidewiesen wieder in die Nahrungskette gelangen. Abgesehen davon wird vermutet, dass Hundekot im Gras oder

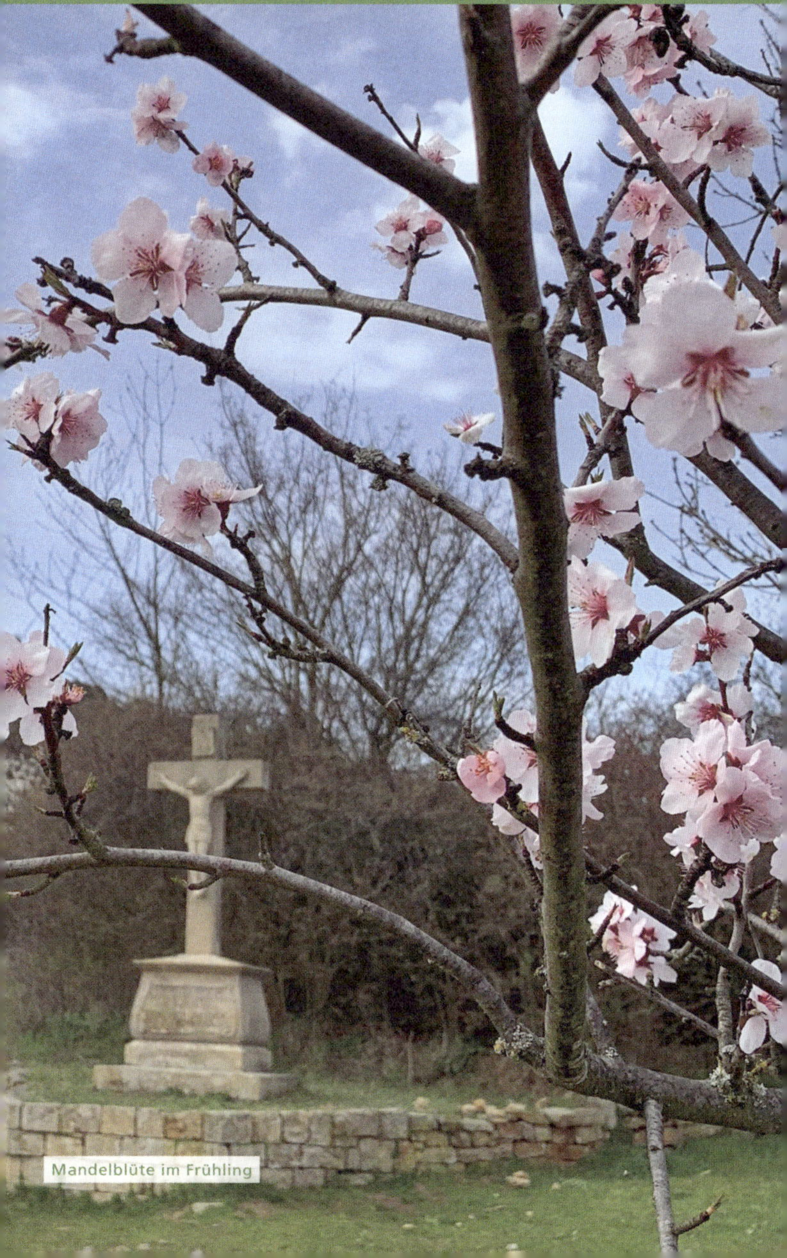

Mandelblüte im Frühling

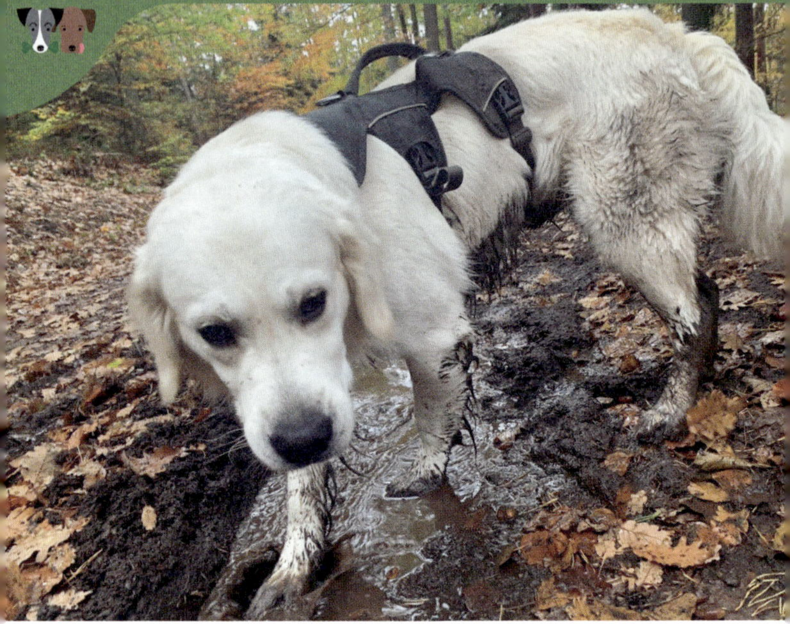

Gehört ins Gepäck: ein gutsitzendes Brustgeschirr

Heu für Kälbersterben verantwortlich ist. Eine gut verschlossene Plastikbox bringt die Kot-Tüte zum nächsten Mülleimer.

Erste Hilfe

Wer unterwegs ist, muss damit rechnen, dass auch mal was passiert. Mitten im Wald ist kein Tierarzt verfügbar, und so muss man seinem Hund erst mal selbst helfen. Aus eigener Erfahrung: Die häufigsten Verletzungen, die beim Wandern auftreten können, sind aufgerissene Ballen oder eingetretene Fremdkörper, wie spitze Dornen. Denn das, was der Mensch gar nicht spürt, weil er gute Sohlen an seinen Wanderschuhen hat, kann für den Hund eine Tortur sein: spitze Steine, scharfe Kanten oder Dornen. Deshalb unterwegs immer mal wieder die Pfoten checken und vielleicht sogar mit etwas Melkfett eincremen. Bewährt hat es sich auch, einen Pfotenschutzüberzieher und Watte zur Polsterung dabei zu haben.

Tipps für Notfälle gibt es auf der Webseite www.erste-hilfe-beim-hund.de. Dort finden sich beispielsweise Notfallmaßnahmen, falls es, anders als geplant, doch sehr heiß oder auch sehr schwül geworden ist

Erste-Hilfe-Ausstattung für Hunde

- Maulkorb oder Maulschlaufe
- abgerundete Pinzette, um damit z. B. Stacheln und Dornen aus den Pfotenballen zu entfernen
- Pfotenschutzschuh oder -schuhe
- Watte für Pfotenpolsterung
- Melkfett zum Eincremen der Pfoten
- Mullbinde für Druckverband
- Verbandspäckchen, steril
- Fixierbinde, selbsthaftend
- Heftpflasterrolle
- Desinfektionsspray
- Latexhandschuhe
- Zeckenzange
- Hunderettungsdecke für den Transport eines verletzten Hundes

und der Hund, im schlimmsten Fall, an Überhitzung leidet. Oder was tun, wenn der Hund einen Elektroschock vom Weidezaun erhalten hat oder von einer Wespe gestochen wurde?

Verantwortung für Hund, Wildtiere, Natur, Mitmenschen und uns selbst

Als Wanderer müssen wir für unsere vierbeinigen Begleiter mitdenken. Zum Beispiel, dass der Hund normalerweise 17 bis 20 Stunden Ruhe am Tag benötigt. Dementsprechend sollten wir auf unseren Wanderungen Pausen einplanen! Bei zu heißem oder zu kaltem Wetter werden wir uns gut überlegen, welche Wanderung wir uns und unserem Hund zumuten. Wenn weder wir noch der Hund richtig fit sind und kränkeln, reichen die üblichen Gassirunden völlig aus. Wir sollten erst wieder zu Kräften kommen, auch wenn es sich „nur" um einen Durchfall oder um eine Magenverstimmung handelt. Hunde können uns ihre Schmerzen und Entkräftung nicht so gut mitteilen, wie es nötig wäre. Deshalb ist Mitdenken wichtig.

Und besonders in der Natur heißt es: mitdenken. Im Frühjahr sind die Flitzewiesen zwar besonders schön, aber hier könnten auch Rehkitze schlafen, die unser Hund aufschreckt. Im Winter könnten die halbzugefrorenen Weiher zur tödlichen Falle werden. Und auch ein sonst nicht jagdlich motivierter Hund hat die Entenküken plötzlich zum Fressen gern. Wir Hundehalter sind in der Verantwortung, solche Gefahren von unseren Tieren, aber auch von Wildtieren fernzuhalten. Einige Wanderungen führen uns an eingezäunten Schafen, Ziegen, Kühen und Eseln vorbei. Auch für diese Tiere gilt: Rücksichtnahme. Augen auf und frühzeitiges Anleinen sind für mich in solchen Situationen immer die erste Wahl, auch bei einem sehr gut abrufbaren Hund.

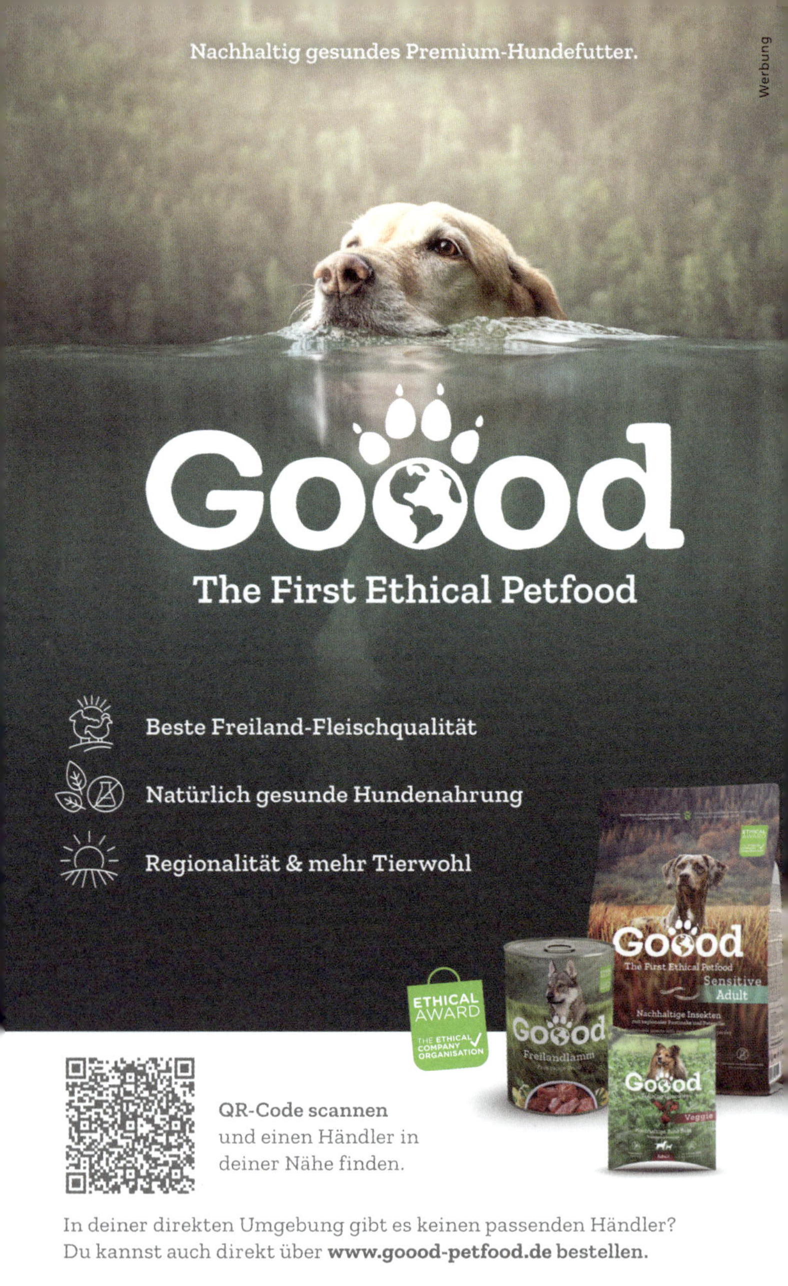
Nachhaltig gesundes Premium-Hundefutter.
Werbung
Goood
The First Ethical Petfood
Beste Freiland-Fleischqualität
Natürlich gesunde Hundenahrung
Regionalität & mehr Tierwohl
ETHICAL AWARD
THE ETHICAL COMPANY ORGANISATION
Goood
The First Ethical Petfood
Sensitive
Adult
Nachhaltige Insekten
Goood
Freilandlamm
Goood
Veggie
QR-Code scannen
und einen Händler in
deiner Nähe finden.
In deiner direkten Umgebung gibt es keinen passenden Händler?
Du kannst auch direkt über www.goood-petfood.de bestellen.

Leine ja oder nein? Dieses Thema sorgt immer wieder für hitzige Diskussionen. In Rheinland-Pfalz dürfen sich Hundehalterinnen und -halter glücklich schätzen, denn das Gesetz ist zunächst mal auf der Seite derer, die ihren Hund freilaufen lassen wollen und können. Die gesetzlichen Pflichten werden durch das rheinland-pfälzische Landeshundegesetz geregelt. Das Gesetz sieht generell keinen Leinen- oder Maulkorbzwang für die Tiere vor, egal wo sie sich aufhalten. Im Pfälzer Wald dürfen Hunde abgeleint werden, aber auch hier gibt es Ausnahmen. Schonungen, Pflanzgärten und Forstanlagen, um nur einige zu nennen, dürfen nicht betreten werden. In einzelnen Naturschutzgebieten gilt eine Anleinpflicht, die in der Regel über Schilder angekündigt wird. Städte, Kommunen und Gemeinden haben außerdem das Recht, eigene Bestimmungen und strengere Regeln aufzustellen – was meist auch erfolgt. Tourismusbüros und Forstämter geben Auskunft über die örtlichen Pflichten.

Um auf den Touren möglichst vorausschauend zu handeln, sind in diesem Wanderführer Punkte, die eine Gefahr für Hund, Wild oder Natur bedeuten könnten, wie beispielsweise Straßen oder steile Hänge, vorrausschauend beschrieben. Die größte Gefahr für die Natur sind aber bekanntlich nicht Tiere wie unsere Hunde, sondern wir, die Menschen. Wer sich gerne in der Natur bewegt, dem liegt das Thema Naturschutz am Herzen. Klar, dass wir auf markierten Wegen wandern. Keine Anpflanzungen zerstören. Zur Brut- und Setzzeit unsere Hunde nicht in Wiesen rennen lassen, um Bodenbrüter aufzuschrecken. Unsere Hunde baden nicht in geschützten Gewässern. Seltene Pflanzen dürfen zwar bestaunt, aber nicht abgepflückt werden. Pilze dürfen gesammelt werden, aber nur in einer Menge, die eine Familie abends frisch essen kann. Und natürlich wird der eigene Müll mitgenommen und in der Zivilisation entsorgt.

Rücksicht und Verantwortung gegenüber der Natur, ein guter Wanderführer im Gepäck, ein perfekter Wald, feiner Wein, vorzügliches Essen und der beste Freund an unserer Seite: Viel mehr, als unterwegs zu sein an der Weinstraße und im Pfälzer Wald, kann das Leben nicht bieten.

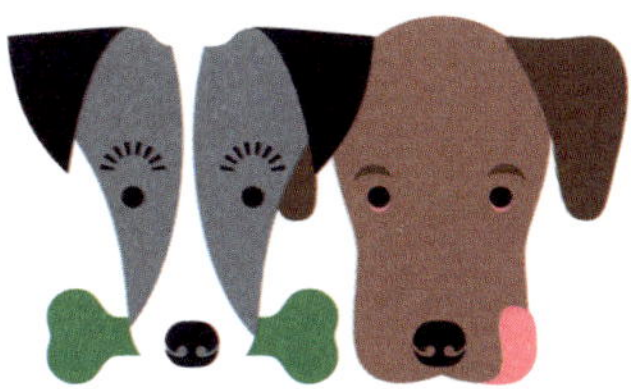

DER PFÄLZER WALD UND DIE WEINSTRASSE

Kaum eine andere Gegend Deutschlands bietet so viel Abwechslung wie der Pfälzer Wald: artenreiche Mischwälder, sonnige Wiesentäler, Bäche und Weiher, mächtige Felsentürme, sagenumwobene Burgruinen, mittelalterliche Dörfer, endloses Rebenmeer, guter Wein und unglaublich leckeres Essen. Das alles macht die Weinstraße und den Pfälzer Wald, dem größten zusammenhängenden Waldgebiet Deutschlands und einem der größten Europas, so einzigartig.

Als Wirtschaftsfaktor für die Holz- und Tourismusindustrie sowie die Land- und Wasserwirtschaft hatte der Pfälzer Wald schon immer einen hohen Stellenwert. Bereits 1958 wurde der Naturpark Pfälzer Wald gegründet, als einer der ersten Naturparks in Deutschland. In den 1990er-Jahren erhielt er dann sogar den Ritterschlag. Seither dürfen sich der Pfälzer Wald sowie Teile der Weinstraße UNESCO Biosphärenreservat nennen, ein insgesamt 179.000 Hektar, also rund 128.000 Fußballfelder großes Gebiet. Das Reservat soll Vorbildcharakter haben und nimmt an vielen Forschungsprojekten teil, wie beispielweise neue Wege in der Holzbewirtschaftung, die Rettung alter Nutztierrassen oder die Wiederansiedlung von Luchsen.

Historische Plätze und Waldhütten

Den landschaftlichen und kulturhistorischen Reiz des Waldes wussten die Menschen schon immer zu schätzen. Zahlreiche Kultstätten der Kelten zeugen davon – wie beispielsweise der Opferstein unterhalb des Orensfelsens nahe Frankweiler (Tour 15) oder die Neun Steine, ein keltischer Steinkreis in der Nähe von Hettenleidelheim (Tour 5). Übrigens: Auch den Römern gefiel es. Sie blieben länger als gedacht und brachten Wein, Feigen, Pomeranzen und Esskastanien. Letztere sorgen nicht nur für einen großen Sammel-Spaß im Herbst (Tour 6), sie kommen auch gut mit der Hitze der Pfälzer Sommer klar.

Neben Esskastanien, Eichen, Buchen und Eschen werden rund 70 Prozent der Bewaldung aus Nadelhölzern gebildet. Die Kiefer steht unter den Nadelhölzern an erster Stelle. Ihr reichen die trockenen und nährstoffarmen Sandböden des Buntsandsteins. Berühmt sind aber auch die wertvollen Furniereichenbestände des inneren

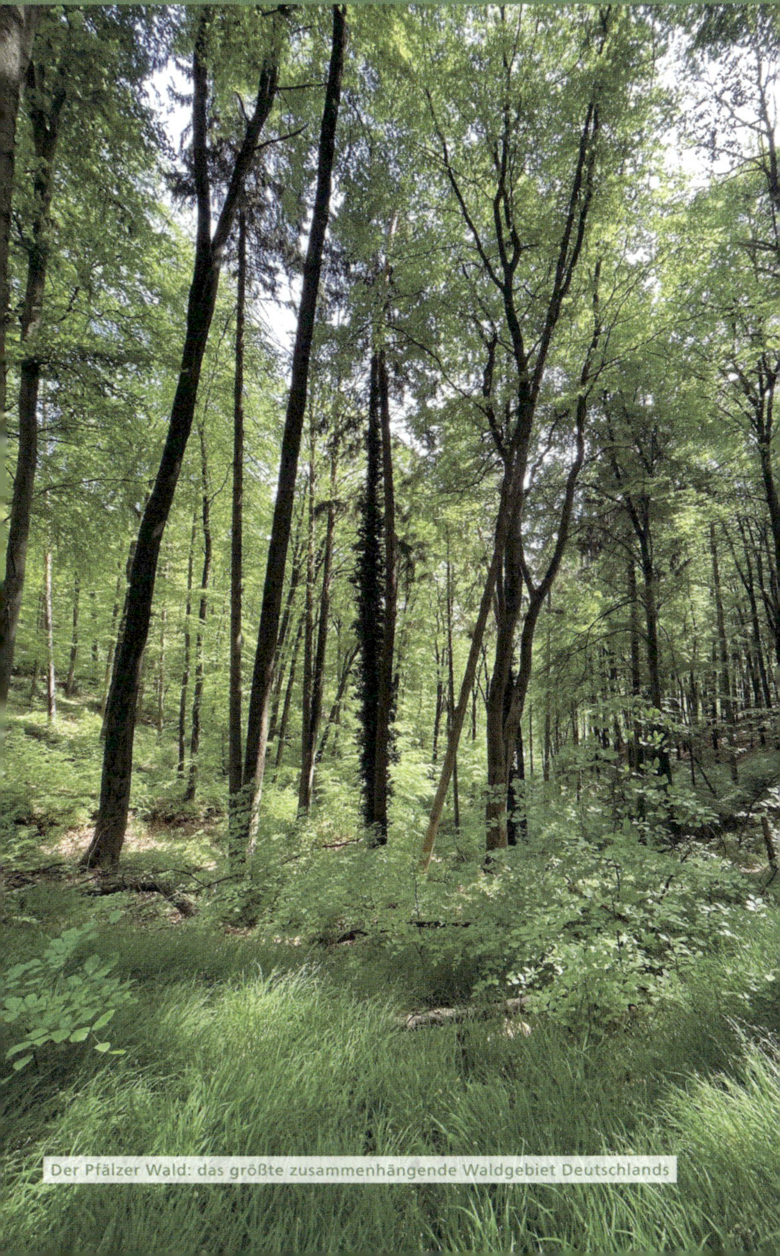

Der Pfälzer Wald: das größte zusammenhängende Waldgebiet Deutschlands

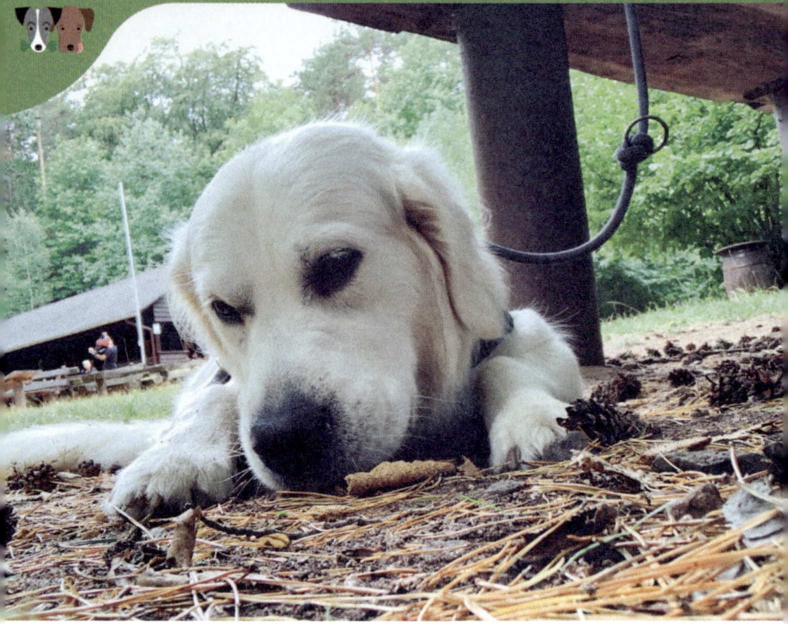

Die Pfälzerwald-Verein Hütten sind Kulturgut.

Pfälzer Waldes, wo der Boden nährstoffreicher ist. Wie groß diese Eichen werden können, lässt sich bei den Wanderungen (beispielsweise die Horsteiche auf Tour 4) und auch am Albrechtshain in Johanniskreuz (Tour 24) bestaunen. Von Oktober bis Mai werden hier wertvolle Baumstämme gelagert. Ein Stamm kann über 200 Jahre alt sein und bis zu 10.000 Euro kosten. Die Käufer kommen aus ganz Europa angereist, um das Holz zu besichtigen. Der Höchstbietende erhält den Zuschlag, um daraus exklusive Möbelstück, Furniere oder Weinfässer herzustellen.

Genuss und Geselligkeit

Die Nachfrage an Eichen ist groß. Immer mehr Pfälzer Winzer bauen ihre Weine in Holzfässern aus. Kein Wunder, genießt der Pfälzer Wein einen hervorragenden Ruf, und dort, wo gut getrunken wird, wird auch gut gegessen. Genuss und Geselligkeit sind wichtige Tugenden, egal ob in den Weinstuben der kleinen Ortschaften oder in den Pfälzerwald-Verein-Hütten, die fast alle sehr hundefreundlich sind: Auf den Wanderungen finden sich feine Speisen zu vernünftigen Preisen. Mehr als 110 Hütten gehören dem

Pfälzerwald Verein. Einige groß, fast täglich geöffnet und mit umfangreicher Speisekarte, wie das Waldhaus Lambertskreuz (Tour 11). Andere, sehr urige mit viel Engagement und Ehrenamt, sind nur mittwochs sowie an Sonn- und Feiertagen geöffnet, wie die kleine Weisenheimer Hütte am Ungeheuersee (Tour 6), wo es zur Weinschorle ein Leberwurstbrot gibt, oder auf dem Eckkopf, wo es die besten selbst gemachten Kuchen gibt (Tour 10). Eins haben sie alle gemein: Die Hütten sind Pfälzer Kulturgut! Gibt es auf einer Wanderung im Pfälzer Wald mal keine Einkehr, dann sind nicht nur lange Gesichter bei den Mitwandernden programmiert, sondern es muss eine gute Begründung folgen, warum die Tour auch ohne gastronomische Pause wandernswert ist. Aber zahlreiche malerische Picknickplätze, Burgruinen mit grandioser Aussicht oder Felsformationen mit Wasserfall direkt neben der Rastbank (Tour 19) machen auch die Rucksackverpflegung zu einem Erlebnis.

Burgen und Buntsandstein soweit das Auge reicht

Ebenso zahlreich wie die Hütten sind Burgen, Burgruinen, Denkmäler und Felsenformationen im Pfälzer Wald. Die Burgen machen dem Besucher deutlich, dass dieses Gebiet im Mittelalter das Zentrum des Heiligen Römischen Reichs war. Aber auch viele andere historische Plätze, wie beispielsweise der historische Gerichtsplatz auf der alten Grenze zwischen Sippersfeld und dem ehemaligen Territorium des Klosters Rosenthal (Tour 2), beweisen, wie bedeutungsvoll der Wald schon immer war. Auch für die Geologen ist das Gebiet einmalig. Wer durch den Pfälzer Wald wandert, wird schnell merken, wie geologisch unterschiedlich Böden und Felsen, Berge und Täler sind. Der Grund dafür liegt rund 300 Millionen Jahre zurück. Und um es kurz zu machen: Durch Sandablagerungen entstanden erste Gesteinsschichten. Noch mehr Sand vermischte sich weitere Zigmillionen Jahre später mit Eisenoxid – so entstanden verschiedenartige Färbungen des Gesteins, also der Buntsandstein. Je nach Art und Bindung des Materials – tonig gebundener Sandstein im Gegensatz zu verkieseltem Quarzsandstein – bildeten sich Gesteinsschichten unterschiedlicher Härte. Diese Buntsandsteinformationen wurden anschließend, nach weiteren fast 200 Millionen Jahren, durch verschiedenartige Sedimente, wie beispielsweise Muschelkalk Kreide, überdeckt. Die Entstehung der Alpen sorgte schließlich dafür, dass diese Gesteinsschichten gedehnt und – wieder vergingen einige Millionen Jahre – um fast 1.000 Meter nach

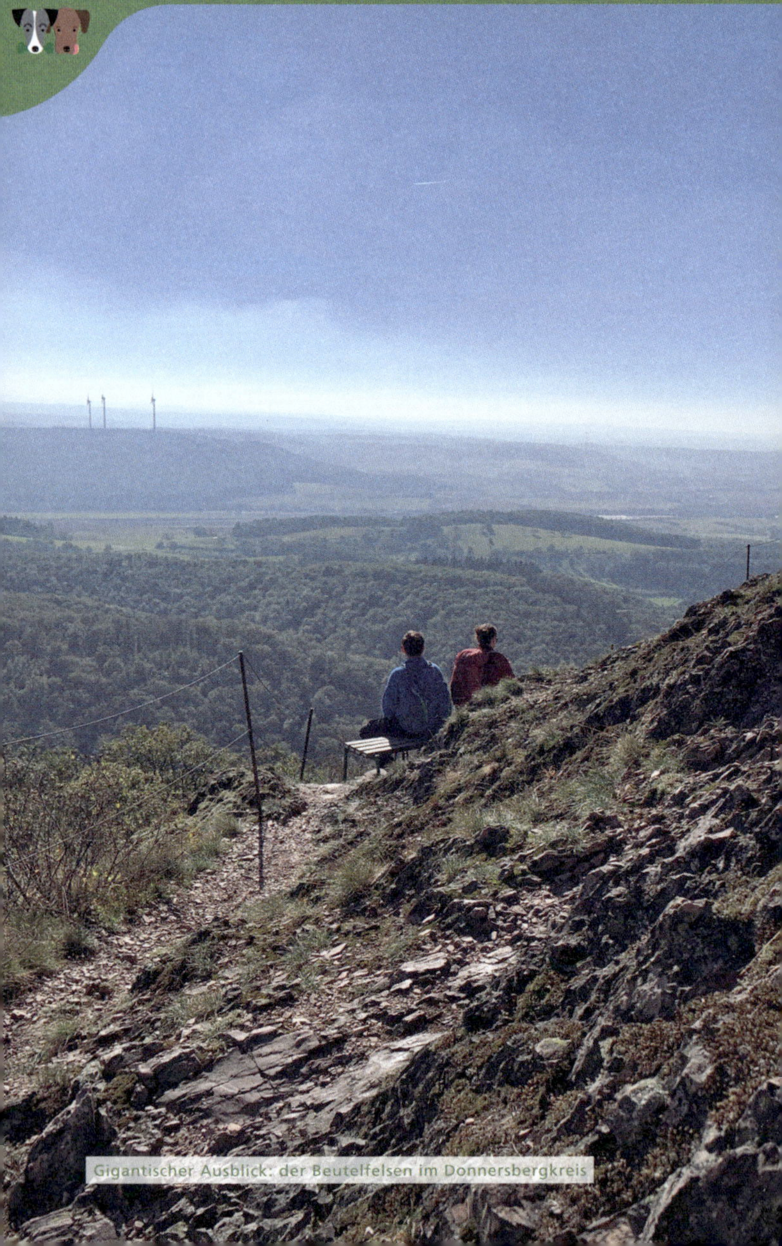

Gigantischer Ausblick: der Beutelfelsen im Donnersbergkreis

oben gewölbt wurden. Damit war das Mittelgebirge Pfälzer Wald geboren. Es entstanden seine höchsten Berge, wie die Kalmit (Tour 13), sowie die Berge des Donnersbergkreises (Beutelfelsen Tour 1).
Die Alpen schenkten uns Pfälzerinnen und Pfälzern tief eingeschnittene Täler, wie das Isenach-Tal (Tour 8), und vielfältige Bergformen, die man auf dem Weinsteig erwandern kann (Touren 28 bis 30). Verwitterung und Abtragung schufen über weitere Jahrmillionen, je nach Härtegrad des Sandsteins, die Vielzahl bizarrer Felsformationen. An dem fast zwei Kilometer langen Felsenriff des Altschlossfelsens (Tour 18) beispielsweise, können Felsspalten, Überhänge und Wabenverwitterung genau studiert werden. Aber auch Felsenmeere, wie rund um die Kalmit (Tour 13), traten durch die Abtragung des Sandsteins hervor.
Die vielfältigen Gesteinsschichten freuen nicht nur Wandersleute, sondern auch Winzerinnen und Winzer sowie Weintrinkende. Der Pfälzer Wein wächst auf Mergel- und Keuperböden, Porphyr-, Granit- und Schiefertoninseln, Tonböden und Buntsandstein. Welchen Einfluss diese Böden auf den Geschmack haben, lässt sich bei einer Wanderung entlang der Weinstraße, wie beispielsweise in Freinsheim (Tour 9), beim Weingut vor Ort gleich im Glas probieren. Kein Wunder, kommen viele Menschen an die Weinstraße. Besonders im Herbst zur Weinlese: Dann füllen sich nicht nur die Weinstuben, sondern auch der Wald. Viele Einheimische zieht es dann, weg von der Weinstraße oder dem Haardtrand, weiter nach hinten in die stillen Winkel (Tour 22) oder in die Kernzone des Biosphärenreservats (Tour 24). Und damit bleibt noch eine Frage offen: Wann ist die beste Wanderzeit im Pfälzer Wald? Die Antwort: Immer! Aber vor allem im späten Herbst lässt es sich gut laufen. Die Weinlese ist vorbei, die Touristen sind wieder zuhause, und die meisten Pfälzerinnen und Pfälzer machen es sich auf dem Sofa gemütlich. An einem trüben Novembertag schlägt dann die Stunde der wetterfesten Hundemenschen. Endlich haben wir den Wald wieder für uns allein.

Aktuelle Infos rund um Landschaft, Tier- und Pflanzenwelt

Landesforsten Rheinland-Pfalz:
www.wald-rlp.de
Facebook: Landesforsten Rheinland-Pfalz @Die.Foerster
Instragram: @landesforsten.rlp

Forstamt Pfälzer-Rheinauen
www.wald-rlp.de/de/forstamt-pfaelzer-rheinauen
Facebook: Forstamt Pfälzer-Rheinauen
Instagram: @rheinauen_foerster

Nördlicher Pfälzer Wald

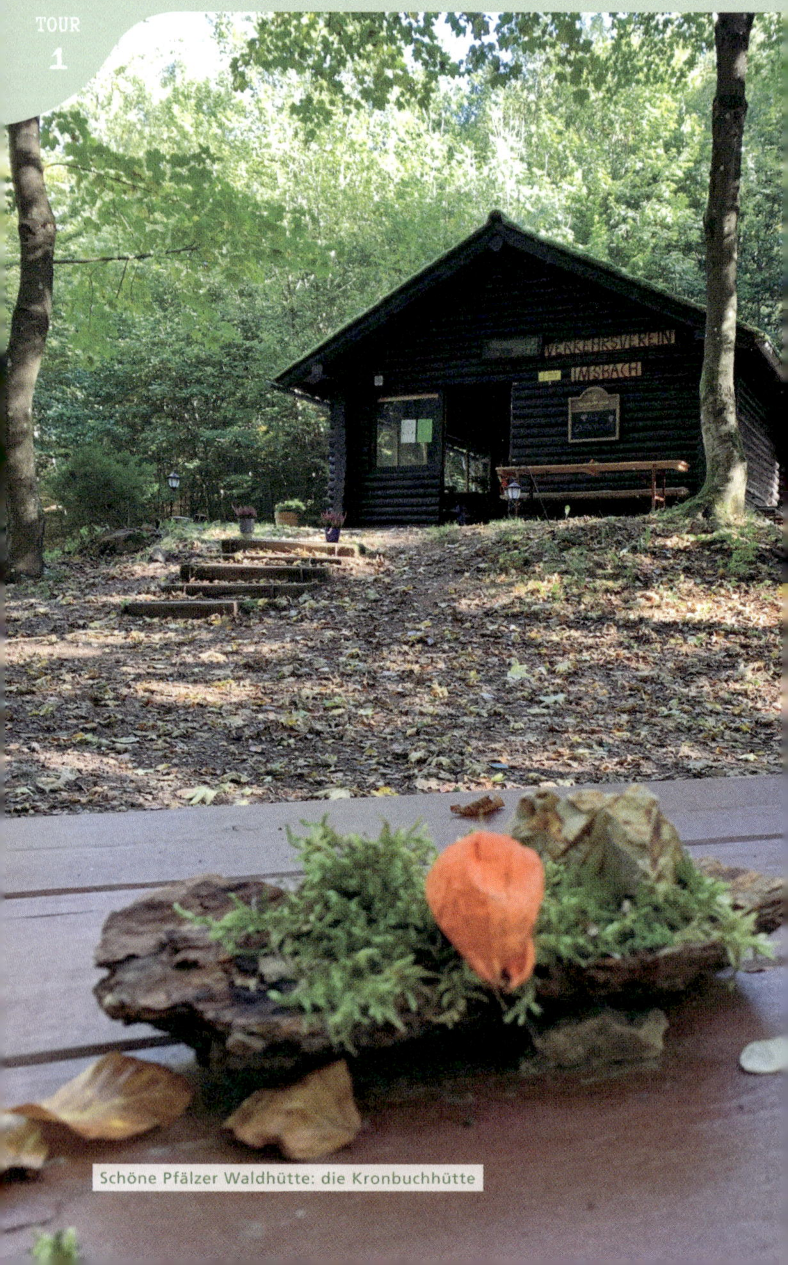

Schöne Pfälzer Waldhütte: die Kronbuchhütte

Bergbaugeschichte erleben – anspruchsvoll zu laufen – alpines Erlebnis im Donnersbergkreis

Bergbau im Donnersbergkreis: ein Feuerwerk für die Sinne

Hundefreundlichkeit: Der Bergbau im Donnersbergkreis reicht bis zu den Kelten zurück. Die Menschen waren auf der Suche nach wertvollen Rohstoffen, wie Kupfer, Silber, Kobalt und Eisen. Auf der Wanderung oberhalb des Bergmanndorfs Imsbach und des Burgendorfs Falkenstein wird der Bergbau lebendig: Die Farbe der Erde wechselt von Weiß nach Rot, der Untergrund von weichem Moos zu steinigem Geröll. Ein Feuerwerk für die Sinne der Hunde, denn an vielen Abzweigungen ändert sich nicht nur die Geologie, sondern auch Temperatur und Gerüche. Kälte strömt aus den alten Stollen. Es gibt modrigen Waldgeruch und Duft nach nassen Steinen. Für ältere Hunde ist die teils alpine Wanderung nicht geeignet, und auch Zweibeiner sollten trittsicher sein. Denn: Wenn es regnet, sind die steilen Hänge rutschig. Wanderstöcke für Mensch und Geschirr für Hund sind empfehlenswert.

Tour-Info	↔ 11,5 km	3:30 Std.	++ mittel
Start-Ziel:	Falkenstein, Wanderparkplatz Kronbuchhütte		
GPS:	49°36'41.1"N 7°52'36.4"E		
Markierung:	grün-gelber Balken, weißer Punkt, Pfälzer Höhenweg, schwarzes E auf gelbem Grund		
Wegecharakteristik:	52 % Wanderweg – 47 % Weg – 1 % Straße		
Höchster Punkt: Niedrigster Punkt:	540 m 330 m		

Bereits die Anfahrt zum Wanderparkplatz Kronbuchhütte ist ein kleines Abenteuer: Die Hauptstraße schlängelt sich schmal und steil am Berg der Burgruine Falkenstein empor. Am Parkplatz angekommen, wandern wir, der Markierung grün-gelber Balken folgend, Richtung dicke Eiche **1**. Rund einen Kilometer später gibt es einige Ausblicke auf die Gruben Katharina I. und II. Die Gruben zählen zu den ältesten Kupfergruben des

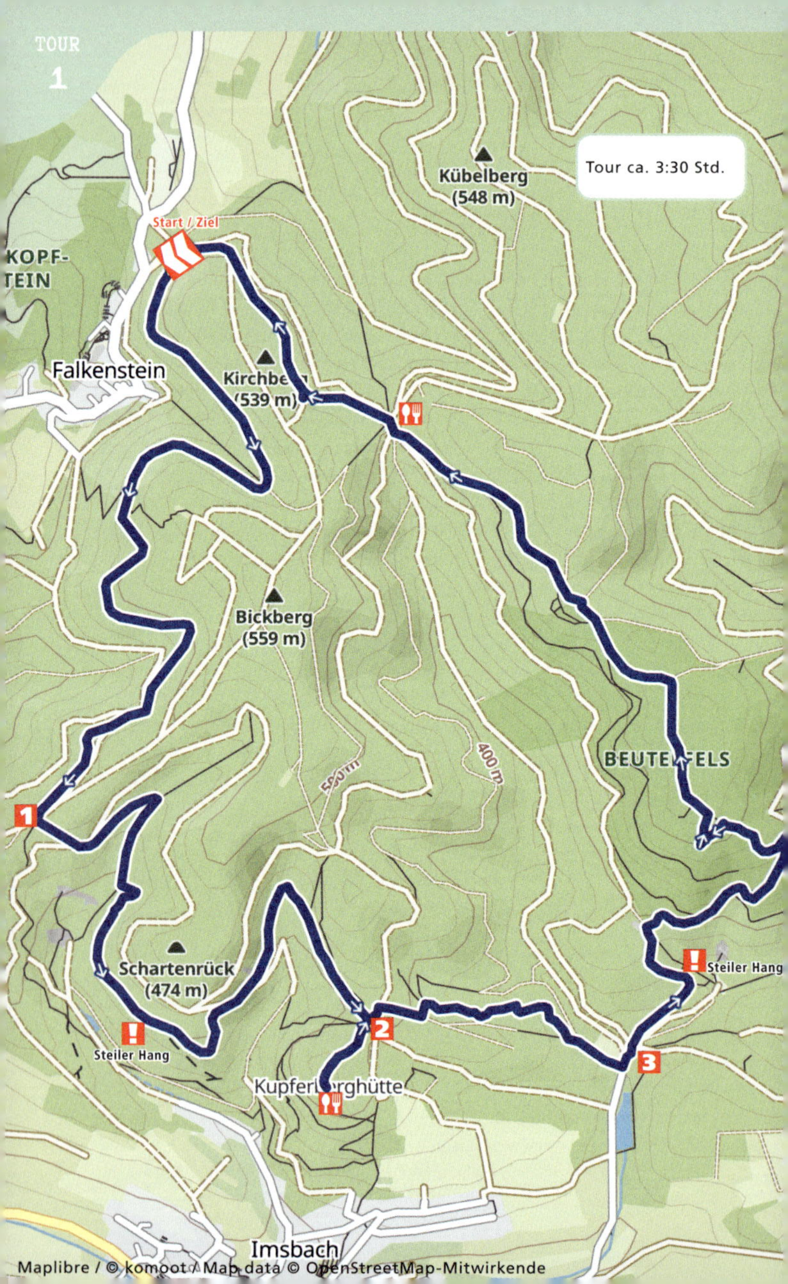

TOUR
1
Tour ca. 3:30 Std.
Start / Ziel
Kübelberg
(548 m)
KOPF-
TEIN
Falkenstein
Kirchberg
(539 m)
Bickberg
(559 m)
400 m
500 m
BEUTELFELS
1
Schartenrück
(474 m)
Steiler Hang
2
3
Steiler Hang
Kupferberghütte
Imsbach
Maplibre / © komoot / Map data © OpenStreetMap-Mitwirkende

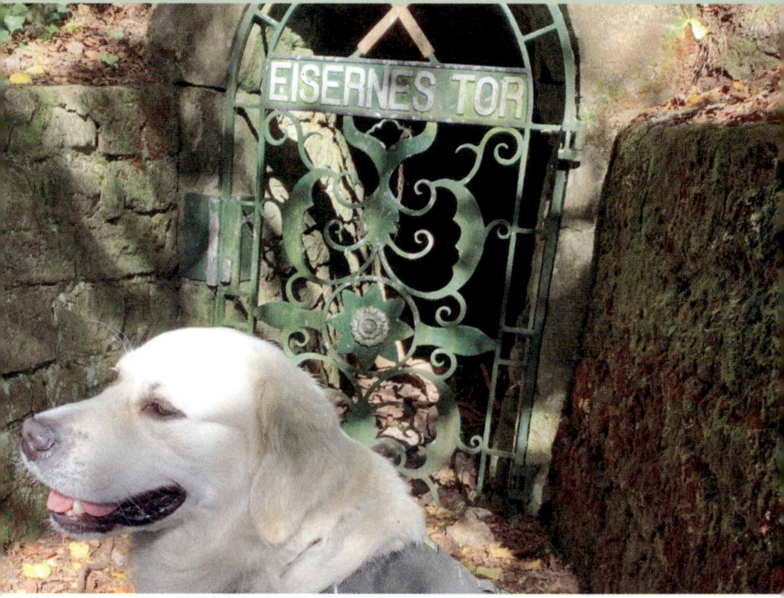

Das Eiserne Tor war der Eingang zu einem weitverzweigten Stollensystem.

Imsbacher Reviers. Keramikfunde beweisen: Die Gruben waren schon im 14. Jahrhundert in Betrieb. Die Heilige Katharina, die als Schutzheilige verehrt wird, gab den Gruben ihren Namen. Weiter geht's einen schmalen, weichen, sehr steilen Waldweg hinauf zum Imsbach Blick.

Die hübschen grünen Bänke und Tische laden zum Rasten ein. Weiter vorbei an der Grube Grüner Löwe. Hier beschreiben Infotafeln, wie auch andere auf der Tour, Bergbaugeschichte, Bäume und Blumen. Auf dem Weg begleiten uns bizarre Felsformationen, Eichen- und Kiefernwald und ständig wechselnde Untergründe – sie lassen die Tour alpin-mediterran wirken. Achtung **!** Spannendes Gelände für Hunde, die man am Geschirr sichern sollte, da es immer wieder sehr steile Hänge gibt. An der Wegspinne **2** lohnt sich ein Abstecher zur Kupferberghütte wegen der grandiosen Aussicht und der kalten Getränke! Zurück von der Hütte zur Wegspinne geht's ein Stück auf dem Pfälzer Höhenweg runter bis zum Eisernen Tor **3**. Der Weiher gegenüber eignet sich nicht, um Hunde schwimmen zu lassen.

Vorbei am Eisernen Tor folgen wir der Markierung schwarzes E auf gelben Grund Richtung Rote Halde. Der Weg ist zum Teil in den Felsen gehauen. Nach knapp einem Kilometer

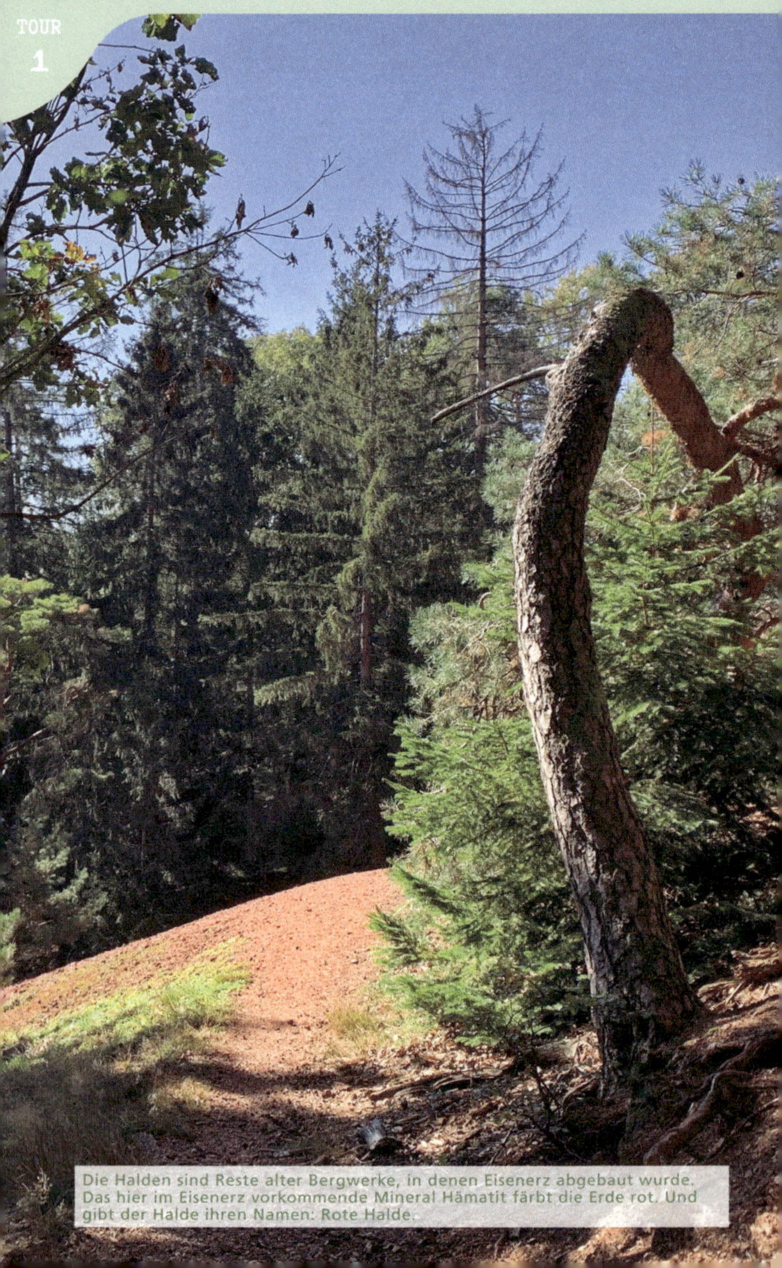

Die Halden sind Reste alter Bergwerke, in denen Eisenerz abgebaut wurde. Das hier im Eisenerz vorkommende Mineral Hämatit färbt die Erde rot. Und gibt der Halde ihren Namen: Rote Halde.

erreichen wir ein weiteres Relikt des Bergbaus: die Rote Halde. Die Halde ist weitgehend unbewachsen, fein verteilter Hämatit lässt sie im Sonnenlicht intensiv rot leuchten.

Nach der Halde gehen wir steil bergauf – bis zu 24 Prozent Steigung. Kleinwüchsige Eichen säumen den schroffen, felsigen, teils sehr schmalen Weg. Im Frühjahr blüht die Felsenbirne, im August die Heide. Bei schönem Wetter hat man sowohl von der Löwenbergs-Ruhe als auch vom Beutelfels (517 m) einen atemberaubenden Blick in das südliche Umland des Donnersbergs.

Am oberen Hang des Langenthals – wir wandern jetzt über den alten Gruben – erreichen wir die mehr als 1.100 Jahre alten Reste der Burg Hohenfels, die möglicherweise auch zum Schutz der wichtigen Eisenbergwerke errichtet wurde. Hier entsteht der Urwald von morgen, denn das Gebiet rund um die Ruine ist ein Naturwaldreservat, das Naturwaldreservat Hohfelshalde. Es finden sich hier 18 verschiedene Baumarten, darunter der seltene Ahorn-Linden-Wald.

Weiter geht's Richtung Kronbuchhütte durch einen wiesenbewachsenen Eichenwald. Von der Kronbuchhütte sind es dann nur noch wenige Gehminuten zurück zum Parkplatz.

Info

Mit der Bahn über Kaiserslautern nach Winnweiler und von dort mit der Buslinie 905 nach Falkenstein

Wanderparkplatz Kronbuchhütte

LVermGeo Blatt 1 „Der Donnersberg", Naturpark Pfälzerwald (1:25.000)

Kupferberghütte
67817 Imsbach
Tel.: 06302-2304
www.pwv.de/index.php/huetten
(Hüttenverzeichnis PWV)
Saison: Ostermontag bis Ende Oktober
So + Feiertage 10-18 Uhr

Kronbuchhütte
67817 Imsbach
kronbuchhuette.de
Tel.: 06302-4547 (Fremdenverkehrsverein Imsbach)
Sa 13-18 Uhr
So 11-18 Uhr

Kastanienhof Apartment und Restaurant
Donnersbergstr. 7
67814 Dannenfels
Tel.: 06357-9890730
www.kastanienhof.com

Verkehrsverein Imsbach
67817 Imsbach
Ortsbürgermeister Oliver Krupp
Tel.: 06302-9849066
www.imsbach.eu

Tierarztpraxis Gerhard Lommel
Schloßstr. 25
67722 Winnweiler
Tel.: 06302-1232
Notfall-Tel.: 0170-5138003
www.tierarztpraxis-gerhard-lommel.de

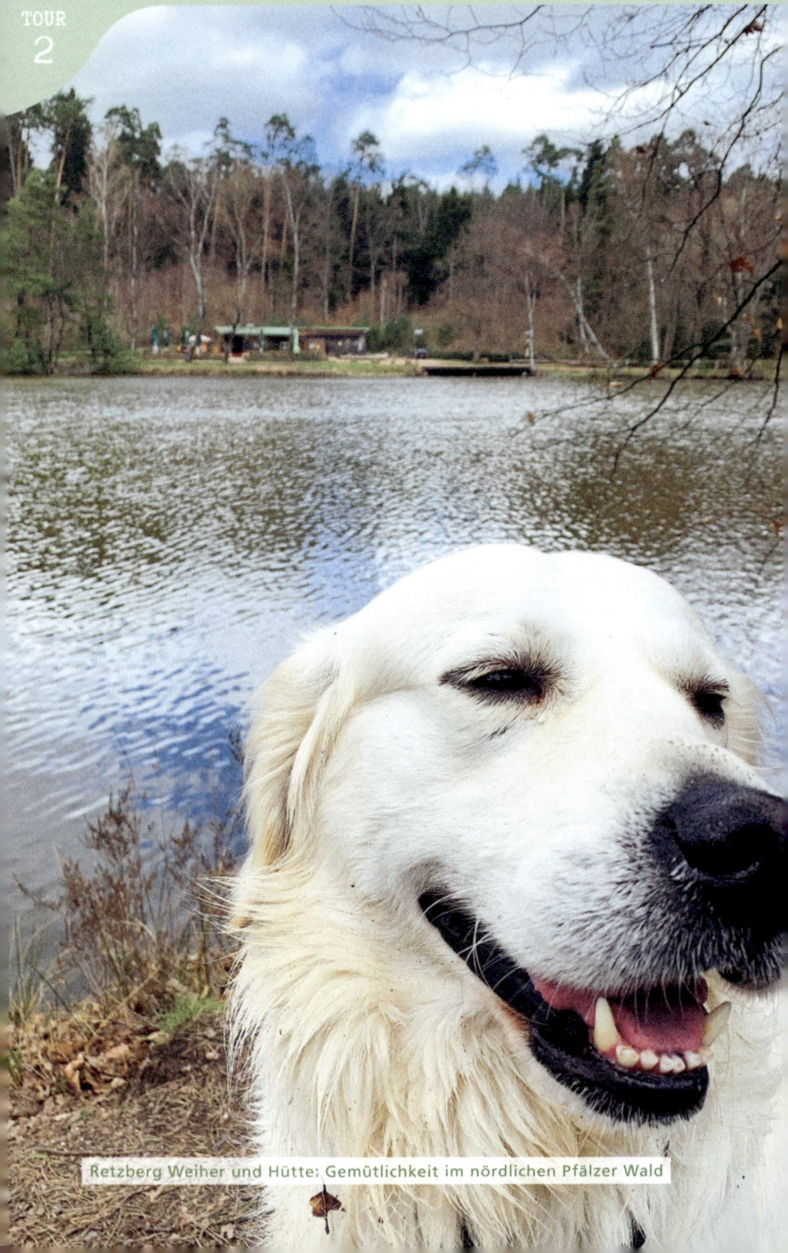

Retzberg Weiher und Hütte: Gemütlichkeit im nördlichen Pfälzer Wald

Von Woog zu Woog bis zur Retzberghütte

Hundefreundlichkeit: **Am nördlichen Rand des Pfälzerwalds entspringt die Pfrimm. Sie fließt durch das Zellertal zum Rhein bei Worms. Im Quellgebiet des 43 km langen Flüsschens reihen sich einige schöne Waldweiher, auch Wooge genannt, wie an einer Perlenschnur. Grund genug, einigen dieser Weiher und der Pfrimmquelle einen Besuch abzustatten und den Hunden Wasserspaß pur zu gönnen: Schwimmen, Matschbad im Bach, Stöckchenjagen auf der Auenwiese und zwischendurch zur Stärkung eine Bratwurst in der Retzberghütte. Und für Frauchen auch gerne einen Wurstsalat. Unbedingt Handtücher ins Auto legen, denn die Weiher haben großes Schlamm-Potenzial – vor allem im Sommer.**

Tour-Info	↔ 8,5 km	◷ 2 Std.	++✚ mittel
Start-Ziel:	Sippersfeld, Parkplatz vor dem Landgasthof Waldglück (ehemals Landgasthof Hetschmühle)		
GPS:	49°33'07.5"N 7°57'39.0"E		
Markierung:	Lokale Markierung Nr. 2, 4, 5,		
Wegecharakteristik:	8 % Wanderweg – 88 % Weg – 1 % Nebenstraße – 1 % Straße – 2 % Off-Grid		
Höchster Punkt: Niedrigster Punkt:	364 m 285 m	Seniorenhunde Variante	

Ausgangspunkt unserer Wanderung ist der Parkplatz des Landgasthofs Waldglück (ehemals Pfrimmerhof). Wir biegen links ab und gehen entlang des Campingplatzes über eine Brücke Richtung Waldrand, den Pfrimmer Berg hoch. Ein schöner, einsamer Eichenwald wartet auf uns. Und schließlich ein kleines Stück abgestorbener Fichtenwald, den Trockenheit und Borkenkäfer auf dem Gewissen haben. Es geht immer

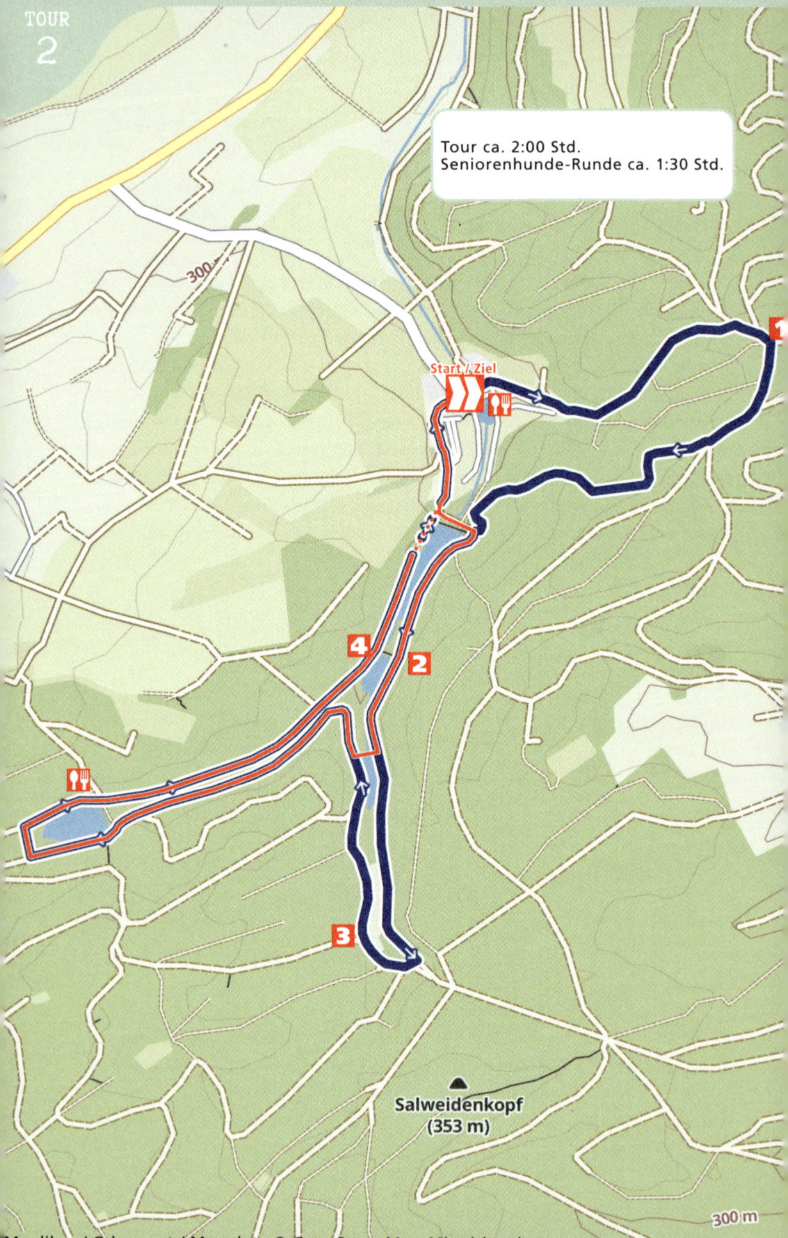
Tour ca. 2:00 Std.
Seniorenhunde-Runde ca. 1:30 Std.
Start / Ziel
1
2
3
4
300 m
Salweidenkopf
(353 m)
300 m

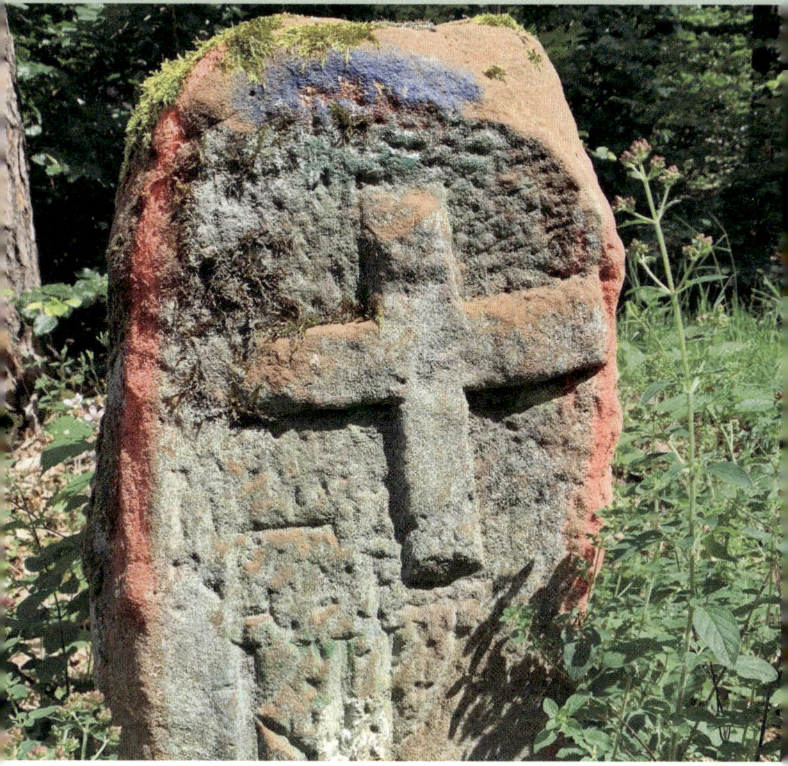

Einer der zwei kleineren Grenzsteine im Wald

geradeaus, der lokalen Markierung Nr. 4 folgend, bis zum Langen Stein, **1** einem geschichtsträchtigen Grenzstein.

Der Platz diente einst als Gerichtsplatz und befindet sich auf der alten Grenze zwischen Sippersfeld und dem ehemaligen Territorium des Klosters Rosenthal. Er ist einer niederen Gerichtsbarkeit zuzuordnen, seine Besitzer waren die Grafen von Eberstein, die auf der Burg Stauf (nahe Eisenberg) ihren Sitz hatten. In der Mitte des Gerichtsplatzes stand der Lange Stein. Er war einst umstellt mit kleineren Steinen, die als Zeichen des Rechts ein Kreuz trugen und von denen heute nur noch zwei vorhanden sind. Eine Besonderheit: Der Gerichtsplatz ist noch erhalten und bei den Menschen der umliegenden Dörfer bekannt.

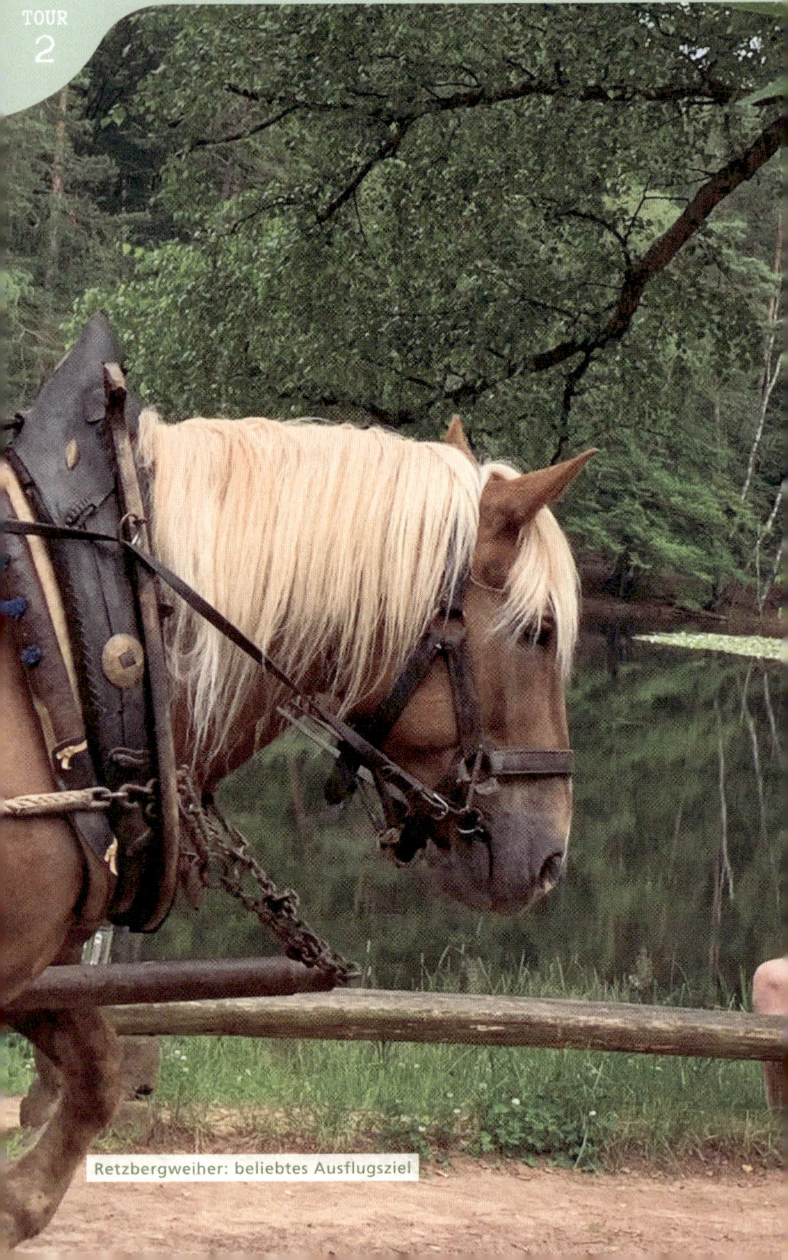

Retzbergweiher: beliebtes Ausflugsziel

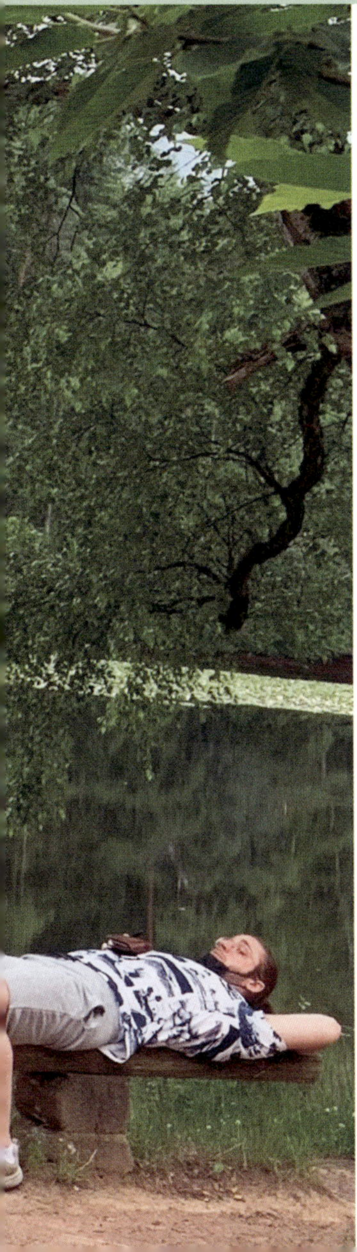

Seniorenhunde-Runde

Die Wanderung eignet sich prima für Seniorenhunde: Dafür nach dem Parkplatz den Campingplatz rechts lassen, dann wieder rechts und Richtung Retzberghütte, Retzbergweiher (Schildern folgen) laufen. Es geht dann auf der linken Talseite talaufwärts, vorbei an den drei Seen – Mühlenweiher, Krebsweiher und Steigerweiher. Am Steigerweiher wechselt man auf dem Weiherdamm auf die rechte Talseite und folgt dann Holzschildern zum Retzbergweiher, dem größten der Wooge. Sehr romantisch liegt am Ufer des auch Sippersfelder Weiher genannten Weihers die Retzberghütte des Pfälzerwald Vereins. Nach einer gemütlichen Einkehr geht's zurück, talabwärts zum Campingplatz: auf der linken Talseite, entlang des schmalen Pfads, der sich ufernah vom Krebsweiher zum Mühlenweiher schlängelt. Oder die breite Route nach rechts und über den Damm des Steigerweihers. Die Tour ist 5 km lang und dauert rund 1,5 Stunden.

Oben angekommen, befinden wir uns in einem schönen, lichten Mischwald mit vielen Zukunftsbäumen. Ein Waldstück, in dem man die moderne Forstwirtschaft deutlich erkennen kann (siehe Box unten). Wir folgen der Markierung 4 und 5. Dort, wo sich die beiden Wege trennen, halten wir uns rechts und bleiben auf dem Wanderweg 5. Er führt nach einiger Zeit bergab Richtung Waldweiher. Unten angekommen, an der großen alten Birke, halten wir uns links und laufen auf dem Sandweg weiter.

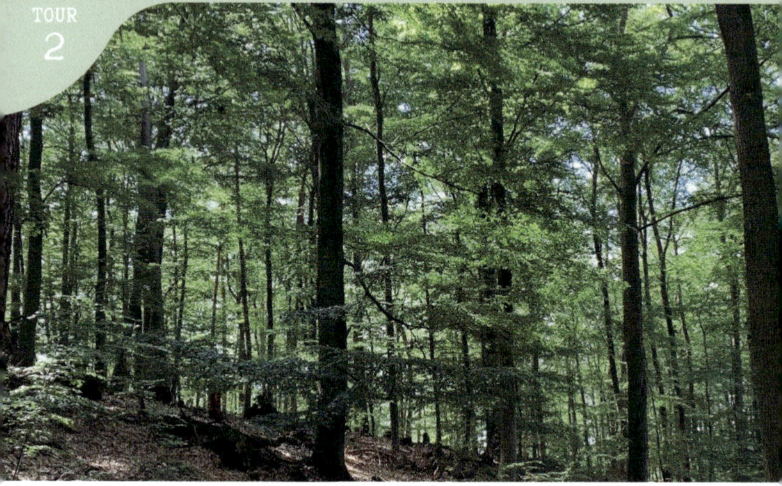

Ein besonders schöner Mischwald mit vielen Z-Bäumen

Hintergrund: Z-Bäume

Der Pfälzer Wald steht schon lange für die Abkehr von Nadelbaum-Monokulturen hin zu Mischwäldern. Die naturnahe und nachhaltige Forstwirtschaft wünscht sich Artenreichtum. Denn gemischte Wälder sind gegen Störungen durch Borkenkäfer, Stürme oder Dürre weniger anfällig als Monokulturen. Auf dieser Wanderung finden wir einen solchen Mischwald. Hier stehen gerade und hochgewachsene Eichen, Buchen, Kiefern und Douglasien. Es sind sogenannte Z-Bäume, Zukunftsbäume. Das Ziel: Ökologie und Ökonomie verbinden. Z-Bäume gelten als besonders wertvoll. Sie haben ein kräftiges Wachstum, einen hohen Wert für die Holzwirtschaft, dank ihres geraden Stamms, und trotzen dem Klimawandel. Z-Bäume haben einen Mindestabstand zueinander, um nicht um Licht und Wasser zu konkurrieren. Außerdem sollen ihre Samen dafür sorgen, dass sich solche Baumsorten aussäen, die mit den Standortbedingungen gut zurechtkommen. www.waldhilfe.de/konzept-der-z-baeume

Jetzt beginnt der Wasserspaß. Immer wieder gibt es kleine Buchten entlang der Wooge, an denen die Hunde prima ins Wasser kommen. Kein Wunder, sind die Wooge beliebt bei Hunden und ihren Besitzern. **2** Vor dem dritten Woog, dem Steigerweiher, führt ein Weg rüber zur anderen Seite direkt zur Retzberghütte (siehe Tipps für Seniorenhunde). Wir gehen weiter geradeaus, an der Pfrimmquelle vorbei. Es lohnt sich aber auch, eine Pause zu machen, denn an der Quelle gibt es eine gemütliche, schattige Picknick-Bank.

Weiter geradeaus, am Ende der Wiesenlandschaft, gehen wir rechts, und nach kurzer Zeit wieder rechts, um der Wanderwegmarkierung 2 zu folgen. Etwas weiter, an dem Rettungspunkt, biegen wir erneut rechts ab Richtung Retzberghütte. **3** Wir

Info

H	Ab Kaiserslautern Hauptbahnhof mit dem Bus 136 Richtung Börrstadt; Sippersfeld Ortsmitte aussteigen, von dort zu Fuß bis Retzberghütte und von dort in Wanderung einsteigen.	
P	Parkplatz vor dem Landgasthof Waldglück (ehemals Landgasthof Hetschmühle)	
	LVermGeo Blatt 1 „Der Donnersberg", Naturpark Pfälzerwald (1:25.000)	
	Retzberghütte Am Weiher 1, 67729 Sippersfeld Tel.: 06357-8880060 www.retzberghuette.de Mi-Fr 11.30-16 Uhr Sa, So 11.30-17 Uhr Mo, Di Ruhetage Winter geschlossen	Landgasthof Waldglück Pfrimmerhof 3 67729 Sippersfeld Tel.: 06357-975380 www.naturresort-waldglueck.de
	Naturresort Waldglück Pfrimmerhof 3, 67729 Sippersfeld Tel.: 06357-975380 www.naturresort-waldglueck.de	Familie Werner, Ingeborg und Claudia Aberle Ferienwohnung Reichholdsmühle 67657 Kaiserslautern Tel.: 0631-3403625 www.reichholdsmuehle.de
i	Pfrimmtal-Touristik e.V. Albert Koch Mühlbachweg 1, 67725 Breunigweiler Tel.: 06357-52 30 www.pfrimmtaltouristik.de	
+	Tierarztpraxis Gerhard Lommel Schloßstr. 25, 67722 Winnweiler Tel.: 06302 1232 Notfall-Tel.: 0170-513800 www.tierarztpraxis-gerhard-lommel.de	

umrunden den Retzbergweiher, gönnen dem Hund eine Bratwurst und Frauchen einen Wurstsalat in der Retzberghütte, laufen dann geradeaus auf der linken Bachseite zurück Richtung Krebsweiher.

Die Wooge bleiben nun rechts von uns und wir wandern entlang des Wassers zurück zum Parkplatz. Ein Teil des Wegs ist ein Trampelpfad. Wem der Pfad zu urwüchsig ist, nimmt den Damm hinter dem Krebsweiher 4, um auf die andere Talseite zu wechseln, und folgt den Wanderwegen 3 und 4 zurück zu Campingplatz und Parkplatz.

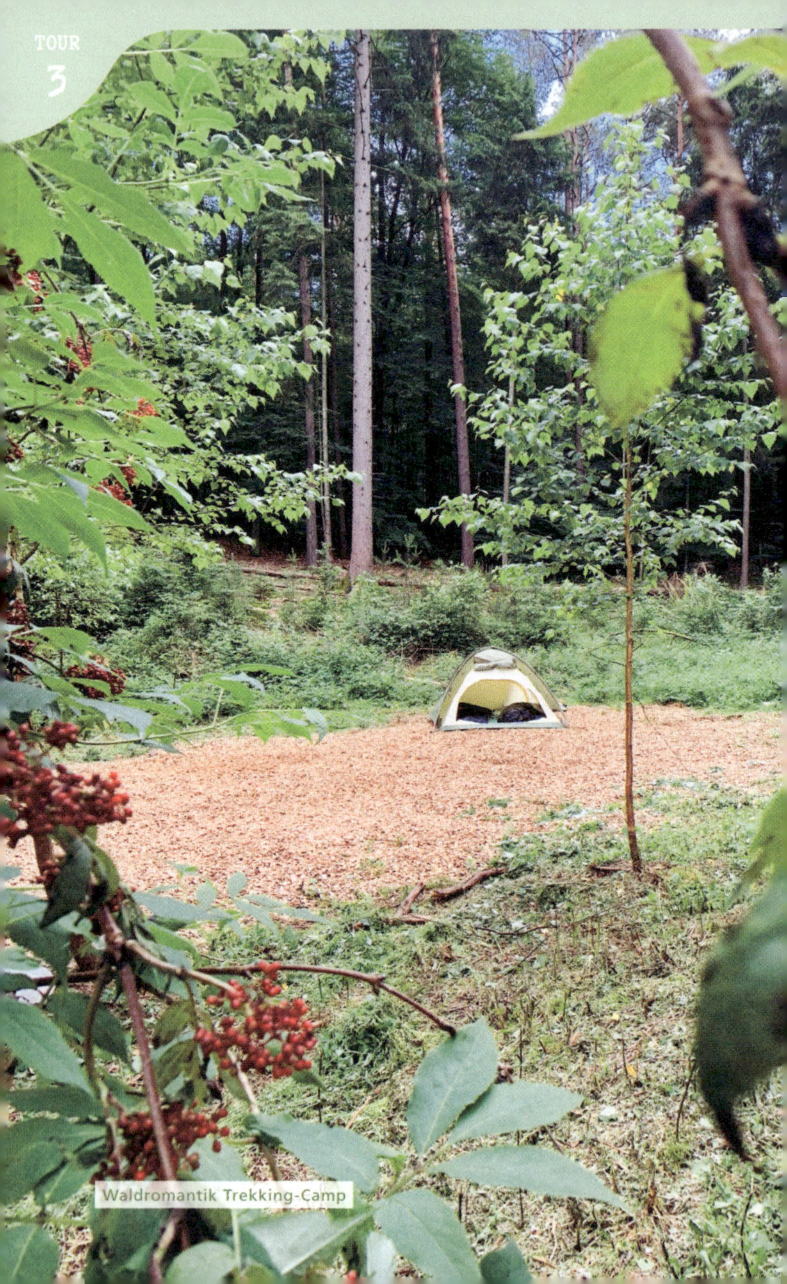

Waldromantik Trekking-Camp

Abenteuer und Lagerfeuerromantik –
2 Nächte im Wald – einige Weiher

Zwei Nächte im Wald: Tag I von Ramsen nach Enkenbach-Alsenborn

Hundefreundlichkeit: Bereit für ein Abenteuer? Mit den Pfälzer Trekkingplätzen kann man unter dem Sternenhimmel schlafen, mit Hund, wenn sich das Mensch-Hund-Team traut. Unserem sensiblen Hund Paul ist es nachts zu unheimlich im Wald. Deshalb vorher unbedingt ausprobieren, ob der Hund nachts in den Wald geht. Falls er nicht im Zelt schlafen will: Der Parkplatz für die erste Nacht ist nicht weit weg, notfalls das Abenteuer abbrechen und doch zu Hause im Bett statt auf der Isomatte nächtigen. Anreise am besten später Nachmittag. Hundebratwurst nicht vergessen! Seniorenhunde können bis an den Parkplatz fahren. Von dort ist es nur ein guter Kilometer bis zum Trekking-Camp.

Tour-Info	↔ 11,5 km	◷ 3 Std.	++⊹ mittel
Start-Ziel:	Start: Ramsen, Parkplatz Am Lehrberg (Einstieg zum Trekkingplatz) Ziel: Neuhemsbach, Wanderparkplatz Billesweiher (Einstieg zum Trekkingplatz)		
GPS:	Start: 49°32'03.2"N 7°59'20.9"E Ziel: 49°30'41.5"N 7°56'16.6"E		
Markierung:	grün-blauer Balken, weißes Kreuz, lokale Wandernummerierung 14, 4 und 2		
Wegecharakteristik:	2 % Wanderweg – 94 % Weg – 1 % Fußweg – 2 % Nebenstraße – 1 % Straße		
Höchster Punkt: Niedrigster Punkt:	380 m 240 m		

Das Abenteuer beginnt am Parkplatz Lehrberg. Von dort sind es, leicht bergauf, rund 1,2 Kilometer bis zum Trekkingplatz. Die konkrete Wegbeschreibung zum Platz erhält man mit der Buchung des Platzes (siehe Infobox zu den Trekkingplätzen unten). Zelt aufbauen, Lagerfeuer an

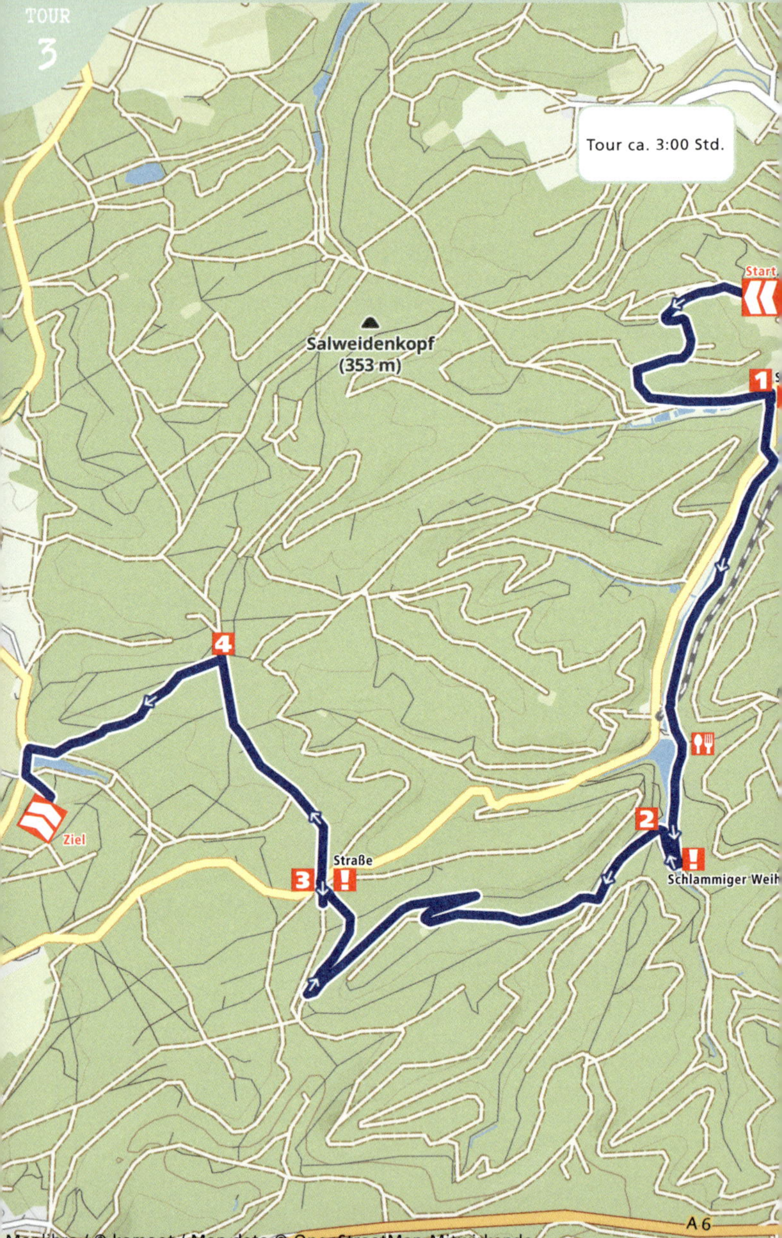

Maplibre / © komoot / Map data © OpenStreetMap-Mitwirkende

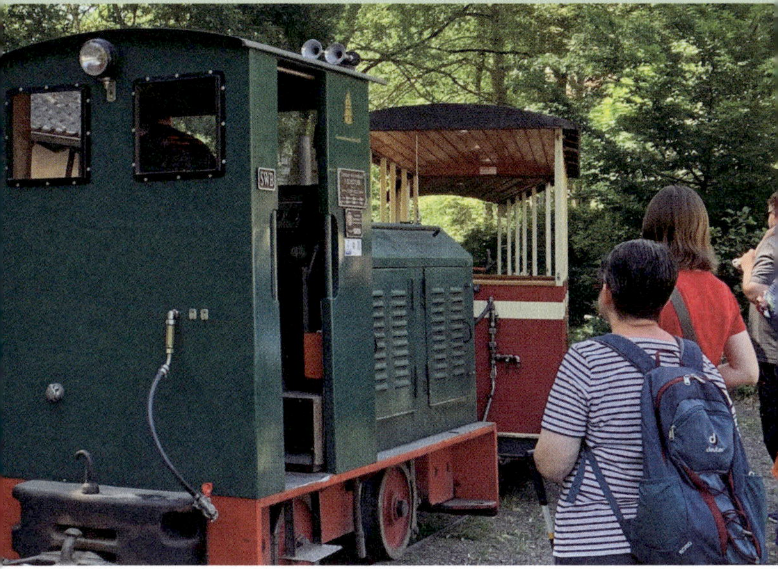

Ein lustiger Familienspaß, die Stumpfwaldbahn

und chillen. Viel zu tun gibt es nicht. In der Nähe des Platzes verlaufen lokale Rundwanderwege 1 (3,2 km) und 3 (4,7 km), das sind schöne Abendgassi-Runden. Danach die Lagerfeuerromantik und die Stille des Walds genießen. Am nächsten Morgen packen wir alles zusammen, laufen zum Parkplatz zurück, lassen alles, was wir für die nächste Nacht und den nächsten Tag nicht mehr brauchen, im Auto und folgen der lokalen Nummerierung 4. An der ersten Abzweigung führt uns die Nummer 4 nach links, und wir folgen ihr bis zum Parkplatz des Aussiedlerhofs Kleehof 1 (Achtung ! kurz nach dem Parkplatz kommt eine Landstraße! Hunde anleinen!). Gegenüber befindet sich eine Kneippanlage, prima zum Fußekühlen!

Ab dem Kleehof orientieren wir uns an der lokalen Wandermarkierung Nummer 14. Diese begleitet uns an den Schienen der historischen Stumpfwaldbahn, durch das Eisbachtal und den Stumpfwald hindurch, bis zum Eiswoog. Die Stumpfwaldbahn fährt von Mai bis Oktober an Sonn- und Feiertagen einige Male zwischen Ramsen und dem Eiswoog hin und her. Auf der Schmalspurbahn können Hunde kostenlos mitfahren. Ein lustiger Familienspaß! (www.stumpfwaldbahn.de)

Nach dem Bahnhof laufen wir Richtung Eiswoog (immer der Nummer 14 folgend) und bleiben auf der linken

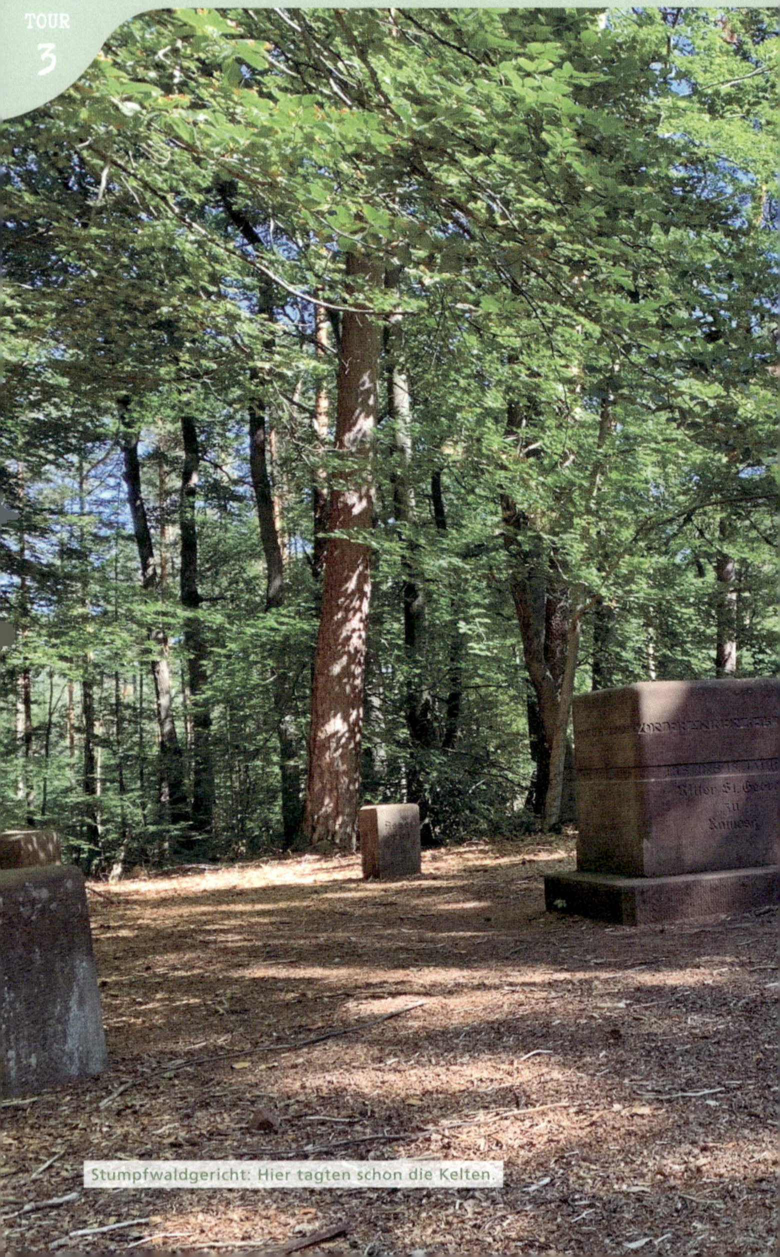

Stumpfwaldgericht: Hier tagten schon die Kelten.

Tipp: Unter dem Sternenhimmel

Die beiden Trekkingplätze 8 (Enkenbach-Alsenborn) und 9 (Ramsen) gehören zu den 15 Trekkingplätzen im Pfälzerwald. Sie müssen vorab für eine Nacht (15 Euro pro Zelt 1-3 Personen) gebucht werden (www.trekking-pfalz.de/buchung). Die konkrete Wegbeschreibung zu den Plätzen gibt es erst nach Buchung. Buchungsbeleg unbedingt mitbringen, er wird kontrolliert.
Die Plätze verfügen über bis zu vier Lagerplätze, eine Feuerstelle mit rustikalen Sitzmöglichkeiten und einfache Klohäuschen. Alles andere muss mitgebracht werden (Futter für Mensch und Hund; große Trinkflaschen, Klopapier und Kotbeutel, Taschenlampe, Feuerzeug, Schlafgelegenheit). Eine ausführliche Liste und noch mehr Tipps für die Nacht unter dem Sternenhimmel unter www.trekking-pfalz.de/tourenplanung/ausruestung.
Klar, Hunde sind erlaubt. Beide Plätze liegen nah an Parkplätzen. Das ist praktisch für Proviantnachschub oder eine überraschende Abreise, weil es nachts im Wald dann doch sehr dunkel und auch ein bisschen unheimlich ist.
Die beiden Plätze sind für Seniorenhunde bestens geeignet. Besonders toll: Platz 8 liegt am Billesweiher, alles ist flach, und so haben auch Seniorenhunde ein maximales Campingvergnügen. Der Weiher mit seinen vielen Einstiegsstellen kann gemütlich in 30 Minuten umrundet werden.
Eine weitere Tour mit Trekkingplätzen ist Wanderung Nummer 13.

Uferseite bis zum Märzbachweiher. Im Sommer kann man im Eiswoog schwimmen, am Kiosk in Ufernähe etwas Leckeres trinken oder im Seehaus Forellen essen. Hunde sind sehr herzlich willkommen. Vor dem Märzbachweiher (Achtung ! Wasserhunde: der Weiher ist meistens sehr schlammig) biegen wir rechts ab und folgen nach wenigen Metern dem Weg 2, der uns wegführt vom Eiswoog (der Nummer 14 folgen). Im Zickzack geht's im schönen Stumpfwald durch das Große Langental, und dann, nach einem leichten Anstieg, überqueren wir Achtung ! eine Landstraße (bei Kilometer 8,6). 3
Wir folgen nun rund 15 Minuten dem weißen Kreuz sowie der Nummer 14 auf einem weichen Waldweg bis zum Stumpfwaldgericht. Das Stumpfwaldgericht Neun Stühle war eine Gerichtsstätte der Grafen von Leiningen und gehörte zu den drei kaiserlichen Landgerichten im Wormsgau. Vermutlich hielten hier sogar schon Kelten Gerichtsverhandlungen ab. Das 1933 errichtete Denkmal besteht aus neun Quadersteinen (sie symbolisieren die umliegenden neun Gemeinden), die in einem Kreis mit einem Durchmesser von neun Metern um einen größeren Quaderstein (symbolisiert die Grafen) stehen. Außerhalb des Kreises befinden sich nochmals zwei Findlinge, die, wie die anderen Steine, mit Inschriften versehen sind. Nach den geschichtlichen Aufzeichnungen zu schließen, ist 1688 die letzte Gerichtsverhandlung im Stumpfwald abgehalten worden. (https://de.wikipedia.org/wiki/Stumpfwaldgericht)

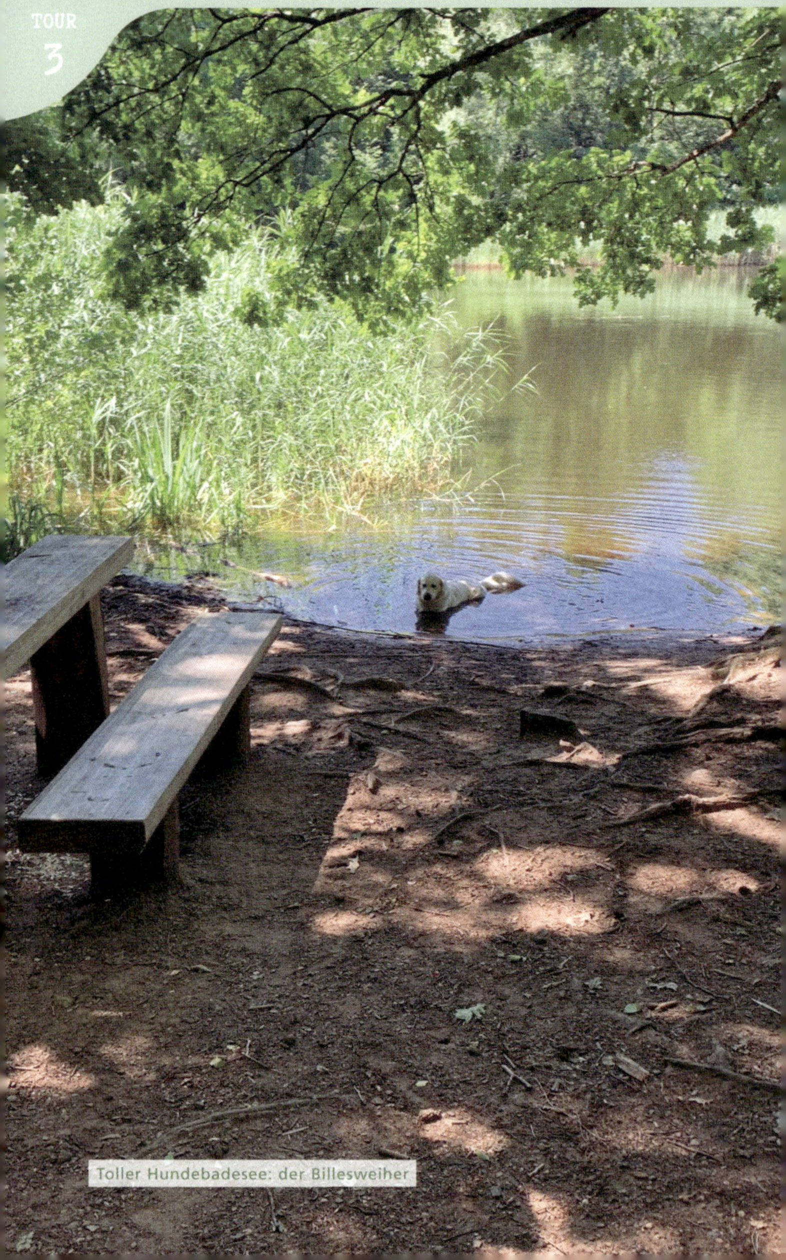

Toller Hundebadesee: der Billesweiher

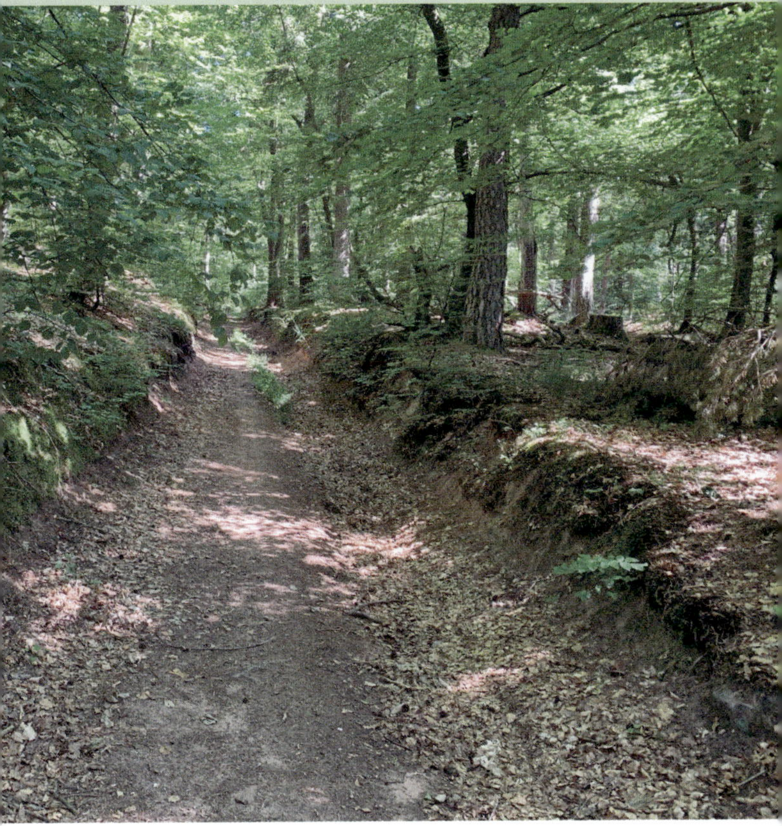

Der Stumpfwald rund um den Eiswoog hat zum Teil urwaldähnlichen Charakter.

Beim Stumpfwaldgericht biegen wir links ab (grün-blauer Balken) **4** und nach wenigen hundert Metern steigen wir steil ab zum Billesweiher, wieder ein toller Schwimmsee für Hunde.

Am See halten wir uns rechts und dann links auf einem schmalen Pfad an der Landstraße entlang bis zum Wanderparkplatz am Billesweiher. Vom Parkplatz aus sind es wenige Minuten bis zum Trekking-Camp. Die konkrete Wegbeschreibung zum Platz erhält man mit der Buchung des Platzes. Zelt aufbauen und den Abend genießen: chillen, grillen, Schorle killen!

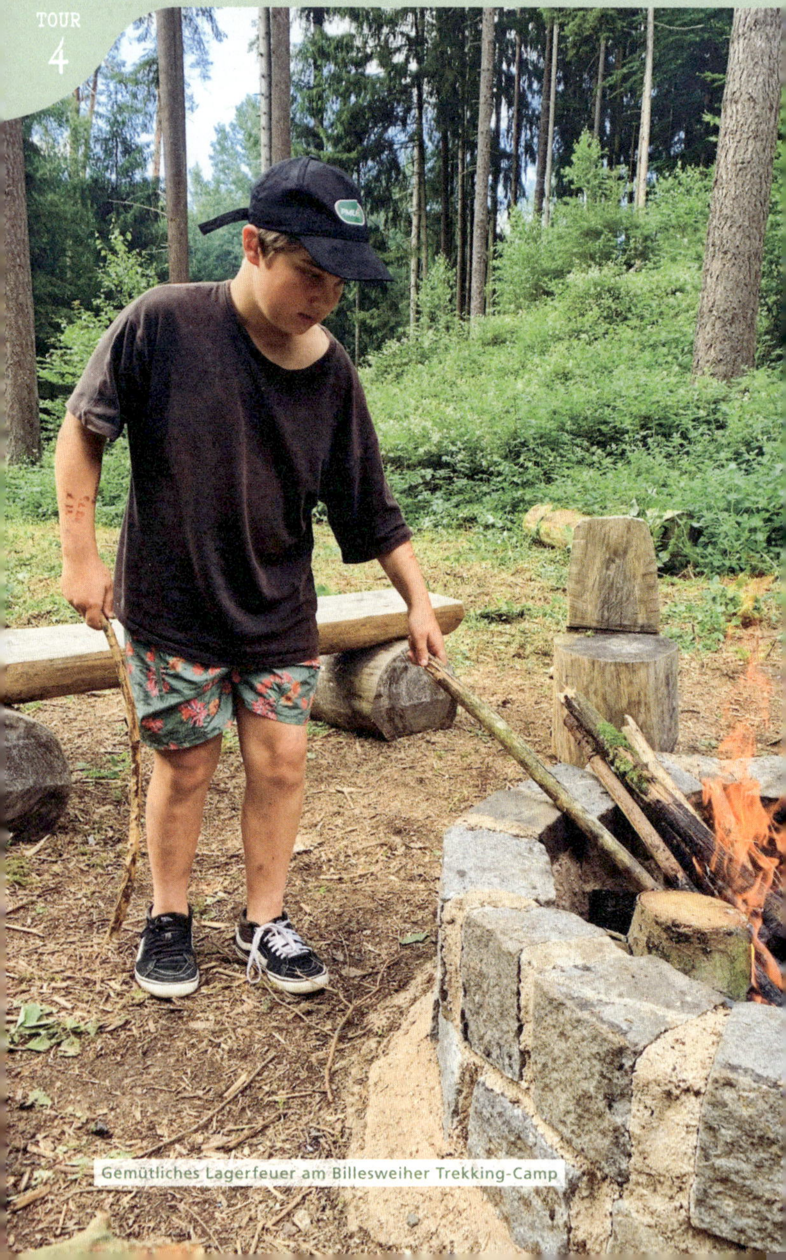

Gemütliches Lagerfeuer am Billesweiher Trekking-Camp

Abenteuer und Lagerfeuerromantik –
2 Nächte im Wald – einige Weiher

Zwei Nächte im Wald: Tag 2 von Enkenbach-Alsenborn nach Ramsen

Tour-Info	↔ 9 km	2:30 Std.	mittel
Start-Ziel:	Start: Neuhemsbach, Wanderparkplatz Billesweiher (Einstieg zum Trekkingplatz) Ziel: Ramsen, Parkplatz Am Lehrberg (Einstieg zum Trekkingplatz)		
GPS:	Start: 49°30'41.5"N 7°56'16.6"E Ziel: 49°32'03.2"N 7°59'20.9"E		
Markierung:	grün-blauer Balken, weißes Kreuz, lokale Markierung 4		
Wegecharakteristik:	8 % Wanderweg – 89 % Weg – 2 % Fußweg – 1 % Nebenstraße		
Höchster Punkt: Niedrigster Punkt:	380 m 260 m		

Am nächsten Morgen ausschlafen, viel zu tun gibt es nicht. Aber genau das ist ja auch der Sinn: Wald genießen, entspannen. Eine schöne Morgenrunde vor dem ersten Kaffee ist es, zum Billesweiher Brunnen zu laufen, Trinkwasser mitzunehmen und rum um den Weiher zu spazieren. Das schafft man in gut 20 Minuten, mit Schwimmpausen entsprechend länger.

Danach können alle in Ruhe den Morgen im Wald beim Frühstück genießen. Gegen 11 Uhr sollte man den Platz räumen. Alles einpacken und los geht's. Zurück zum Billesweiher und den Weg (grün-blauer Balken) wieder hoch zum Stumpfwaldgericht. **1** Jetzt sind es (via Markierung weißes Kreuz über den Schnepfenberg) nur noch knappe drei Kilometer bis zur bewirtschafteten Retzberghütte. Gute Aussichten für alle, die beim Campingessen hungrig geblieben sind.

Nach der Einkehr in der Retzberghütte laufen wir links aus der Hütte raus Richtung Krebsweiher. An der ersten Abzweigung halten wir uns rechts. **2** Vor dem Weiher, dem Steigerweiher,

TOUR
4

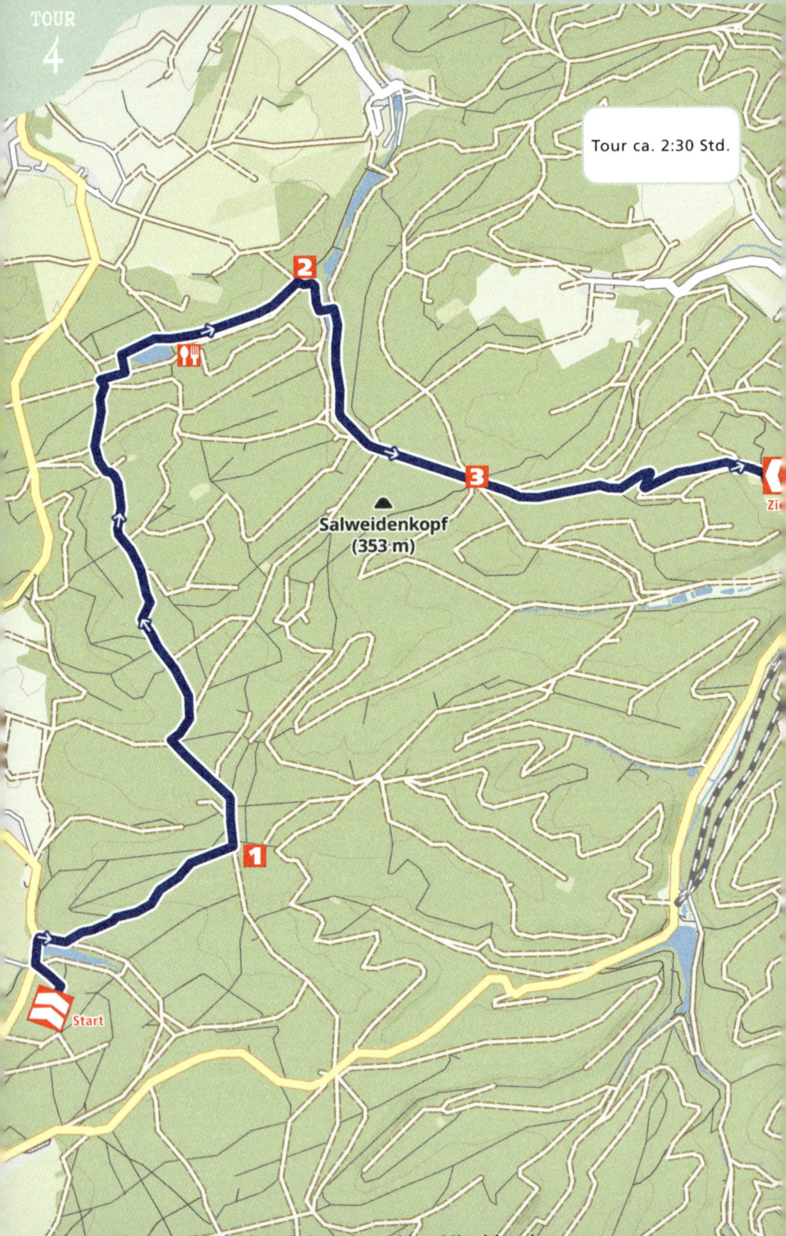

Maplibre / © komoot / Map data © OpenStreetMap-Mitwirkende

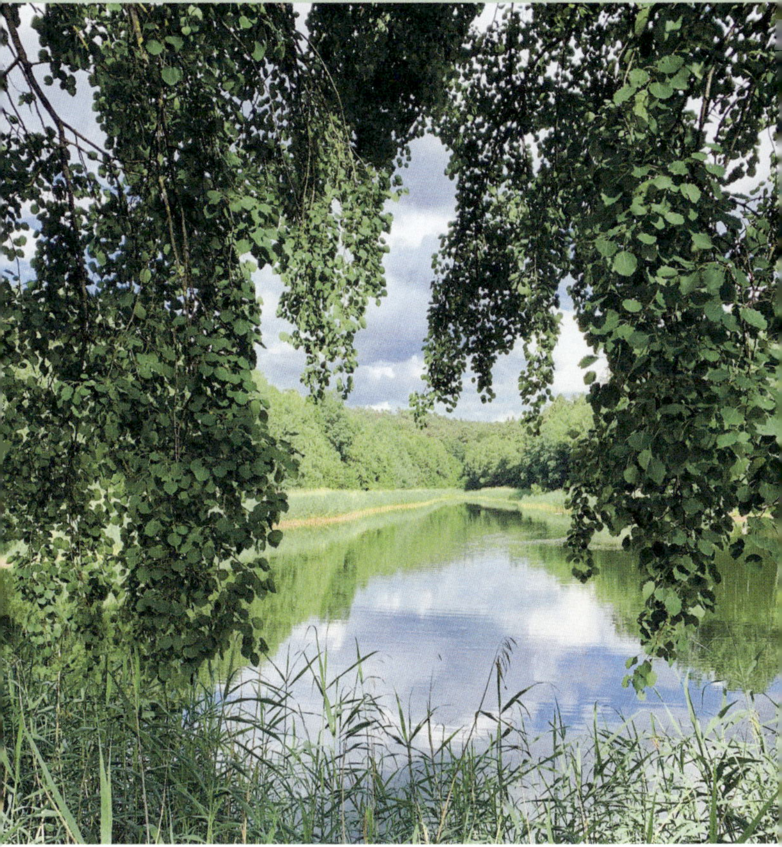

Waldseeidylle: der Billesweiher in der Nähe des Camps

führt ein Weg rüber zur anderen Seite. Auf der anderen Seite halten wir uns rechts, gehen weiter geradeaus, an der Pfrimmquelle vorbei, bis wir an der alten, stattlichen Horsteiche **3** auf die Wandermarkierung Nummer 4 stoßen. Der 4 folgen wir ohne abzubiegen bis zum Ziel, dem Parkplatz Lehrberg, wo unser Auto steht. Wer immer noch nicht genug hat vom Abenteuer, kann natürlich noch eine dritte Nacht unter dem Sternenhimmel bleiben. Und stressfrei ohne zu schleppen: Getränke, Proviant, Hundefutter und frische Wäsche warten im Auto auf uns.

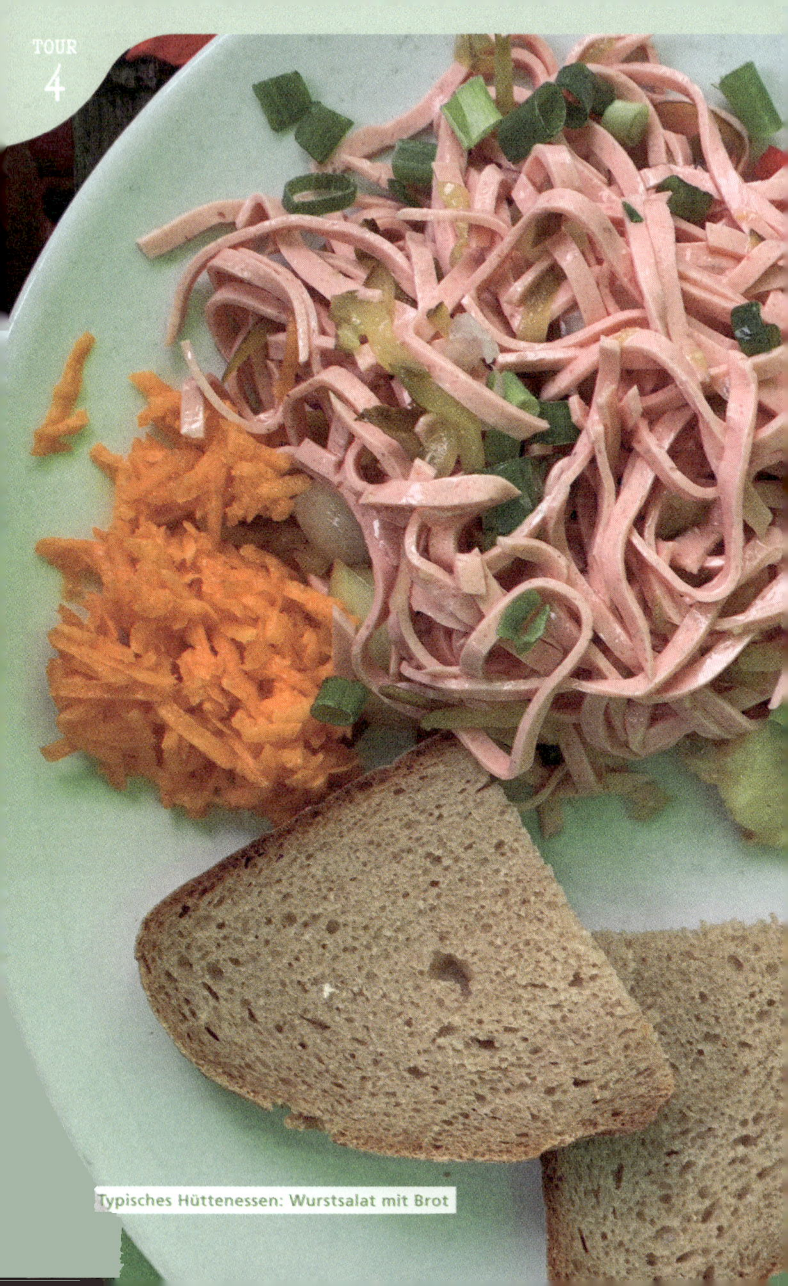

Typisches Hüttenessen: Wurstsalat mit Brot

Info für Tour 3 und Tour 4

Anreise (Bahn)	- mit der Regionalbahn nach Ramsen, vom Bahnhof Ramsen zum Trekking-Camp sind es rund 3 Kilometer - mit der Regionalbahn nach Enkenbach, vom Bahnhof Enkenbach sind es rund 6,5 Kilometer bis zum Camp	
Parken	Parkplatz Am Lehrberg in Ramsen oder Wanderparkplatz Billesweiher	
Karte	LVermGeo Naturpark Pfälzerwald Blatt 2 „Grünstadt und Stumpfwald mit Leiningerland" (1:25.000)	
Einkehr	Retzberghütte Am Weiher 1 67729 Sippersfeld Tel.: 06357-8880060 www.retzberghuette.de Mi-Fr 11.30-16 Uhr Sa, So 11.30-17 Uhr Mo, Di Ruhetage Winter geschlossen Restaurant Pfälzerhof Hauptstraße 19 67677 Enkenbach-Alsenborn Tel.: 06303-984412 www.pfaelzerhof-enkenbach.de Mo-So 11-14.30 Uhr + 17-22 Uhr Sa 17-22 Uhr Mi Ruhetag	Hotel-Restaurant Kölbl Hauptstraße 3 67677 Enkenbach-Alsenborn Tel.: 06303-3071 www.hotel-restaurant-koelbl.de Mi, Do, Fr, So 11-14 Uhr + 18-21.30 Uhr Sa 18-21.30 Uhr
Übernachtung	Trekking-Camp Ramsen Platz Nr. 9; Alsenborn-Enkenbach Platz Nr 8 Tel.: 06341-940400 www.trekking-pfalz.de	Seehaus Forelle Haeckenhaus (Restaurant und Hotel sowie Kiosk am See) Eiswoog 1 67305 Ramsen Tel.: 06356-6088 www.seehaus-forelle.de
Information	Verbandsgemeinde Eisenberg Geschäftsbereich Tourismus und Wirtschaftsförderung Hauptstraße 86 67304 Eisenberg Tel.: 06351-407-510 www.vg-eisenberg.de/freizeit-tourismus	
Tierarzt	Kleintierpraxis D. Gendrung-Schaffmeister Friedrich-Ebert-Str. 38 67304 Eisenberg Tel.: 06351-398024 www.tierarztpraxen-schaffmeister.de	

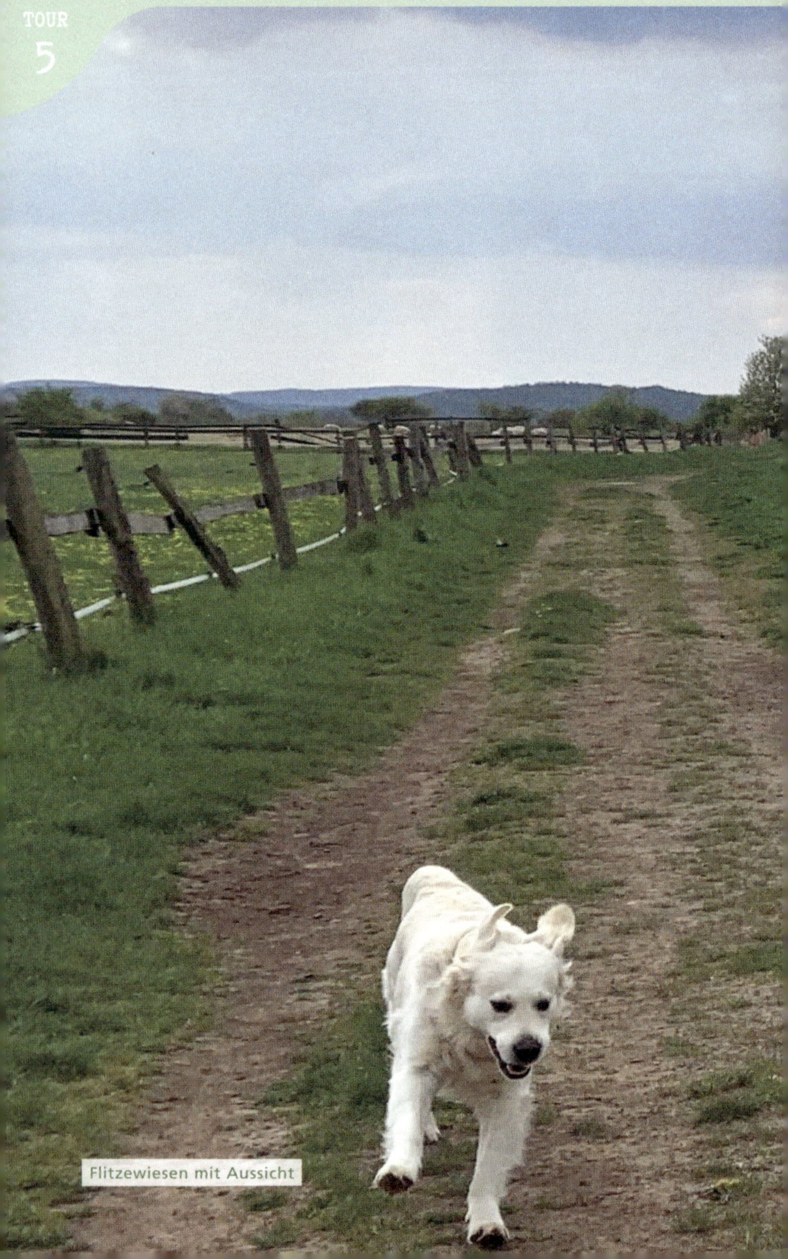

Flitzewiesen mit Aussicht

Wiesen, Weiden und Wald: Für jeden was dabei – tolles Landschaftsschutzgebiet mit Weiher

Panoramaweg: Da guckst Du

Hundefreundlichkeit: Bei dieser Tour gibt es was zu gucken: Aussichten auf den Donnersberg, endlose Rapsfelder und blühende Obstbäume im Frühjahr. Zugegeben, Ausblicke sind für die Zweibeiner wichtiger als für die Vierbeiner. Aber auch Hunde kommen bei dieser Tour auf ihre Kosten: Wiesen zum Flitzen. Und das Landschaftsschutzgebiet Erdekaut bietet nicht nur romantische Weiher, sondern auch Ziegen und Schafe, die spannend riechen. Aber das Allerbeste an dieser Tour ist die Einkehr: Der Landgasthof Seltenbach serviert saisonale, super leckere Gerichte. Und das Team ist sehr hundefreundlich, was sich schon allein an den vielen Näpfen im Biergarten zeigt. Die Tour lässt sich übrigens in zwei gemütliche Seniorenwanderungen aufteilen. Besonders schön im Frühling, wenn der Raps und die Obstbäume blühen.

Tour-Info	↔ 21 km	6 Std.	+++ schwer
Start-Ziel:	Hettenleidelheim, Waldschwimmbad		
GPS:	49°31'56.5"N 8°03'49.0"E		
Markierung:	Markierung Panoramawanderweg		
Wegecharakteristik:	2 % Bergwanderweg – 12 % Wanderweg – 66 % Weg – 13 % Nebenstraße – 7 % Straße		
Höchster Punkt: Niedrigster Punkt:	360 m 190 m	Zwei Seniorenhunde Varianten	

Wir starten beim Waldschwimmbad und folgen von nun an der Markierung Panoramaweg. Ein kleiner Abstecher zu den Neun Steinen, einem keltischen Steinkreis, lohnt sich. Danach überqueren wir die Autobahnbrücke **1** über die A6, wandern durch Wald und über Wiesen Richtung Hetschmühle in das Amseltal. In Höhe des Wasserwerks zweigen

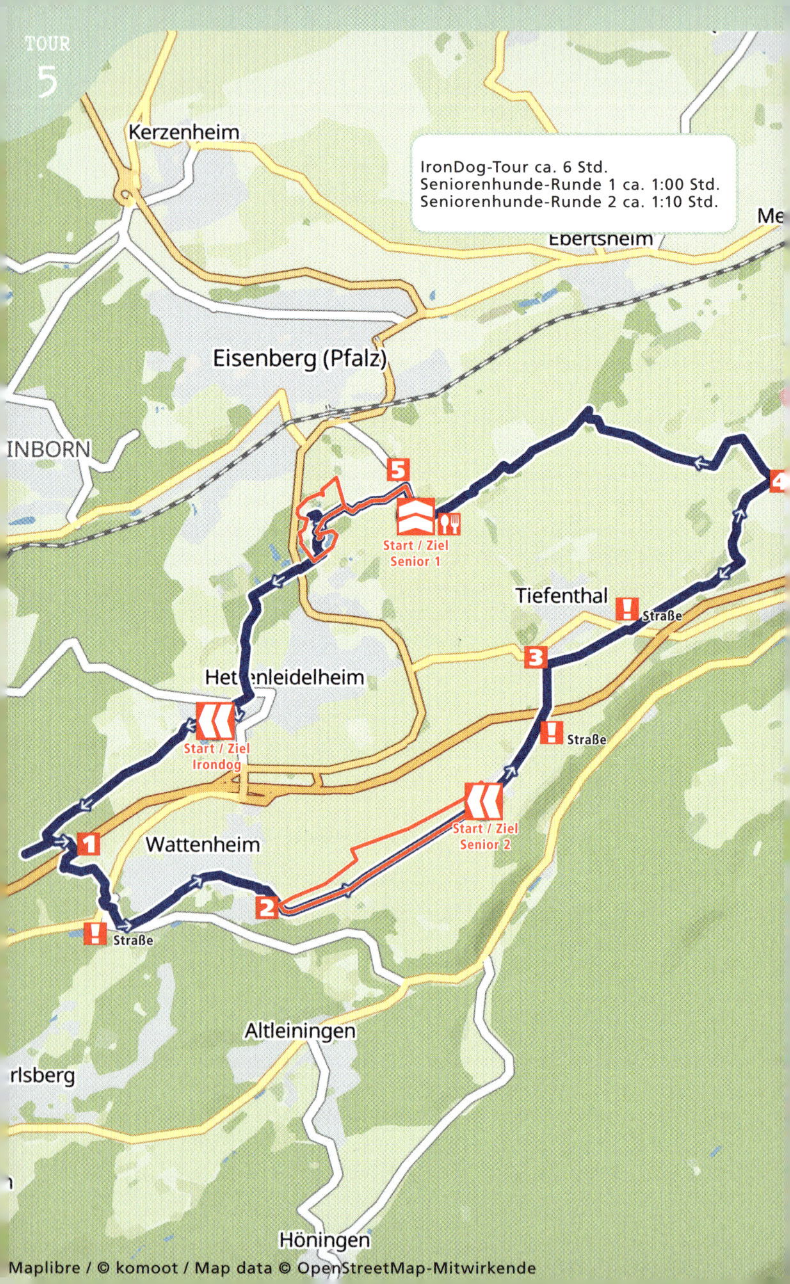

TOUR 5
IronDog-Tour ca. 6 Std.
Seniorenhunde-Runde 1 ca. 1:00 Std.
Seniorenhunde-Runde 2 ca. 1:10 Std.
Kerzenheim
Ebertsheim
Eisenberg (Pfalz)
INBORN
Start / Ziel Senior 1
Tiefenthal
Straße
Hettenleidelheim
Start / Ziel Irondog
Straße
Start / Ziel Senior 2
Wattenheim
Straße
Altleiningen
rlsberg
Höningen
1
2
3
4
5
Maplibre / © komoot / Map data © OpenStreetMap-Mitwirkende

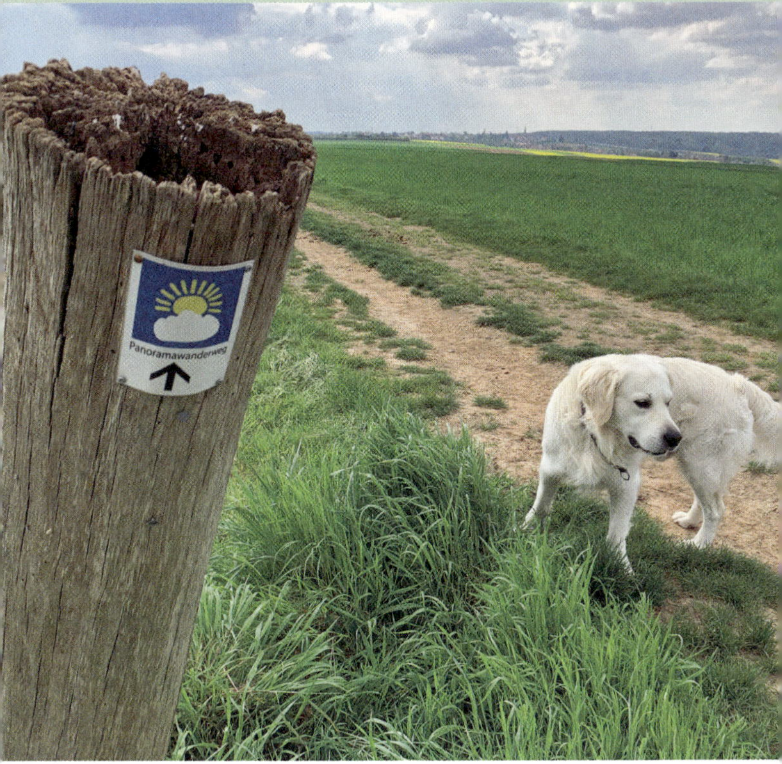

Wiesen und Ausblicke

wir nach links ab ! und erreichen über einen ansteigenden Waldweg den Sportplatz in Wattenheim.
Wir laufen durch den Ort Wattenheim (Hochgerichtsstraße - Speyerer Straße – Leininger Straße), biegen jedoch dort, wo die Leininger Straße nach rechts ins Tal abknickt, nach links ein. 2 Unsere Route führt uns nun auf einen gut begehbaren Feldweg direkt zum Mini-Ort Nackterhof. Auf diesem Teilstück hat man einen herrlichen Blick auf die Burg Altleiningen und auf den Donnersberg. Hier können die Hunde super toll über die Wiesen flitzen.
Wir wandern durch den Nackterhof. Danach geht's für rund 1 Kilometer auf einer wenig befahrenen Landstraße (Hunde anleinen Achtung !) bis zur Ortsgemeinde Tiefenthal. 3 Am Ortseingang zweigen wir

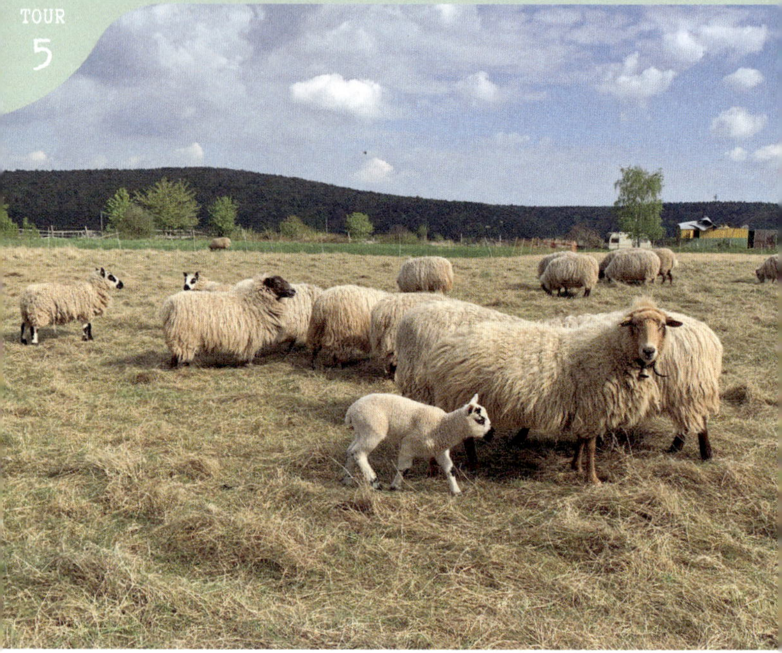

Schafe auf dem Panoramawanderweg

Die Seniorenhunde-Runden

Gleich zwei schöne Seniorenwanderungen lassen sich aus dem Panoramawanderweg ableiten:

Zwischen Nackterhof und Wattenheim gibt es Flitzewiesen, Schafe und tolle Aussichten. Im Sommer ist es zu heiß für die gut 4 Kilometer lange Tour. Besonders schön ist sie im Frühling, wenn der Raps blüht.

Die zweite Tour startet und endet am Landgasthof Zur Seltenbach. Von dort geht's rein ins Landschaftsschutzgebiet Erdekaut, das wir einmal umrunden. Viele Möglichkeiten zum Schwimmen und Begegnungen mit Schafen und Ziegen. Auch diese Tour ist gut 4 Kilometer lang.

oberhalb des Sportgeländes nach rechts ab und gehen weiter auf dem Feldweg – wieder mit Hammer-Aussicht und Flitzewiese – in Richtung Landesstraße Tiefenthal-Neuleiningen. Diese Achtung ! stark befahrene Landstraße wird überquert, und wir wandern nun entlang von geschütztem Kalkmagerrasen und Glatthaferwiesen über den sogenannten Binsenplatz in ein herrliches Naturschutz- bzw. Kalksandsteingebiet: die Bitternell.
Nach dem Kalksandsteinwerk gehen wir kurz auf der befestigten Straße bis zur nächsten Abbiegung 4, wo

Info

- **Bahn/Bus:** Mit dem Zug bis Grünstadt Bahnhof und weiter mit dem Bus 454 bis Hettenleidelheim/ Brunnenwiesenstraße
- **Parken:** Hettenleidelheim, Waldschwimmbad
- **Karte:** LVermGeo Naturpark Pfälzerwald Blatt 2 „Grünstadt und Stumpfwald mit Leiningerland" (1:25.000)
- **Einkehr:** Landgasthof zur Seltenbach
Seltenbach 1
67304 Eisenberg
Tel.: 06351-6162
www.facebook.com/seltenbach
Di-So 11.30-21 Uhr
- **Übernachtung:** Pfalzwagen
Unterer Kurweg 28
67316 Carlsberg
Tel.: 01577-1739179
www.pfalzwagen.com

  Seminar- und Gästehaus Burghof Stauf
Burgweg 1
67304 Eisenberg
Tel.: 06351-9372225
www.burghof-stauf.de
- **Information:** Verbandsgemeinde Leiningerland
Tourist-Information
Haus der Deutschen Weinstraße
Weinstraße 91b
67278 Bockenheim
Tel.: 06359-80013002
www.vg-l.de
- **Tierarzt:** Tierarzt Dr. Holger Zieris
Hauptstraße 103
67310 Hettenleidelheim
Tel.: 06351-36866
www.tierarztpraxis-zieris.de

der Wanderweg dann nach links hinunter in das Tal führt. Hier gibt es wieder einen Rundblick bis hin zum Donnersberg. Unten angekommen, laufen wir rund 20 Minuten am Seltenbach entlang bis zum gleichnamigen Landgasthof Zur Seltenbach. Nach dem Gasthof bleiben wir ein Stück auf der wenig befahrenen Straße und biegen nach rund 400 Metern links ab. **5** Der Weg führt uns in das Landschaftsschutzgebiet Erdekaut mit seinen unzähligen kleinen Tümpeln und Weihern. Wo einst Ton abgebaut wurde, gibt es heute Schafe, Gelb- und Rotwangenschildkröten, Bienenfresser und seltene wilde Orchideen.
Wir lassen die Erdekaut hinter uns, Achtung **!** überqueren die Bundesstraße zwischen Hettenleidelheim und Eisenberg und folgen weiter der Markierung Panoramawanderweg. Durch Wald und Felder laufen wir, bis wir schließlich die katholische Kirche von Hettenleidelheim sehen. Auf der Hauptstraße und dann links auf der Wattenheimerstraße geht's zurück zum Schwimmbad, unserem Ausgangspunkt.

Haardtrand und Weinstraße

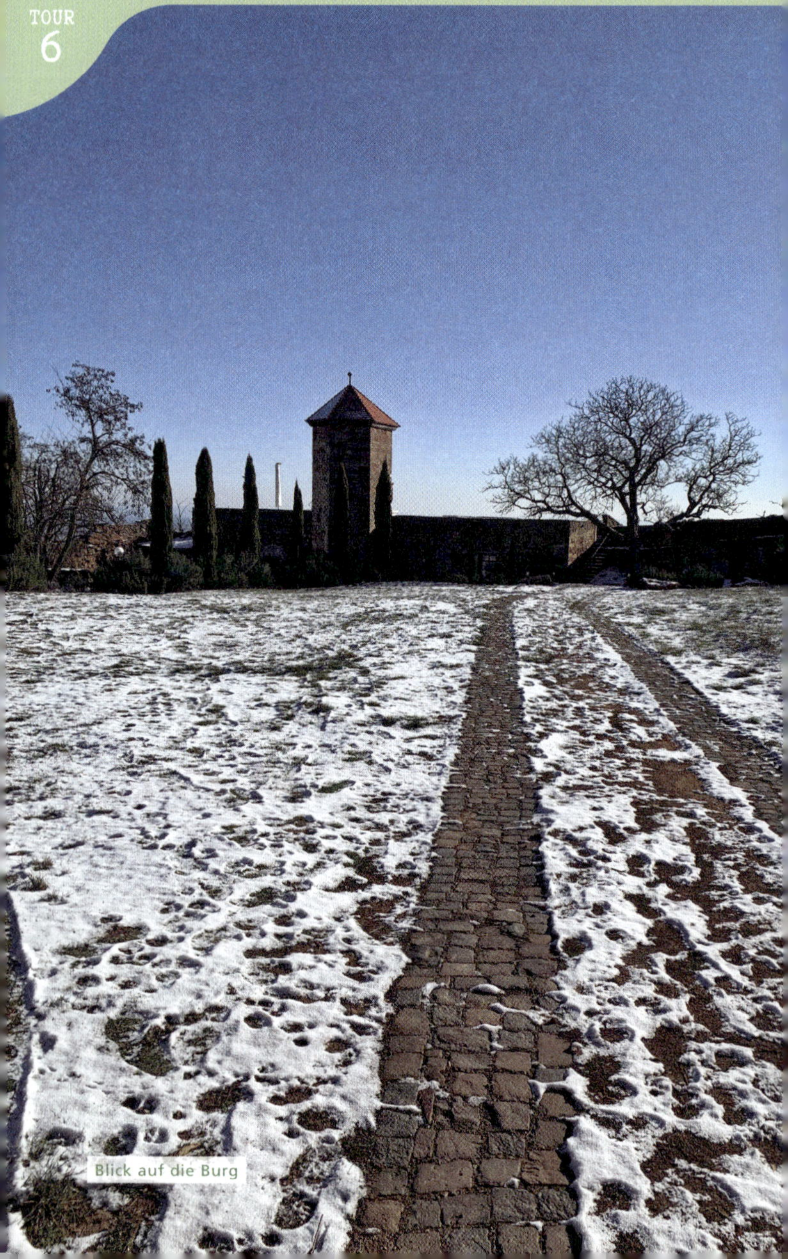

Blick auf die Burg

Wildschweinspuren garantiert – Burg mit hundefreundlichem Restaurant – Fernblick auf die Rheinebene

Von der Burg Battenberg zur schönen Aussicht

Hundefreundlichkeit: **Die Wanderung rund um den Harzweilerkopf ist einfach saumäßig gut. Am Rand des Pfälzer Walds stehen viele Esskastanien und Eichen, und außerdem gibt es zahlreiche Schlammlöcher – ein Paradies für Wildschweine, aber nichts für schwache Hundebesitzer-Nerven. Hunde lieben die Geruchswelt in diesem Teil des Pfälzer Walds. Besonders gut riecht es hier im Januar und Februar, wenn die Bachen mit ihren Ferkeln unterwegs sind und manchmal auch die Wanderwege kreuzen. Hunde mit Jagdtrieb also unbedingt anleinen. Auf dem Rückweg gibt es kurz vor dem Abstieg Nervennahrung. Die Gutsschänke, ein kleines gemütliches Restaurant auf dem Gelände der Burg, lädt zu einem Riesling vom Hofgut Battenberger Schloßberg und einem Schweinebraten ein. Hunde sind herzlich willkommen.**

Tour-Info	↔ 13,5 km	◷ 3:30 Std.	++✚ mittel
Start-Ziel:	Kleinkarlbach, Parkplatz Krumbachtal		
GPS:	49°31'50.7"N 8°08'54.9"E		
Markierung:	Lokale Wanderwegmarkierungen 3 und 4, Weinsteig, Leininger Burgenweg		
Wegecharakteristik:	2 % Bergwanderweg – 16 % Wanderweg – 75 % Weg – 5 % Fußweg – 2 % Nebenstraße		
Höchster Punkt: Niedrigster Punkt:	390 m 200 m	2 Varianten	

Schon kurz nach dem Parkplatz im Krumbachtal, auf der angrenzenden Streuobstwiese, sieht man die ersten Wildschweinspuren. Wildschweinhaare, -gerüche und -spuren werden von nun an unsere Begleiter sein.

Wir wandern talaufwärts und folgen der lokalen Wanderwegmarkierung 4, die auf einem kleinen Trampelpfad bald steil hinaufführt. Oben angekommen gehen wir links und folgen dem kleinen Wanderweg mit der

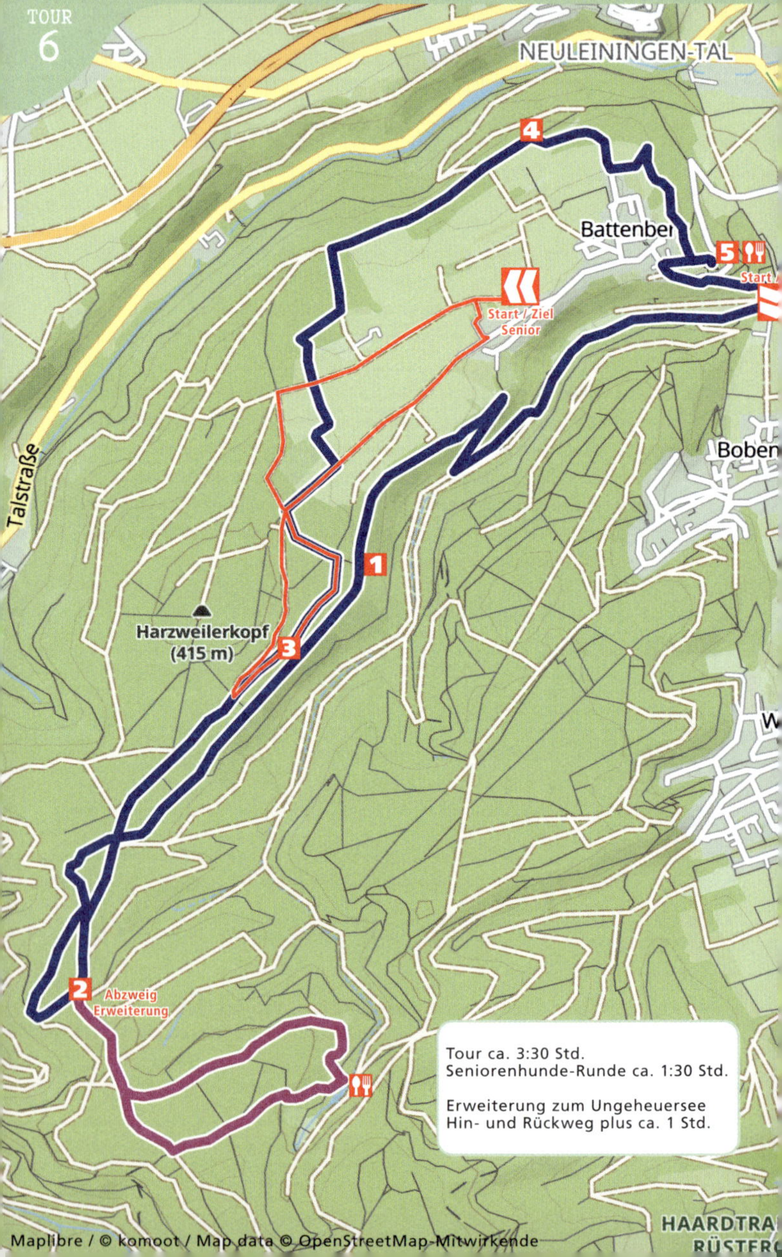
NEULEININGEN-TAL
4
Battenber
5
Start / Ziel
Senior
Talstraße
Boben
1
Harzweilerkopf
(415 m)
3
2
Abzweig
Erweiterung
Tour ca. 3:30 Std.
Seniorenhunde-Runde ca. 1:30 Std.
Erweiterung zum Ungeheuersee
Hin- und Rückweg plus ca. 1 Std.
HAARDTRA
Maplibre / © komoot / Map data © OpenStreetMap-Mitwirkende

Markierung Pfälzer Weinsteig. Rechts sieht man hier eine der typischen Pfälzer Trockenmauern, die leider immer mehr verfallen und zuwuchern. Der Wald erobert sich seinen Platz zurück, aber es lässt sich noch erahnen, dass das hier alles mal bewirtschaftete Fläche war. Viele Eichen säumen den Weg. Früher dienten sie der Saumast, also die Bauern trieben ihre Schweine in den Wald, um sie Eicheln fressen zu lassen. Heute freuen sich die Wildschweine über die Früchte. Wir folgen dem Pfälzer Weinsteig Richtung Lindemannsruhe und **1** überqueren die nächste Wegekreuzung Richtung Neuleiningen/Kupferbergfels.

Hier, an der Südwestseite wird der Wald trockener und Kiefern sind unsere Wegbegleiter. Nach rund 300 Metern gibt's einen schönen Ausblick aufs Leininger Land. Zwei Bänke laden zur Pause ein. Danach laufen wir weiter bis zum nächsten schönen Ausblick mit Bank. Dort verlassen wir den Weinsteig und gehen links hoch in den Kiefernwald – ein Wald wie im Harry-Potter-Film. Den Kiefern folgt ein Wildschwein-Mischwald mit seinen Esskastanien und Eichen. **2** Wir laufen wieder auf dem Leininger Burgenweg Richtung Battenberg. Hier, in diesem Waldstück, wurden von den Wildkameras der Jäger auch schon Luchse gesichtet. Mehr Jägerlatein und Jagd-Geschichten findet sich auf einer kleinen Tafel beim Jägerkreuz.

Tipp: Erweiterung bis zum Ungeheuersee und zur Weisenheimer Hütte

Am Wegepunkt 2 bringt uns ein knapp 2 Kilometer weiter Abstecher (Beschilderung folgen) zum Ungeheuersee und der urigen Weisenheimer Hütte am See. Achtung! der Ungeheuersee macht seinem Namen alle Ehre: Hunde, die darin baden, sehen danach aus wie Ungeheuer. Der See, der eigentlich ein Teich ist, ist vor allem im Sommer sehr verschlammt und außerdem ein Naturschutzgebiet. Hunde also bitte fernhalten. Die Hütte ist von Mitte März bis Mitte Dezember an Sonn- und Feiertagen von 10-18 Uhr (ab November bis 17 Uhr) geöffnet. Von Mai bis Oktober ist sie zusätzlich mittwochs von 12-17 Uhr offen. www.pwv-weisenheim.de/rasten-und-entspannen

Weiter geht's Richtung Battenberg **3**, die Markierung Leininger Burgenweg führt uns aus dem Wald heraus, und die Rheinebene begrüßt uns mit einer herrlichen Aussicht. Hier ist Gelegenheit, die Hunde auf den Streuobstwiesen und Feldern flitzen zu lassen. Weiter geradeaus, an der Pferdekoppel vorbei, geht's in den Wald ins Wildschweinwunderland mit all seinen tollen Gerüchen. Wir wandern schließlich links steil abwärts. Am Ende der Steigung halten wir uns rechts und laufen rund 10 Minuten auf einem breiten, geschotterten Wirtschaftsweg.

Wir folgen dem Burgenweg **4** rechts hoch auf einem kleinen Pfad, und

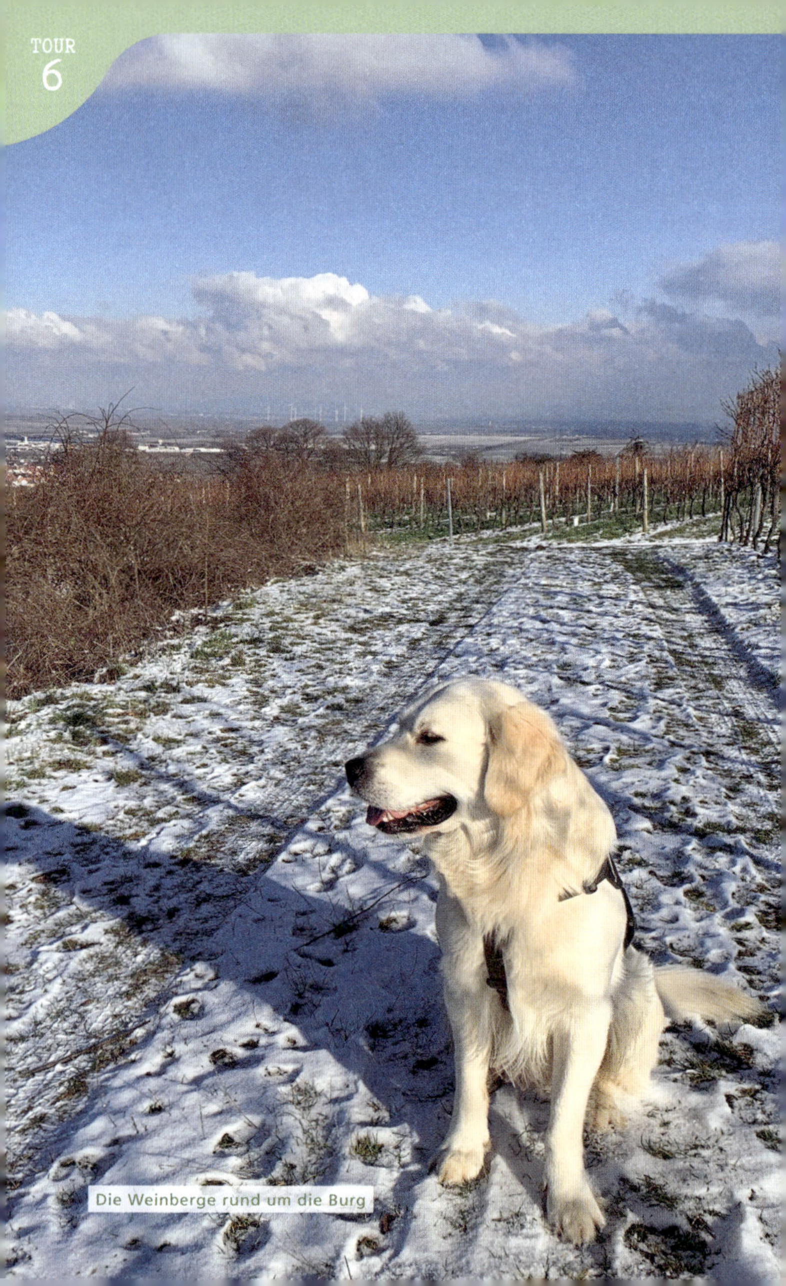

Die Weinberge rund um die Burg

über eine Weide wandern wir durch den nächsten Märchenwald, steil hoch Richtung Burg in Battenberg, und durch die angrenzenden Weinberge. Hier wächst der Riesling, den wir gleich in der Gutsschänke probieren können. Der Anstieg wird übrigens mit einem schönen Blick auf das Burgendorf Neuleiningen und über die Rheinebene belohnt. Nun sind es nur noch ein paar hundert Meter bis zur Burg **5** und seiner hundefreundlichen Gutsschänke. Von dort aus auf dem Weinsteig einfach talabwärts laufen, zurück zum Parkplatz.

Seniorenhunde-Runde

Die Wanderung kann als Seniorenhunde-Wanderung abgekürzt werden. Dafür oben auf dem Battenberg parken (49°31'51.1"N 8°07'57.1"E). Den leicht geschotterten Weg hoch Richtung Wald laufen und dort in die Wanderung einsteigen. Beim Rückweg genießen wir den Panoramaausblick (bei klarer Sicht bis Frankfurt) und die Hunde die Felder und Wiesen zum Flitzen, bis wir wieder am Auto sind. Die Senioren-Tour ist knapp 6 Kilometer lang, mit einer kleinen Steigung.

Info

H	Ab Grünstadt Bahnhof mit dem Bus 453
P	Kleinkarlbch, Parkplatz Krumbachtal
Karte	LVermGeo Naturpark Pfälzerwald Blatt 4 „Mittel- und Unterhardt" (1:25.000)
Essen	Gutsschänke Schlossweg 67271 Battenberg Tel.: 06359-961003 www.HofgutBattenberg.de Mi, Do + So auf Anfrage im Winter, im Sommer geöffnet Fr 18-21 Uhr (Küche, bis 23 Uhr geöffnet) Sa 16-21 Uhr (Küche, bis 23 Uhr geöffnet)
Übernachtung	Hofgut Battenberg Hauptstraße 1 67271 Battenberg 06359-961003 www.HofgutBattenberg.de
i	Verbandsgemeinde Leiningerland Tourist-Information Haus der Deutschen Weinstraße Weinstraße 91b 67278 Bockenheim Tel.: 06359-80013002 www.vg-l.de
+	Tierärztliche Gemeinschaftspraxis Christine & Marc Müller Philipp-Heinrich-Messer-Str. 6 67098 Bad Dürkheim Tel.: 06322-9414343 www.tierarzt-bad-duerkheim.de

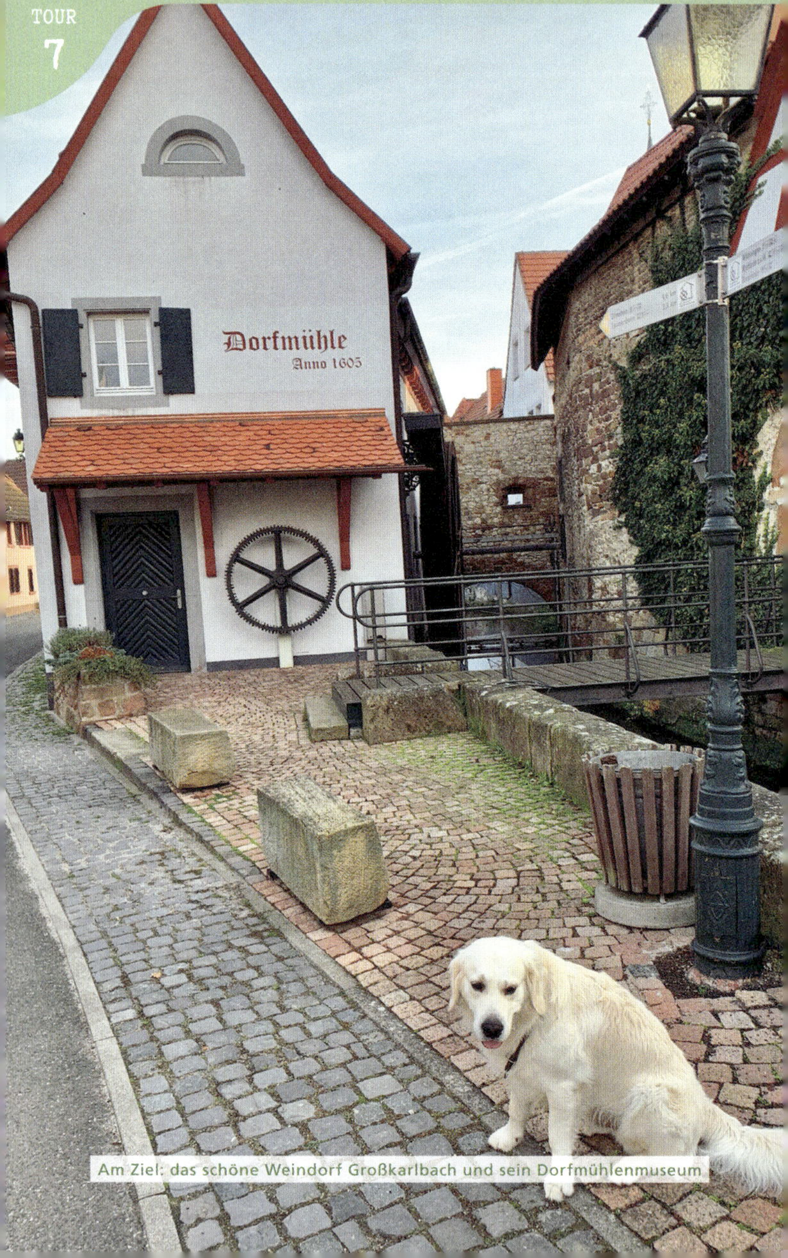

Am Ziel: das schöne Weindorf Großkarlbach und sein Dorfmühlenmuseum

abwechslungsreiche Pfälzer Kulturlandschaft – variabel zu laufen – besonders schön im Frühling

Der Eckbach-Mühlenwanderweg: Wald, Wasser, Wiesen und Wein

Hundefreundlichkeit: **Wald, später Wiesen mit Obstbäumen, Blick auf Burgen, Vinotheken, Weinberge und der Eckbach mit seinen ehemals 35, heute noch 23 Mühlen – mehr Abwechslung, landschaftlich und kulinarisch, geht nicht. Der Eckbach-Mühlenwanderweg ist von April bis Juni besonders reizvoll. Im Sommer ist es zu heiß, denn einmal raus aus dem Wald, gibt es fast keinen Schatten mehr. Leider ist der Weg am Wochenende auch bei E-Bikern beliebt. Hunde dann entweder anleinen oder werktags laufen. Der Eckbach ist an einigen Stellen sandig und schlammig, also Handtuch bereithalten und genau hinschauen, wo der Hund ins Wasser darf. Besonders schön im Frühling, wenn alles blüht.**

Tour-Info	↔ 20 km	5 Std.	+++ schwer
Start-Ziel:	Start: Hertlingshausen, Straße vor der Eckbachquelle Ziel: Großkarlbach, Mühlenmuseum Alte Dorfmühle		
GPS:	Start: 49°29'38.0"N 8°01'20.9"E Ziel: 49°32'21.1"N 8°13'22.1"E		
Markierung:	Mühlenwanderwegzeichen		
Wegecharakteristik:	21 % Wanderweg – 41 % Weg – 17 % Fußweg – 18 % Nebenstraße – 3 % Straße		
Höchster Punkt: Niedrigster Punkt:	340 m 120 m	Tourerweiterung möglich	

Startpunkt des Eckbach-Mühlenwanderwegs ist die Eckbachquelle mitten in der kleinen Häusersiedlung Kleinfrankreich. Benannt ist die Gemarkung nach Matthäus Franck und seinem Hof. Die Leute sprachen in den 1800er-Jahren von „Franck seinem kleinen Reich", dem „Klein-Franck-Reich", und daraus wurde später Kleinfrankreich, mitten in der Pfalz. Am Gebäude (Haus Nr. 45), in dem Matthäus Franck lebte,

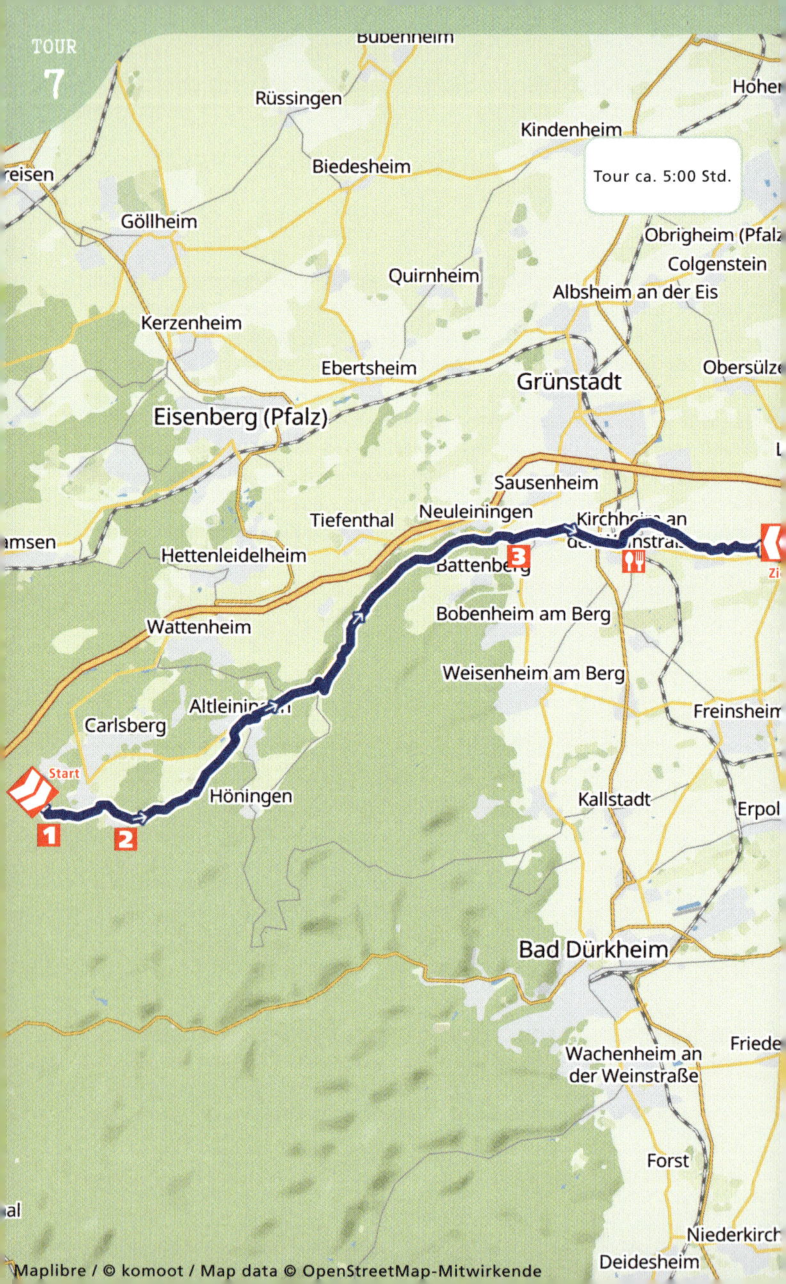
TOUR
7
Tour ca. 5:00 Std.
Start
1
2
3
Bubenheim
Rüssingen
Kindenheim
Biedesheim
Göllheim
Quirnheim
Obrigheim (Pfalz
Colgenstein
Albsheim an der Eis
Kerzenheim
Ebertsheim
Grünstadt
Obersülze
Eisenberg (Pfalz)
Sausenheim
Tiefenthal
Neuleiningen
Kirchheim an
Hettenleidelheim
Battenberg
Bobenheim am Berg
Wattenheim
Weisenheim am Berg
Altleiningen
Carlsberg
Freinsheim
Höningen
Kallstadt
Erpol
Bad Dürkheim
Wachenheim an der Weinstraße
Friede
Forst
Niederkirch
Deidesheim
Maplibre / © komoot / Map data © OpenStreetMap-Mitwirkende

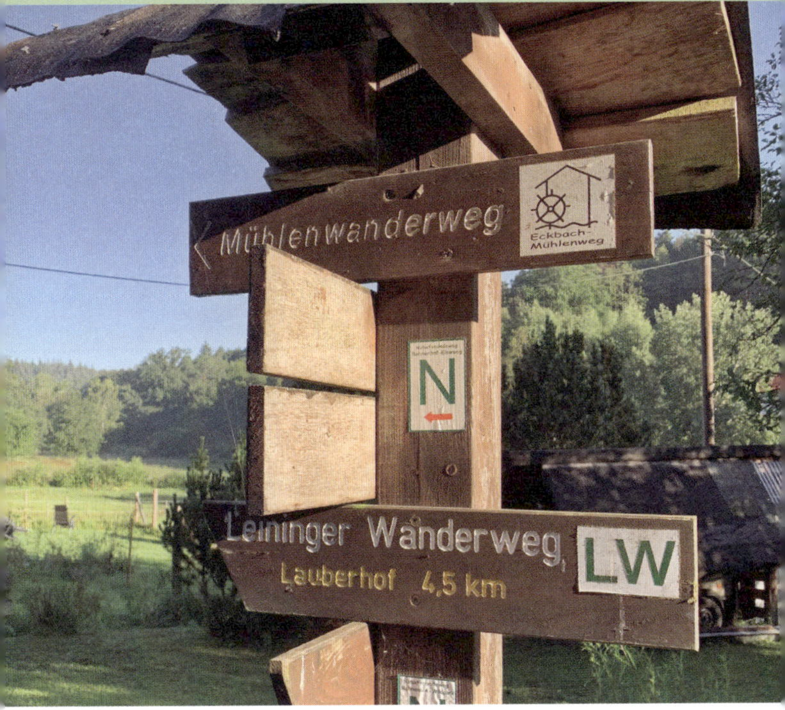

Immer dem Zeichen „Mühlenwanderweg“ folgen!

findet sich über der Eingangstür heute noch die Inschrift „HAMMAT TES FRANCK“ – Heimat des Franck, anno 1803.

Ab der Eckbachquelle folgen wir dem Mühlenweg-Wanderzeichen, das uns rund 150 Meter nach der Eckbachquelle 1 rechts hoch in den Wald Richtung Naturfreundehaus Rahnenhof führt. Nach gut 25 Minuten erreichen wir die Klostermühle in Hertlingshausen. Sie ist die erste der 35 ehemaligen Mühlen. Von der Klostermühle ist leider nur noch eine Tafel übrig, die von ihrer Geschichte erzählt. Auf der Tour stehen übrigens an 12 Stellen solche Tafeln, mit Infos – auch per QR-Code als Audio- und Videodateien. Nach der Klostermühle verschwinden der Eckbach und der Mühlenwanderweg wieder im Wald. Der Eckbach fließt durch eine hügelige Wald- und Wiesenlandschaft. Für die Hunde gibt es oft die Gelegenheit, ein kühles Bad zu nehmen. Auch wenn der Eckbach

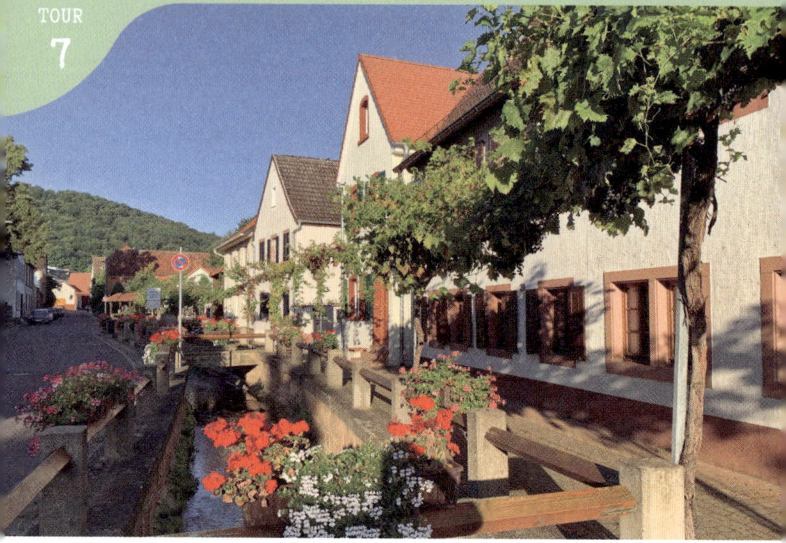

Kleinkarlbach: raus aus dem Wald, rein in die Weinbauregion

an einigen Stellen nur noch ein kleines Bächlein ist: Er ist das zentrale Fließgewässer der Region und war, dank einiger gestauter Weiher, der ideale Mühlenstandort.

Hintergrund: Das Dorfmühlenmuseum im Großkarlbach

Die Dorfmühle liegt im historischen Ortskern von Großkarlbach. Erbaut 1605, wurde sie 2007 als Dorfmühlenmuseum wiedereröffnet. Historische Ausstellungsstücke wurden aus ehemaligen Mühlen in Kleinkarlbach, Laumersheim, Osthofen und Schelklingen-Talsteußlingen zur Verfügung gestellt. Geöffnet: März bis Oktober jeden 2. und 4. Sonntag von 14 bis 17 Uhr sowie zum Deutschen Mühlentag am Pfingstmontag. Anmeldung für Führungen bei Volker Budde: 06238-3301.

Im Wald treffen wir auf die 5-Wege-Kreuzung **2** und die Infotafel über die Papiermühle. Rund drei Kilometer weiter steht die noch erhaltene Untere Papiermühle in Alleinigen. Nun beginnt geradezu ein Feuerwerk der Mühlengeschichte: Vorbei geht's an der Schlossmühle, der Kleinsägemühle, Großsägemühle, der Obermühle sowie der Felsenmühle im Neuleininger-Tal. Der Eckbachweiher eignet sich übrigens nur bedingt zum Schwimmen für Hunde, da er in Ufernähe oft versandet.

In Kleinkarlbach **3** wechselt die Landschaft, raus aus dem Wald, und wir treten ein in das Weinbaugebiet der Rheinebene. Weitere sechs Mühlen bietet der hübsche Weinort – sowie zahlreiche Weingüter, die zur Weinprobe einladen. Erfrischen können sich auch die Hunde, denn jetzt gibt es immer wieder Stellen zum Baden.

Wir folgen weiter dem Mühlenwanderwegzeichen, vorbei an Weinreben, Streuobstwiesen und Mandelbäumen; vorbei an unzähligen Winzern und Weinprobierstuben. Wir durchwandern Kirchheim an der Weinstraße, den Ort Bissersheim (Vinotheken: Mussler, Wendel, Halbstück) und erreichen nach knapp 20 Kilometern unser Ziel, das schöne Weindorf Großkarlbach (Vinothek Schreier, Weinbar Dietrich, Franks Bodega, Palatina Weinbar, Restaurant Karlbacher).

Übrigens: Einstieg und Ausstieg aus dem Wanderweg sind theoretisch in jedem Weinort möglich. Allerdings muss die Rückfahrt geplant sein. Busse, wenn auch selten, fahren von allen Dörfern nach Grünstadt und von dort nach Carlsberg-Hertlingshausen.

Tipp: Weiter bis nach Dirmstein

Wer Lust hast auf noch mehr Wein und Wasser, der kann den Eckbach-Mühlenwanderweg weitere fünf Kilometer bis Dirmstein laufen. Das größte Highlight kommt sogar schon nach rund 2,5 Kilometern: das Gourmet-Restaurant Zum weißen Lamm in Laumersheim (www.lamm-laumersheim.de). Dort dürfen im Sommer Hunde gemeinsam mit Frauchen und Herrchen im Hof sitzen.

Info

Zum Start: Ab Grünstadt Bahnhof mit dem Bus 454 (Leininger Ring) bis nach Carlsberg-Hertlingshausen.
Ab Ziel: Von Großkarlbach mit dem Bus 460 nach Grünstadt Bahnhof

An der Straße nach Kleinfrankreich kurz vor der Eckbachquelle

LVermGeo Blatt 2 „Grünstadt und Stumpfwald mit Leiningerland", Naturpark Pfälzerwald (1:25.000)

Wirtshaus Alter Bahnhof
Bahnhofstraße 1
67281 Kirchheim an der Weinstraße
Tel.: 06359-9249132
www.wirtshaus-alter-bahnhof.de
Di-So 11.30-23 Uhr

Winzergarten (Hotel und Restaurant)
Hauptstraße 17
67229 Großkarlbach
Tel.: 06238-926800
www.hotel-winzergarten.de

WQ WeinQuartier
Bachgasse 4
67281 Bissersheim
Tel.: 06359-9104905
www.weinquartier-bissersheim.de

Tourist-Information Leiningerland
Weinstraße 91b
67278 Bockenheim an der Weinstraße
Tel.: 06359-80013002
www.leiningerland.com

Tierarzt Dr. Holger Zieris
Hauptstraße 103
67310 Hettenleidelheim
Tel.: 06351-36866
tierarztpraxis-zieris.de

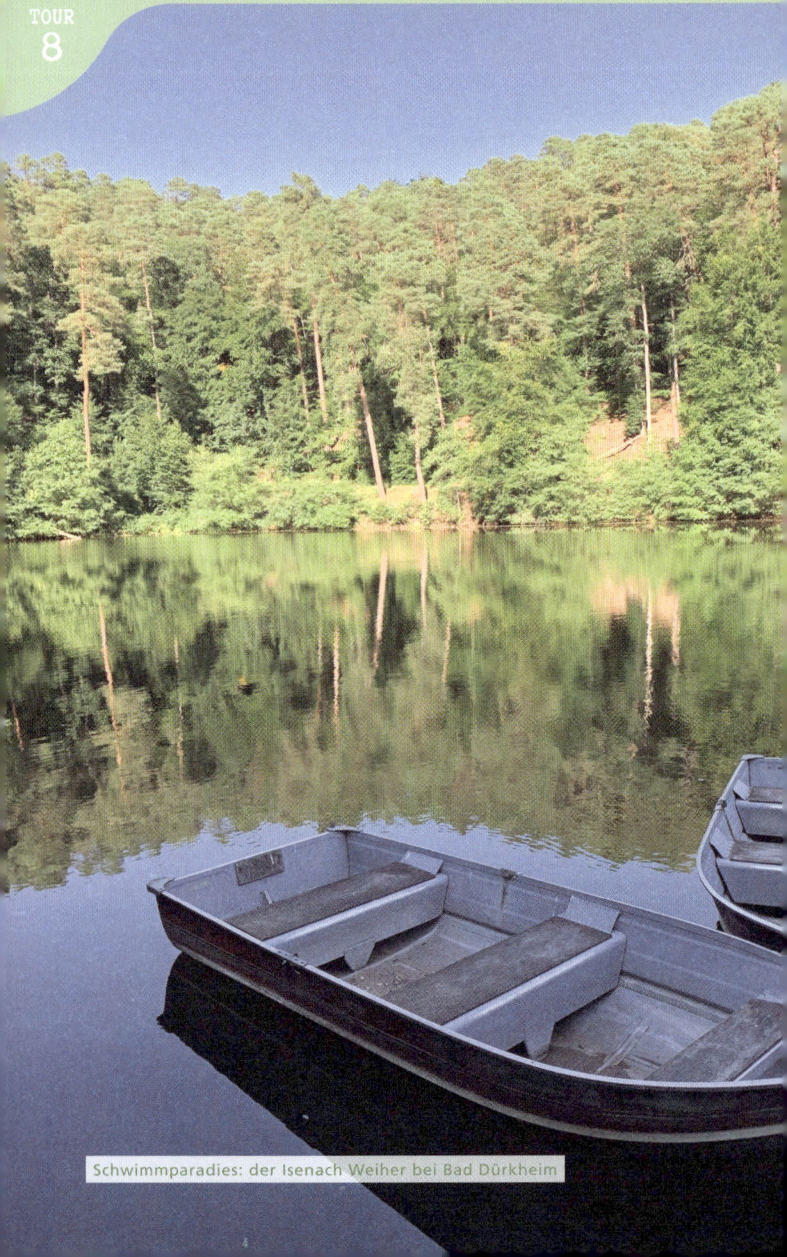

Schwimmparadies: der Isenach Weiher bei Bad Dürkheim

Wald und Wasser – viel Platz für Hunde bei Einkehr im Naturfreundehaus

Auf den Spuren der Isenach

Hundefreundlichkeit: Der Isenach Weiher ist für Hundebesitzer ein Eldorado, am Wochenende sowie an heißen Tagen ist hier entsprechend viel los. Doch selbst an solchen Tagen ist schon 20 Minuten talaufwärts der Trubel vorbei und eine gemütliche, fast einsame Wanderung startet. Am Ende warten ein leckeres Schnitzel und das hundefreundliche Naturfreundehaus Rahnenhof. Das ist immer geöffnet (auch montags, wenn man in der Pfalz verhungert, weil alle anderen Hütten Ruhetag haben) und bietet innen und außen viel Platz für Hunde-Rudel. Der Rückweg führt vorbei am Ursprung der Isenach und zurück zum Weiher.

Tour-Info	↔ 14 km	4 Std.	++ mittel
Start-Ziel:	Jägerthal bei Bad Dürkheim, Parkplatz Forsthaus Isenach an der B37		
GPS:	49°27'22.5"N 8°02'09.1"E		
Markierung:	blau-roter Balken, Naturfreundewanderweg grünes N, Wanderwege Nummern 2, 3 + 5, blau-weißer Balken		
Wegecharakteristik:	31 % Wanderweg – 67 % Weg – < 2 % Fußweg – < 1 % Off-Grid		
Höchster Punkt: Niedrigster Punkt:	380 m 250 m	Seniorenhunde Variante	

Vor uns liegt das Forsthaus Isenach und der Isenach Weiher, ein Anblick, der eigentlich gleich zu einer Rast einlädt. Wir freuen uns auf eine Einkehr auf dem Rückweg und halten uns nach dem Weiher rechts vom Isenach Bächlein. Die Hunde können immer wieder im Bach spielen und toben. An der zweiten Abbiegung **1** gehen wir rechts und folgen der Wanderwegmarkierung blau-roter Balken. Es geht leicht bergauf,

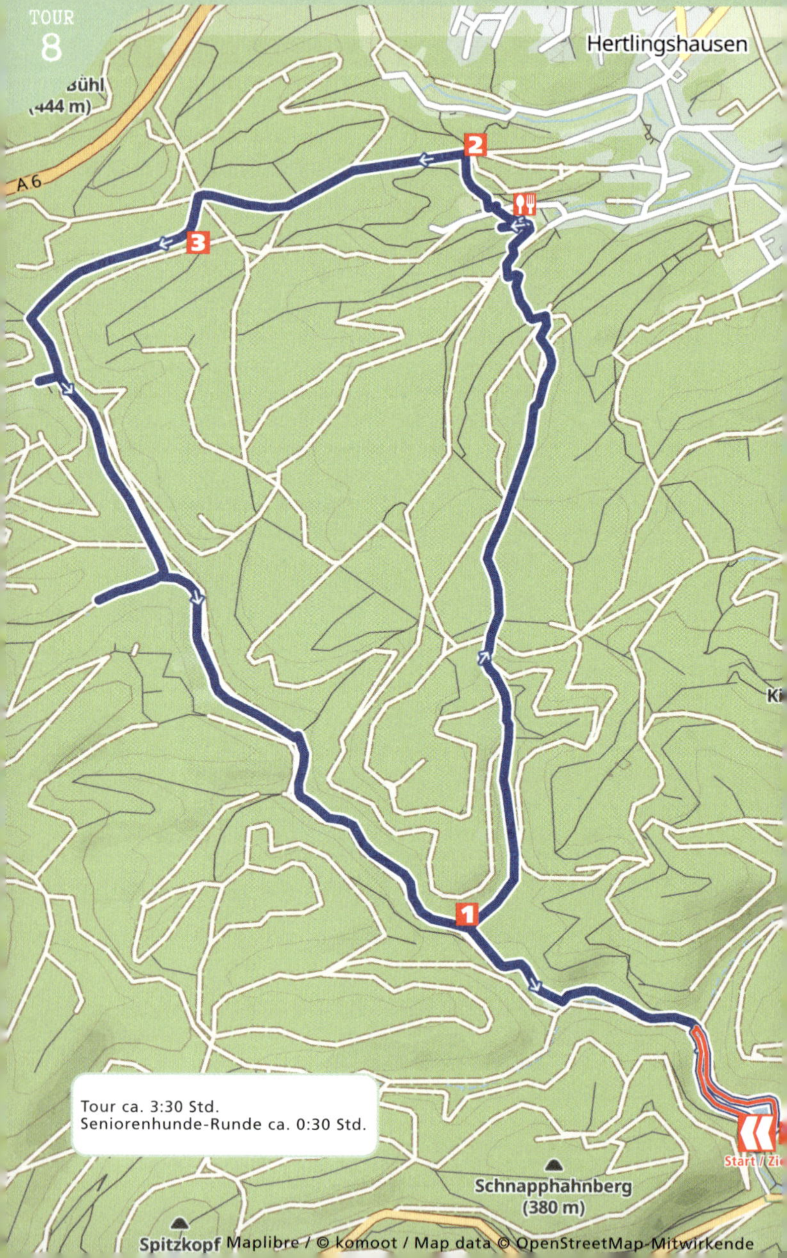
Bühl
(444 m)
Hertlingshausen
A 6
2
3
1
Ki
Tour ca. 3:30 Std.
Seniorenhunde-Runde ca. 0:30 Std.
Start / Zi
Schnapphahnberg
(380 m)
Spitzkopf
Maplibre / © komoot / Map data © OpenStreetMap-Mitwirkende

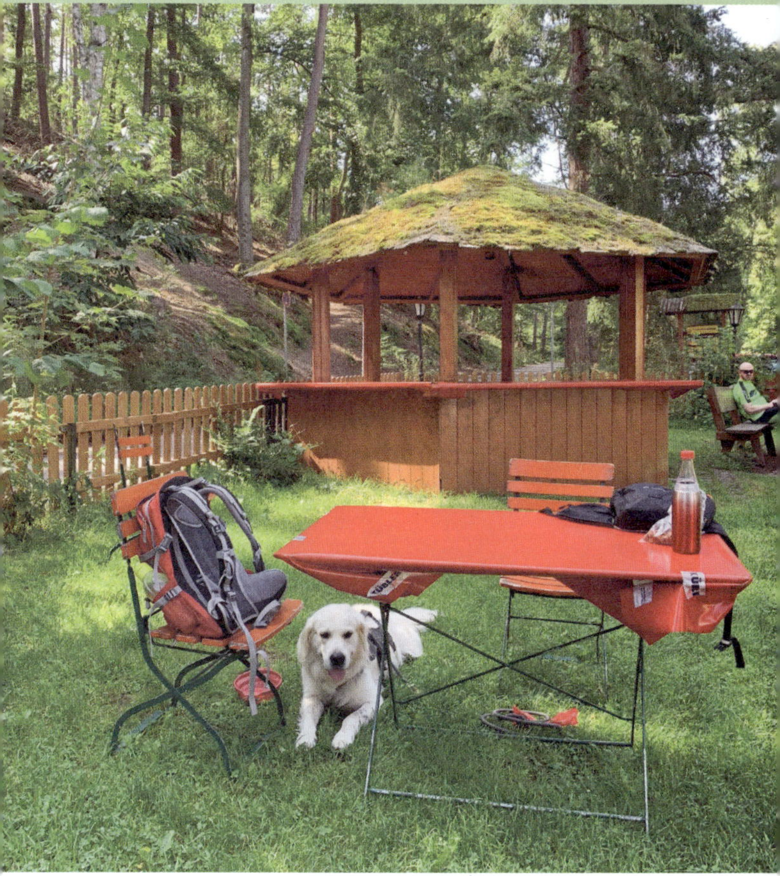

Im Biergarten ist genug Platz für Hund und Mensch.

tief rein in einen schönen moosbewachsenen Fichtenwald mit weichem Waldboden, der dann in einen Mischwald wechselt.

Oben auf dem Bergrücken laufen wir weiter geradeaus, über die große Wegkreuzung mit den Bänken hinweg. An der nächsten Wegespinne geht es links eine Waldgasse steil hinab (Markierung grünes N, Richtung Naturfreundehaus Rahnenhof). Der Weg führt zu einer schmalen Straße, an der sich einige Wochenendhäuser befinden. Wir

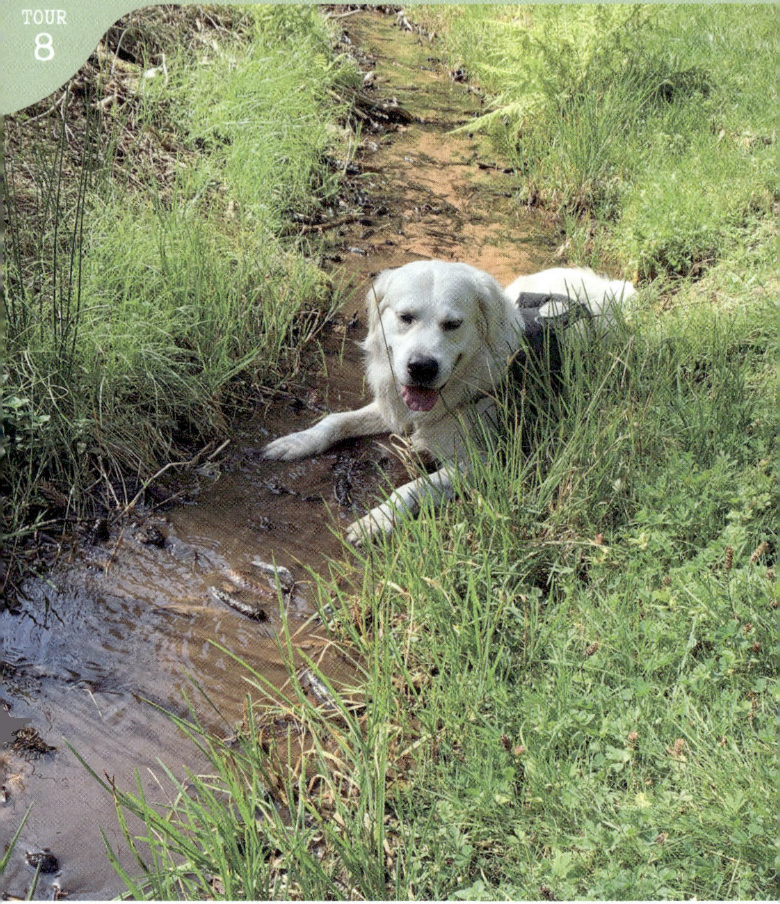

Wasser der Isenach ist ständige Begleitung.

gehen rechts und am Ende der kleinen Siedlung direkt wieder links (Nummer 3, lokale Rundwegmarkierung). Durch ein kleines Waldstück hindurch sehen wir schon das Naturfreundehaus.

Seniorenhunde-Runde

Einmal rund um den Isenach-Weiher dauert knappe 30 Minuten. Ein schöner, weicher Waldpfad säumt den Weiher. Ideal für unsere Seniorenhunde.

Nach leckerem Schnitzel, Pommes und Salat gehen wir links am Rahnenhof den Hohlweg hinauf, oben wieder links **2**, dem grün-weißen Balken folgend, durch einen lichten Mischwald, der in einen Kiefernwald mit üppigem Heidebewuchs übergeht. An der nächsten Wegespinne folgen wir den Wanderwegen 2 und 4, es geht weiter geradeaus.
Am Grenzstein mit Bank **3** zweigt ein kleiner Pfad parallel zum Waldweg ab. Dem Pfad folgen bis zum Rödelsbrunnen. Leider fielen die alten Fichten, die hier standen, Sturm, Borkenkäfer und schließlich der Kettensäge zum Opfer. Zum Glück interessiert die Hunde das Wasser im Bach – und nicht die Romantik.
Ab dem Rödelsbrunnen geht's gemütlich weiter (blau-weißer Balken), an der Isenach Quelle vorbei. Wer nach der Isenach Quelle nicht auf dem Schotterweg laufen möchte, überquert nach rund einem Kilometer die Isenach auf einer kleinen Holzbrücke und lässt von da an die Isenach auf der rechten Seite. Bis zum Biergarten des Forsthaus Isenach und unserem Parkplatz sind es noch rund drei Kilometer. Ein Riesling am Isenach Weiher ist nach dieser Tour sicher ein gelungener Abschluss.

Info

H Bahnhof Bad Dürkheim, am Busbahnhof vor dem Bahnhof Linie 485 bis Haltestelle „Isenach Abzweig B37"

P Jägerthal bei Bad Dürkheim, Parkplatz Forsthaus Isenach

LVermGeo Blatt 2 „Grünstadt und Stumpfwald", Naturpark Pfälzerwald (1:25.000)

Naturfreundehaus Rahnenhof
Hintergasse 13
67316
Carlsberg-Hertlingshausen
Tel.: 06356-962500
www.naturfreundehaus-rahnenhof.de
Mo-So 9-22 Uhr

Forsthaus Isenach
Am Isenach-Weiher
67098 Bad- Dürkheim
Tel.: 06329-8147
www.forsthaus-isenach.de
April - Oktober:
Mi, Sa, So 11-18 Uhr
November - Dezember:
Sa, So 11-18 Uhr

Hotel Annaberg
Annabergstraße 1
67098 Bad Dürkheim
Tel.: 06322-94000
www.halbersbacher-hotel-annaberg.de

i Tourist Information
Kurbrunnenstraße 14
67098 Bad Dürkheim
Tel.: 06322-9354500
www.bad-duerkheim.de/kultur-tourismus/

Tierärztliche Gemeinschaftspraxis Christine & Marc Müller
Philipp-Heinrich-Messer-Straße 6
67098 Bad Dürkheim-Ungstein
Tel.: 06322-9414343
www.tierarzt-bad-duerkheim.de

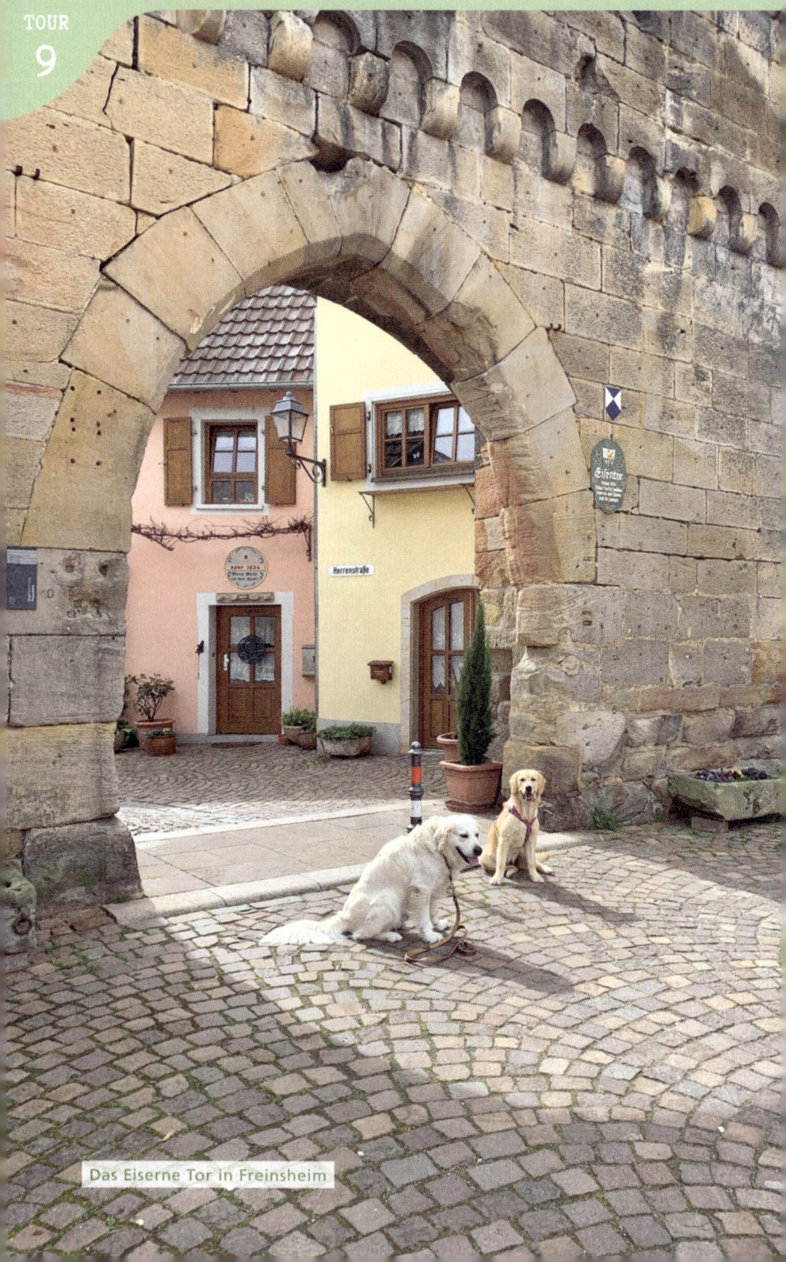

Das Eiserne Tor in Freinsheim

Stadtmauer mit Schnüffelfaktor – ruhige Weinbergswege – für Seniorenhunde geeignet

Freinsheim-Runde: vom Mittelalter zu den Römern

Hundefreundlichkeit: **Freinsheim ist eins der schönsten Dörfer nahe der nördlichen Weinstraße. Die mittelalterliche Stadtmauer bietet viel Schnüffelpotenzial und die nahen Weinberge und Obstplantagen viel Flitzewiesen. Leider haben Bäche und Tümpel rund um Freinsheim im Sommer fast kein Wasser. Aber es ist im Sommer ohnehin viel zu heiß in den schattenlosen Weinbergen. Im Herbst gibt es dank vieler Streuobstwiesen Äpfel und Pflaumen zu naschen. Aber Vorsicht: Im Herbst sind auch die Weintrauben reif, und die können, wegen der Weinsäure sowie der Schalen, gefährlich für Hunde sein! Die Wanderung ist flach und lässt sich – weil man sie auf Sicht laufen kann – an vielen Stellen abkürzen. Deshalb ist sie für Seniorenhunde geeignet. Im Herbst nicht geeignet für geräuschempfindliche Hunde, denn dann gibt es Schreckschussanlagen, die die Weintrauben vor Vogelfraß schützen sollen.**

Tour-Info	↔ 14 km	3:30 Std.	++ mittel
Start-Ziel:	Freinsheim, Parkplatz Barockgarten		
GPS:	49°30'26.7"N 8°12'59.4"E		
Markierung:	Rundweg Stadtmauer, Musikantenbuckel, Kraut- und Rübenweg		
Wegecharakteristik:	4 % Wanderweg – 70 % Weg – 18 % Nebenstraße – 4 % Straße – 4 % Off-Grid		
Höchster Punkt: Niedrigster Punkt:	160 m 110 m	Seniorenhunde Variante	

Die Wanderung startet mitten in Freinsheim. Vom Parkplatz aus laufen wir Richtung Barockgarten, lassen ihn rechter Hand liegen, um dann rechts in die Gasse Auf der Schanz abzubiegen. Ein Abstecher links in den Apothekergarten lohnt sich. Ein Meer von Gerüchen für Mensch und Tier. Wieder zurück Auf der Schanz laufen wir noch ein

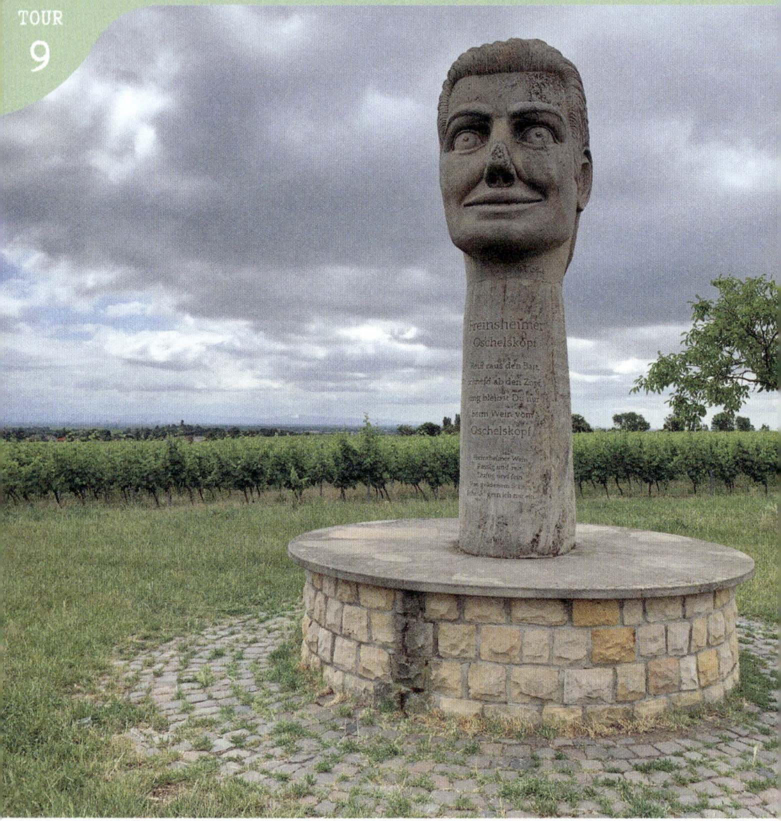

Oschelskopf: Skulptur mitten in den Weinbergen

kleines Stück geradeaus, um dann links auf die Straße Am Zwinger abzubiegen, die uns zur Freinsheimer Altstadt und Stadtmauer führt. Durch die beiden Tore hindurch folgen wir dann links der Beschilderung „Stadtmauerrundgang“.

Immer an der Wand entlang beziehungsweise der Südlichen Ringstraße folgend, passieren wir verschiedene Stadtmauertürme. Unsere Hunde lieben die schmalen Gässchen, zum Teil schattig, zum Teil überdacht: Eine Flut an geruchlichen Nachrichten scheint hier auf sie zu warten.

Am Platz An der Bach mit seinen Vier-Röhren-Brunnen und dem Spielzeugmuseum, eine der schönsten

Ecken der Altstadt, halten wir uns rechts und laufen in das Sträßchen An der Bach hinein und dann weiter geradeaus, bis es links in den Von-Busch-Hof geht. Einmal quer durch, links halten, und dann wartet auf der anderen Seite wieder die Stadtmauer auf uns. Wir biegen links ab Richtung Haintor, 1 der zweite der beiden früheren Stadteingänge. Nach dem Haintor gehen wir links in die Friedhofsstraße, der wir rund 15 Minuten aus Freinsheim raus, in die Weinberge rein und bis zum Friedhof folgen.

Nach dem Friedhof geht's am Regenrückhaltebecken rechts ab, unterhalb des Weinguts Rings entlang, und dann unter der Bahnlinie hindurch. Danach biegen wir in den nächstmöglichen Weg rechts ein. 2 Dieser führt Achtung !, ungefähr bei Kilometer 4, über die Kreisstraße. Wir gehen geradeaus, biegen dann links ab und kommen am Hahnenplatz mit seinen alten Kastanienbäumen vorbei. Wir wenden uns nach rechts, sind mittendrin in der Weinlage Oschelskopf, und erreichen die gleichnamige Steinskulptur mit Rastplatz und schöner Aussicht. Der Oschelskopf ist ein beliebtes Ausflugsziel auch bei vielen Hundebesitzern.

Wir gehen weiter, laufen nach rund 300 Metern rechts und gehen auf einer aussichtsreichen Strecke Richtung Freinsheim vorbei am Weingut Villa Vigna. Über die Bahnschienen drüber, auf dem Holzweg weiter und dann links rein, folgen wir in den Herxheimer Hohl bis zum Ende der Sackgasse. Ab da geht's einen kleinen Weg am Rand der Obstbaumplantage weiter, der uns Richtung Supermarkt führt. Am Supermarkt kreuzen wir den Parkplatz und gehen Richtung Kreisel. Den Sportplatz 3 lassen wir rechter Hand (Wandermarkierung: Musikantenbuckelweg, Stahlschild mit ausgesägtem Symbol eines wandernden Musikanten). Dem Wirtschaftsweg immer geradeaus folgen. Achtung ! Bei den Kirschbäumen befinden sich drei schmutzige Tümpel mit stehendem Wasser. Rund 20 Minuten nach dem Sportplatz biegen wir rechts auf einen unbefestigten, sandigen Weg 4 ein

Hintergrund: Römisches Erbe

2006 stieß ein Bagger bei Flurbereinigungsarbeiten auf einige sarkophaglose Gräber aus konstantinischer Zeit (frühes 4. Jahrhundert) und auf vier aus einem Stück gemeißelte Steinsärge. Zwei davon stehen in Speyer, zwei befinden sich unter einem tempelartigen Schutzbau unweit der Fundstätte. Die Sarkophage bargen als Grabbeigabe teils unzerbrochene, farbige Keramik, Glasflaschen und -näpfe und Gläser.

www.urlaubsregion-freinsheim.de
Suche: römisches Erbe

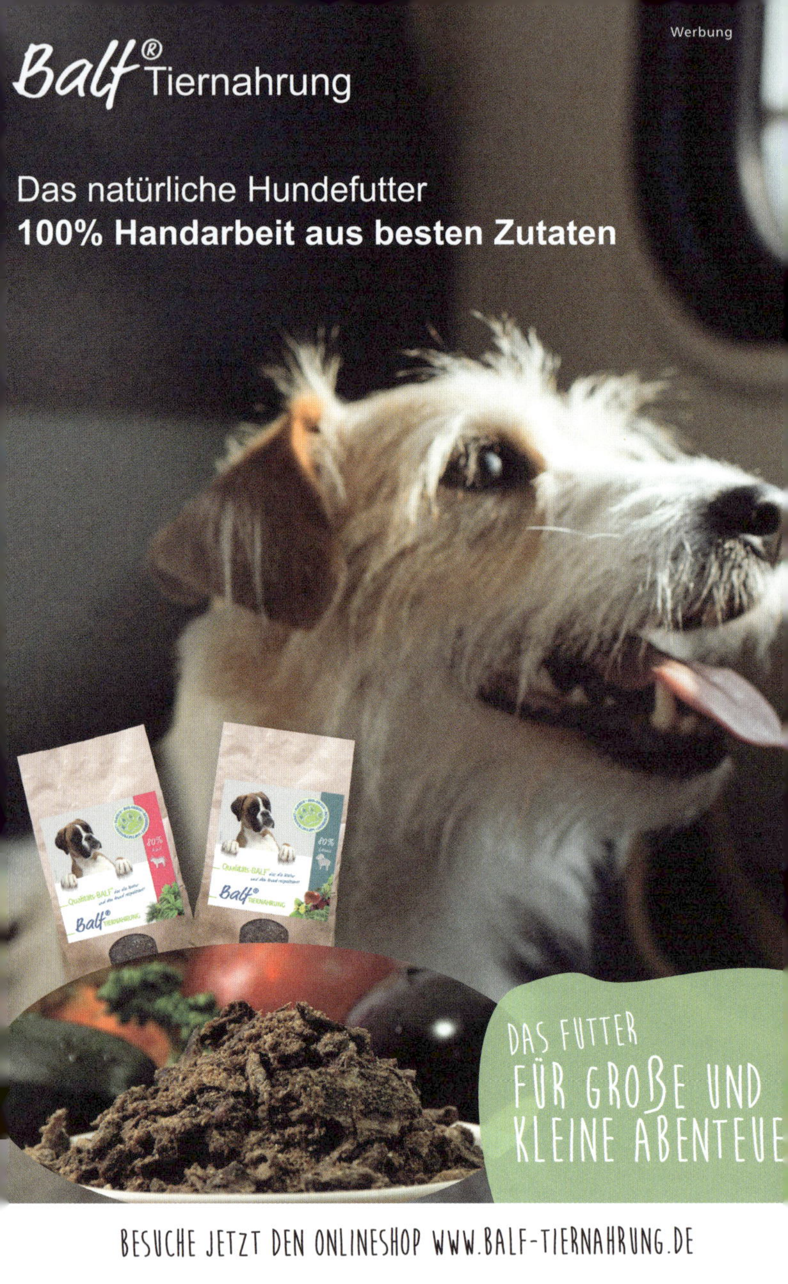
Werbung
Balf® Tiernahrung
Das natürliche Hundefutter
100% Handarbeit aus besten Zutaten
DAS FUTTER
FÜR GROßE UND
KLEINE ABENTEUE
BESUCHE JETZT DEN ONLINESHOP WWW.BALF-TIERNAHRUNG.DE

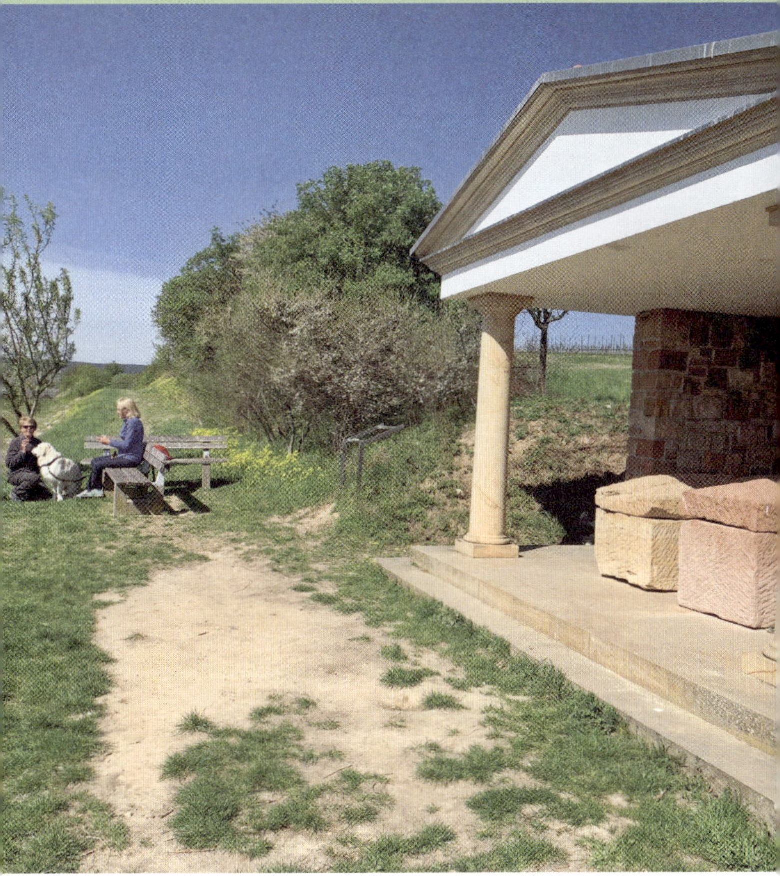

Die römischen Steinsärge in den Weinbergen Freinsheims

(oberhalb des Weges ist übrigens eine schöne Rastmöglichkeit mit Bänken, Tisch und toller Aussicht). Dieser Weg führt nach rund 600 Metern auf Rasensteinen rechts hinunter, und dann sehen wir bereits, oberhalb des Wegs am Ende der Mauer, die römischen Sarkophage.

Nach der Rast an den römischen Särgen überqueren wir den kleinen Graben, um auf den Wirtschaftsweg zu gelangen. Dann geradeaus, bis der Weg nach links abknickt, und dann gleich wieder rechts. Wir befinden uns auf einem kleinen Kammweg. Unter uns ist bereits der

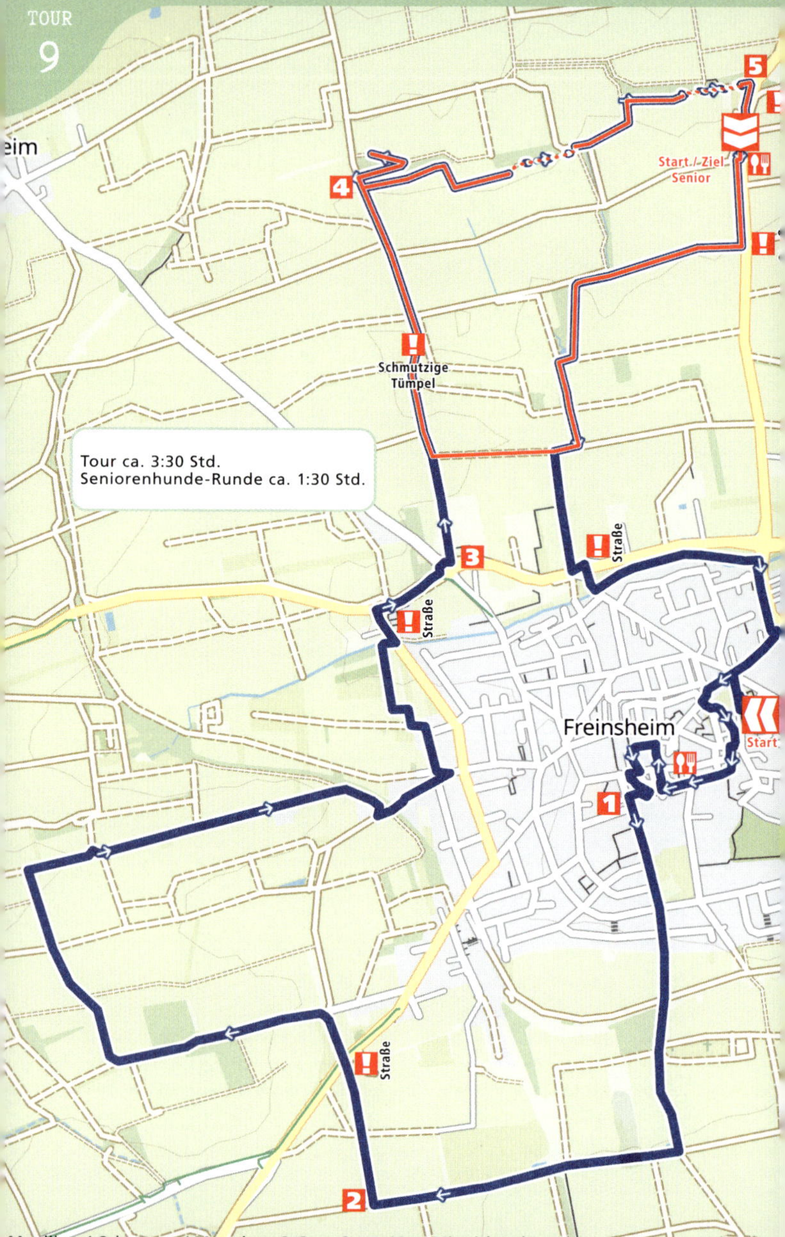

Maplibre / © komoot / Map data © OpenStreetMap-Mitwirkende

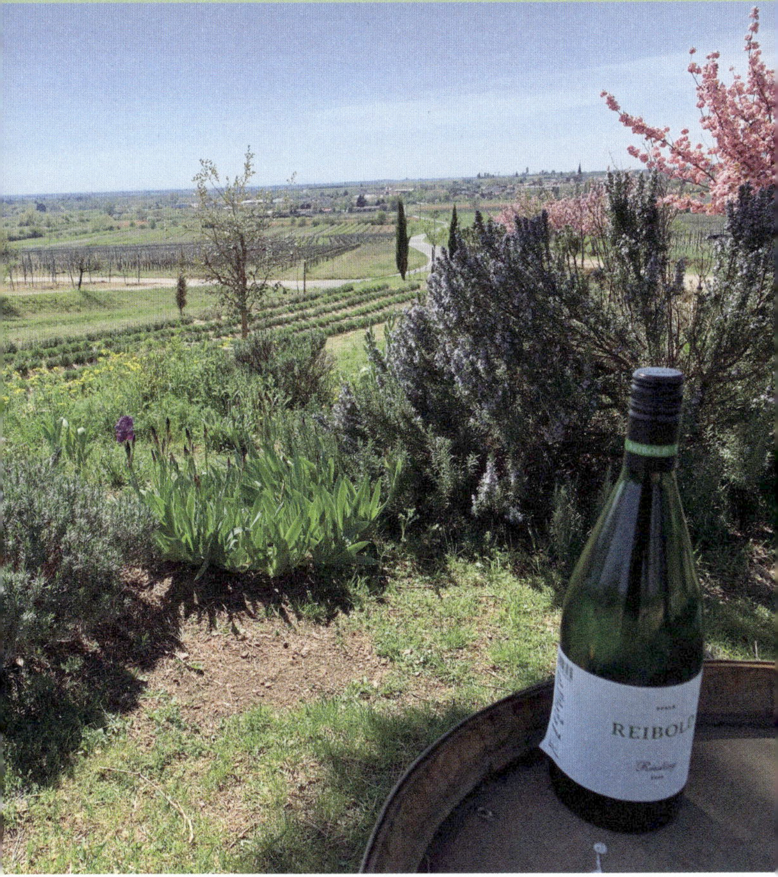

Toskana-Feeling auf dem Musikantenbuckel

Seniorenhunde-Runde

Für die Seniorenhunde-Runde parken wir am Weinbergsgarten des Musikantenbuckels und steigen von dort in die Wanderung ein. Wir bleiben dabei oberhalb von Freinsheim. Die Tour ist rund 6 Kilometer lang. Bitte nur an kühlen Tagen laufen. Es gibt keinen Schatten.

Weinberggarten am Musikantenbuckel zu sehen. Achtung !, wir sind in der Nähe einer Landstraße. Nach wenigen Metern führt vor der Landstraße 5 ein Weg rechts runter in den Garten.

Wir durchqueren den Garten talabwärts, vorbei an dem Parkplatz, und

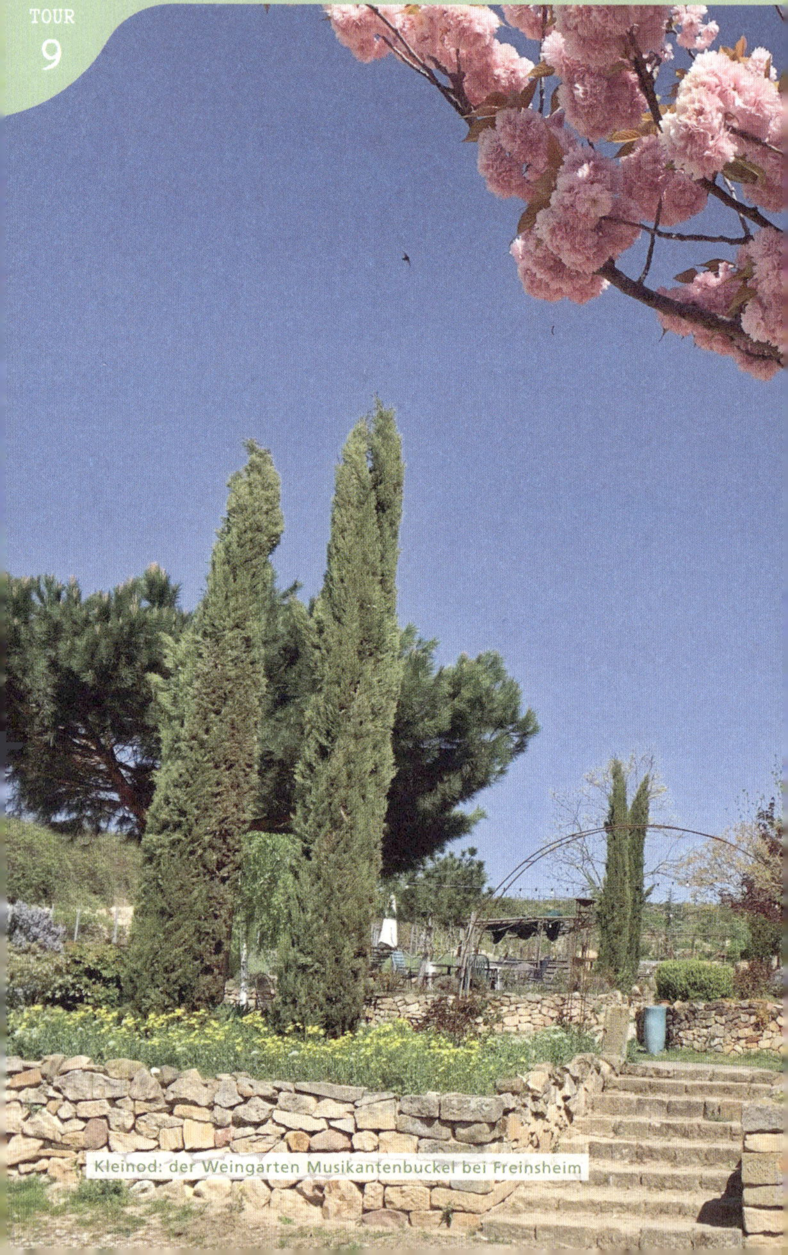

Kleinod: der Weingarten Musikantenbuckel bei Freinsheim

Info

Ab Freinsheim Hbf. mit der Regionalbahn 46 nach Freinsheim Bahnhof

Freinsheim, Parkplatz Barockgarten oder Parkplatz Großkarlbacher Straße

Bad Dürkheim: Wander-, Rad- und Freizeitkarte, Maßstab 1:25.000, 2. Auflage, Verlag Pietruska

Weinstube St. Martin
Martinstraße 23
67251 Freinsheim
Tel.: 06353-6466
www.weinstube-st-martin.de
Mi-Sa 17-22 Uhr
So 11.30-15 Uhr
Weinstube hat auch Zimmer zu vermieten

Musikantenbuckel
Weingut Reibold
Tel.: 0151-17749531
www.weingut-reibold.de
Öffnungszeiten: Garten mit Blick auf Freinsheim und den Haardtrand ist immer geöffnet; Ausschank am Wochenende ist geplant, bei telefonischer Anmeldung gibt es Getränke vor Ort.

Landhotel Altes Wasserwerk
Burgstraße 9
67251 Freinsheim
Tel.: 06353-932520
www.landhotel-altes-wasserwerk.de

i-Punkt Freinsheim
Hauptstraße 2
67251 Freinsheim
Tel.: 06353-989294
www.urlaubsregion-freinsheim.de

Tierärztliche Gemeinschaftspraxis
Christine & Marc Müller
Philipp-Heinrich-Messer-Str. 6
67098 Bad Dürkheim
Tel.: 06322-9414343
www.tierarzt-bad-duerkheim.de

nehmen den Weg zwischen Reben und Landstraße für rund 200 Meter. Nun geht's im Zickzack-Kurs, rechts, links, rechts runter Richtung Freinsheim, bis wir wieder eine Landstraße überqueren. Wir wandern kurz geradeaus, um dann links in eine Obstwiese abzubiegen. Vor der nächsten Landstraße gehen wir links, durchqueren einen Parkplatz, halten uns erneut rechts und erkennen dann die Gasse Auf der Schanz, vom Beginn unserer Wanderung, wieder. Sie bringt uns zurück zum Parkplatz.

Hintergrund: Musikantenbuckel

Lange Zeit ein Geheimtipp: der Weinbergsgarten zwischen Freinsheim und Großkarlbach, in der Weinlage Musikantenbuckel. Die Gartenanlage, die sich über mehrere Terrassen erstreckt, bietet einen wunderschönen Blick über Freinsheim und auf den Haardtrand. Hier blühen Rosen, Lavendel, Rosmarin und im Frühjahr Kirsch- und Mandelbäume. Der Sonnenuntergang ist atemberaubend, oder wie der Pfälzer sagt: „Do kamma's aushalde!" Am Wochenende und bei Events kann es voll werden. Bei telefonischer Anmeldung (0151-17749531) lassen sich kalte Getränke vor Ort organisieren. Ein Ausschank ist geplant.

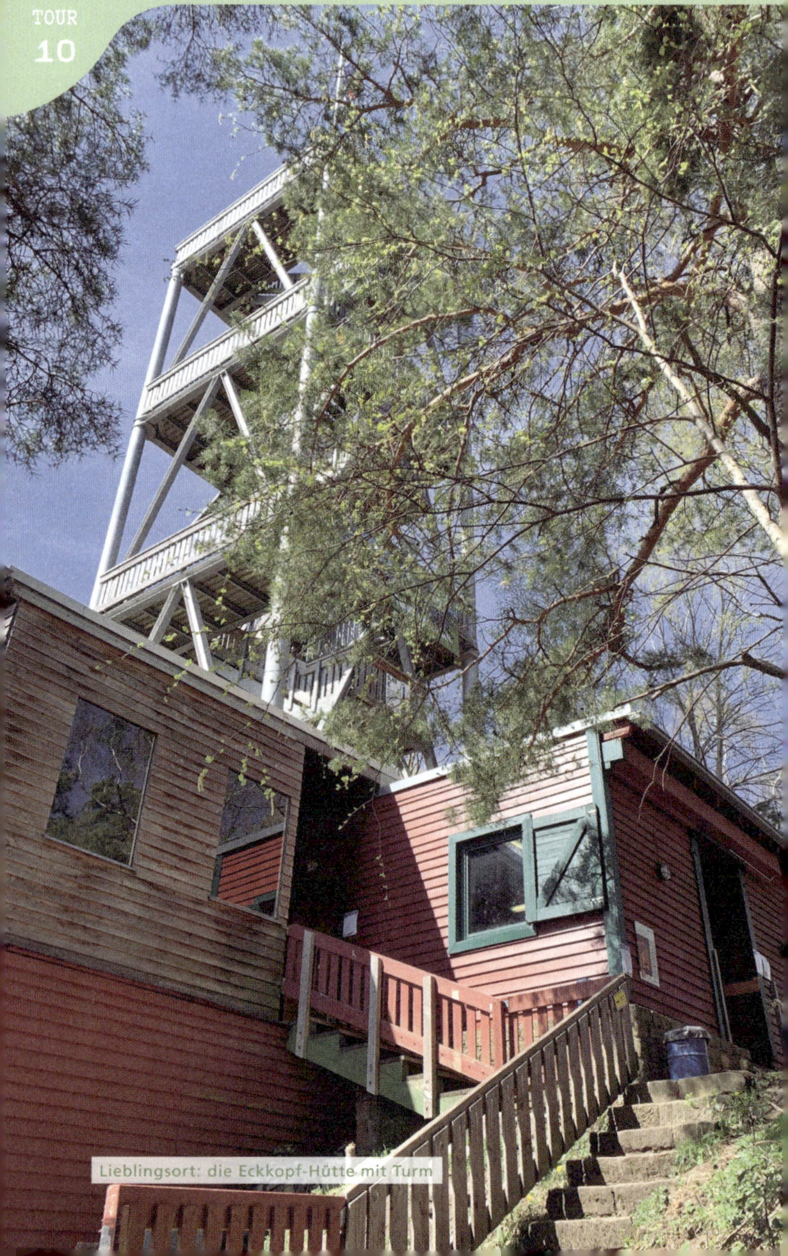

Lieblingsort: die Eckkopf-Hütte mit Turm

abwechslungsreich – Wald, Wein und Mandelbäume – weicher Boden

Über die Wachtenburg auf den Eckkopf

Hundefreundlichkeit: **Die Wanderung zum Eckkopf ist eine abwechslungsreiche Rundtour. Bis zum Eckkopf geht es moderat bergauf. Vorher gibt es aber im romantischen Basaltsee eine kleine Abkühlung. Leider nur für die Hunde. Schöne sandige Waldwege, Buchen-, Misch-, Kastanien- und Kiefernwald mit Heidekraut und Heidelbeeren erwarten uns. Highlight: die Heidenlöcher. Die Ruine der ehemaligen Fliehburg ist ideal für Versteckspiele. Die letzten vier Kilometer der Tour auf dem Weinstraßenwanderweg bieten kaum Schatten. Im Sommer die Wanderung also sehr früh morgens und andersherum laufen. Auf diesem Teil des Weinstraßenwanderwegs blühen im März die Mandelbäume. Dann ist die Wanderung am schönsten. Oder im späten Herbst, wenn die Weinernte und damit auch die vielen lauten Geräusche (Vollernter und Schreckschussanlagen gegen Vogelfraß) in den Weinbergen vorbei sind.**

Tour-Info	↔ 14 km	4 Std.	++ mittel
Start-Ziel:	Wachenheim, Parkplatz an der Burgstraße		
GPS:	49°26‘17.8“N 8°10‘50.3“E		
Markierung:	Pfälzer Weinsteig (rot-weiß mit Traube), rotes Dreieck, weißer Punkt, Wanderweg Deutsche Weinstraße (grüne Trauben auf weißem Grund), Pfälzer Mandelpfad (rosa Mandelblüte)		
Wegecharakteristik:	41 % Wanderweg – 44 % Weg – 5 % Fußweg – 10 % Nebenstraße		
Höchster Punkt: Niedrigster Punkt:	510 m 160 m		

Vom Parkplatz folgen wir den Schildern „Zur Burg“, kommen aber auch auf Sicht direkt zur Wachtenburg (232 m) hinauf. Im Außenbereich der Burgschänke sind Hunde erlaubt, wir genießen dort etwas zu trinken und den Blick. Dann folgen wir dem rot-weißen Logo des Prädikatswegs

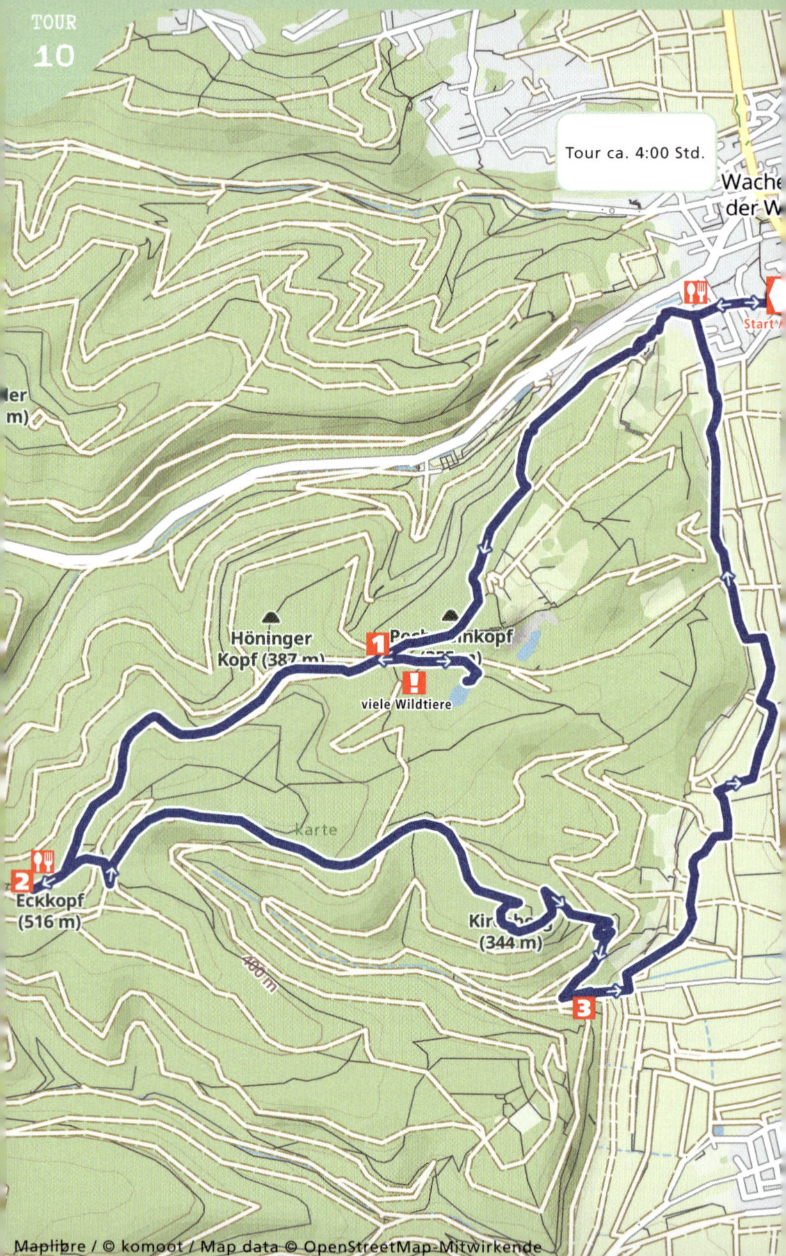

Maplibre / © komoot / Map data © OpenStreetMap-Mitwirkende

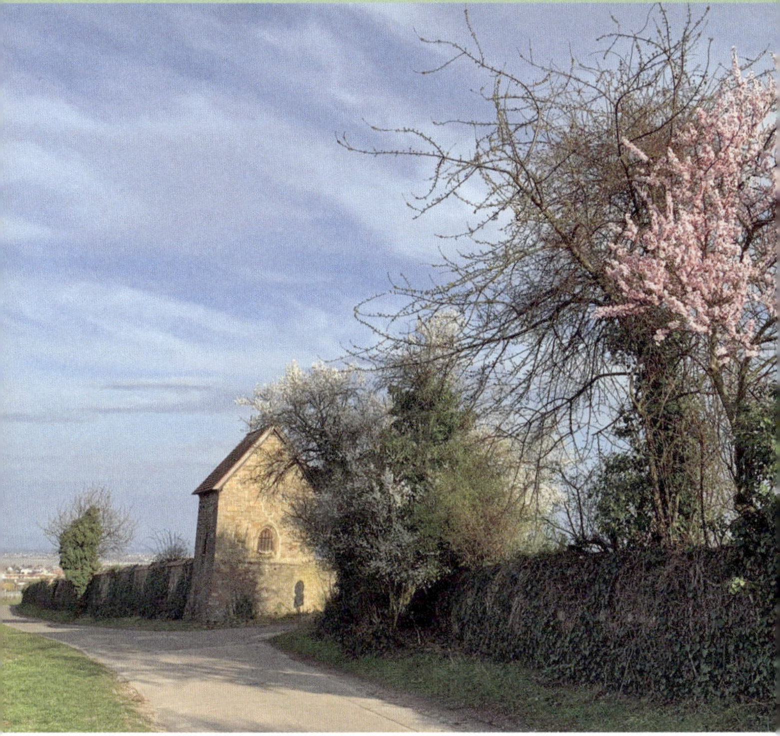

Das hübsche Kieselberghäuschen während der Mandelbaumblüte

Pfälzer Weinsteig über einen Höhenrücken weiter, mit Aussicht in die Rheinebene, und dann durch lichten Kastanien- und Kiefernwald zur Wegspinne Grüne Bank 1. Dort wenden wir uns nach links, um (ohne Markierung) auf einem breiten, leicht absteigenden Weg einen halbstündigen Abstecher in den Basaltsteinbruch zu machen.
Es gibt Warnschilder wegen Absturzgefahr, aber kein Betretungsverbot. Der Basaltsee ist ein beliebter Hundeschwimmplatz. Hier erwartet uns ein Urwald mit von Efeu und Lianen überwucherten Bäumen und dichtem Unterholz, in dem sich oft Wildschweine tummeln. Achtung ! jagdlich-orientierte Hunde besser anleinen. Die erste Abzweigung nach rechts bringt uns zu dem romantischen Basaltsee. Der zweite See, nur wenige Minuten entfernt, ist vollständig umzäunt und nicht zugänglich.

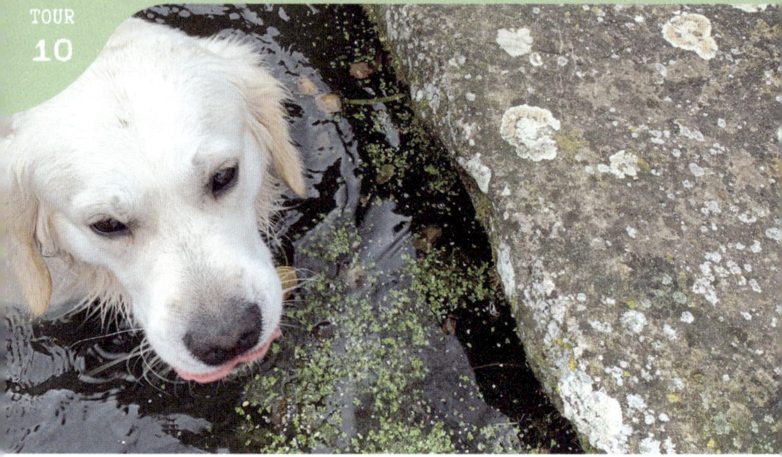

Abkühlung in einem Wasserbecken am Weinstraßen-Wanderweg

Hintergrund: Die Heidelöcher

Die Heidenlöcher liegen auf der Kuppe des Martensbergs (347 m), versteckt vom Kiefernwald, sie sind Überreste einer frühmittelalterlichen Fliehburg. Diese wurde im 9., vielleicht auch erst im 10. Jahrhundert in Fronarbeit angelegt, um den Bewohnern der näheren Umgebung Schutz vor den damals umherziehenden Normannen zu bieten. Sie war von einer ringförmigen Außenmauer mit einem Umfang von 450 Metern umgeben. Im Inneren befanden sich etwa 80 bis 85 Gebäude aus Bruchsteinen.
Die Befestigung diente ausschließlich dem Rückzug von Mensch und Tier und war wohl nie dauerhaft bewohnt. Der Name Heidenlöcher ist erst im Nachhinein im Volksmund entstanden; das Wort Heide in solchen Ortsbezeichnungen weist meist darauf hin, dass man nichts Genaues über die Geschichte einer Anlage wusste, mit Löcher sind die Senken und Kuhlen gemeint, welche die Nachfahren der Erbauer dort vorfanden.

Nach einem ausgiebigen Bad, laufen wir den breiten Weg zurück zur Wegspinne Grüne Bank.
Von hier aus folgen wir der Markierung, rotes Dreieck, auf einem Forstweg leicht bergauf. Etwa zwei Kilometer später erreichen wir den Eckkopfgipfel (516 m). **2** Das schönste am Eckkopf ist die Hütte, wo wir eine ausgiebige Rast einplanen. Danach geht's ein kleines Stück zurück (rotes Dreieck) und biegen dann rechts ab auf den Weg mit dem weißen Punkt. Dieser führt auf einem schönen Waldweg stetig abwärts, bis wir an einer Wegspinne wieder auf den Pfälzer Weinsteig stoßen. Dem Weinsteig folgend, treffen wir schließlich auf die Heidenlöcher.
Die Heidenlöcher liegen auf der Kuppe des Martensbergs (347 m) und sind Überreste einer Fliehburg, die

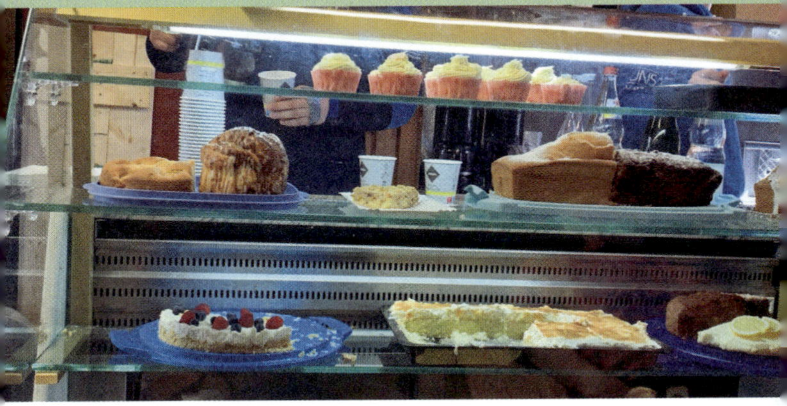

Hausgemacht: das Kuchenbüffet auf der Eckkopf-Hütte

im 9., vielleicht auch erst im 10. Jahrhundert errichtet wurde, um Mensch und Tier vor Überfällen zu schützen. Wir durchqueren die Anlage oder nehmen uns Zeit für ausgiebige Versteckspiele. Die Heidenlöcher sind ein perfekter Ort dafür. Nach dem Durchqueren halten wir uns leicht rechts und achten auf die Wegmarkierung Pfälzer Weinsteig. Dann geht es rund 500 m steil bergab zur Michaelskapelle. Hier gibt es eine wunderbare Aussicht über die Rheinebene sowie eine Sitzgruppe.

Links neben der Kapelle folgen wir wieder dem Pfälzer Weinsteig abwärts bis zum Waldparkplatz. **3** Kurz danach erreichen wir eine Kreuzung. Hier treffen wir auf den Wanderweg Deutsche Weinstraße (Wegmarkierung grüne Trauben auf weißem Grund), und auch der Pfälzer Mandelpfad (rosa Mandelblüte) verläuft hier parallel zum

Tipp: Eckkopf – Aussichtsturm und Hüttenkultur

Der Eckkopf (516 m) bietet gleich zwei Highlights. Zum einen den Eckkopfturm, und zum anderen die Eckkopf-Hütte. Der Turm wurde 1975 erbaut, nachdem der erste Turm 1920 einem Sturm, und der zweite einem Brandanschlag zum Opfer fiel. Heute ist der Aussichtsturm aus Stahl, rund 25 Meter hoch und bietet einen Rundumblick über das Rheintal und das Biosphärenreservat Pfälzerwald. Die 107 offenen Stufen sind allerdings nur für sehr mutige Vierbeiner und schwindelfreie Zweibeiner geeignet.
Die Eckkopf-Hütte ist nur an Wochenenden und Feiertagen geöffnet und wird von Vereinen bewirtschaftet. Damit werden die Vereinskassen aufgefüllt. Bei schlechtem Wetter bietet die Eckkopf-Hütte einen gemütlichen, überdachten Außenbereich. Hunde sind drinnen und draußen erlaubt! Das Kuchenbüfett ist legendär. Im Winter gibt es zum Aufwärmen oft ein Lagerfeuer. Ob die Hütte geöffnet ist oder nicht, kann man hier checken:
www.vg-deidesheim.de/Tourismus-Kultur/Eckkopf/

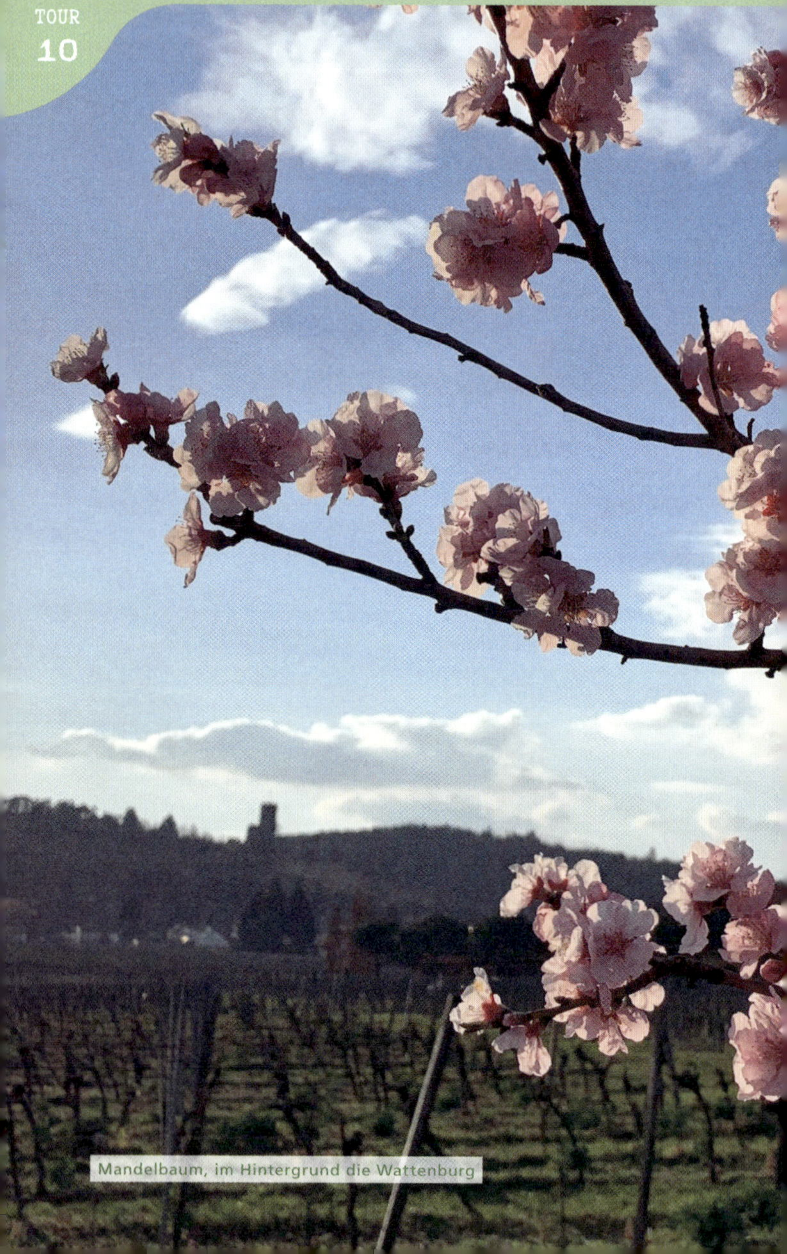

Mandelbaum, im Hintergrund die Wattenburg

Info

H	Mit dem Zug bis nach Neustadt/Weinstraße oder Bad Dürkheim und dann der Regionalbahn RB45 bis nach Wachenheim/Pfalz. Ab dem Bahnhof Wachenheim der Wegmarkierung Pfälzer Weinsteig (rot-gelb) in Richtung Wachtenburg folgen	
P	Wachenheim, Parkplatz an der Burgstraße	
Karte	LVermGeo Naturpark Pfälzerwald Blatt 4 „Mittel- und Unterhardt mit Bad Dürkheim und Leiningerland" (1:25.000)	
Gastronomie	Burgschänke Wachtenburg Waldstraße 93 67157 Wachenheim an der Weinstraße Tel.: 06322-64656 Mi-So 11-20 Uhr Hunde nur außen erlaubt	Gerümpelstube Hintergasse 4 67157 Wachenheim/Pfalz Tel.: 06322-8550 www.geruempelstube.de Fr-Di 12-14 Uhr + ab 17 Uhr
Übernachtung	Weingut Peter Burgstraße 10 67157 Wachenheim an der Weinstraße Tel.: 06322-2010 www.weingut-peter.de	Naturfreundehaus Oppauer Haus Im Pferchthal 67157 Wachenheim Tel.: 06322-1288 www.oppauerhaus.de auch gutes Restaurant! Do Ruhetag alle anderen Tage 11-17 Uhr
i	Tourist-Information Wachenheim Weinstraße 15 67157 Wachenheim Tel.: 06322-9580-801 www.vg-wachenheim.de	
Tierarzt	Tierärztliche Gemeinschaftspraxis Christine & Marc Müller Philipp-Heinrich-Messer-Str. 6 67098 Bad Dürkheim Tel.: 06322-9414343 www.tierarzt-bad-duerkheim.de	

Weinstraßen-Wanderweg. Wir biegen links ab, und zwischen Wald und Weinreben wandern wir zurück bis Wachenheim.
Unsere Begleitung auf dem Weinstraßen-Wanderweg: tolle Aussichten auf das Rebenmeer und die umliegenden Dörfer. Am Ortseingang von Wachenheim stoßen wir nach rund 400 Metern auf die Burgstraße, biegen nach rechts ab und sind nach wenigen Metern wieder an unserem Ausgangspunkt, dem Parkplatz an der Burgstraße.

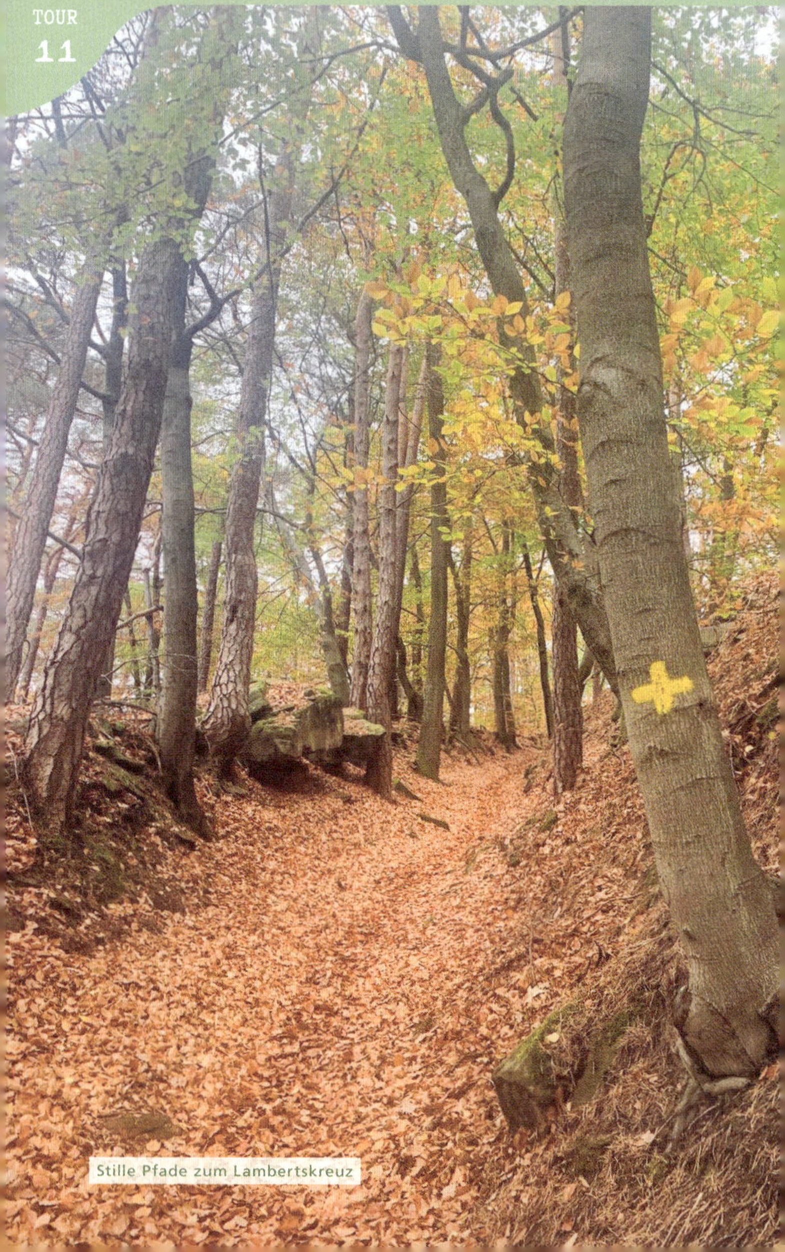

Stille Pfade zum Lambertskreuz

Einsamkeit – Grenzsteine und Ruinen – Bach und drei Weiher

Lambertskreuz: Bienenstich und Einsamkeit

Hundefreundlichkeit: **Die Wanderung führt auf schönen Waldpfaden durch ein einsames Stückchen Pfälzer Wald. Lediglich am Wanderparkplatz und an der Pfälzer Waldverein-Hütte Lambertskreuz ist es an sonnigen Wochenenden sehr belebt. Ansonsten hat man hier den Wald für sich alleine. Am Schluss der Wanderung laden Schwabenbach und seine Weiher zum Badevergnügen für die Hunde ein. Um die Weiher herum kann es im Herbst und Winter matschig sein. Besonders schön im Herbst.**

Tour-Info	↔ 16 km · 4:30 Std. · mittel
Start-Ziel:	Bad Dürkheim Ortsteil Seebach, Parkplatz Drei Eichen
GPS:	49°26'42.7"N 8°07'48.0"E
Markierung:	gelb-roter Balken, gelbes Kreuz, grün-weißer Balken, weißer Balken mit schwarzem Punkt
Wegecharakteristik:	64 % Wanderweg – 36 % Weg
Höchster Punkt: Niedrigster Punkt:	510 m 240 m

Vom Parkplatz aus Richtung Schutzhütte Drei Eichen laufen. Von dort aus geht ein Waldweg mit der Markierung gelb-roter Balken bergauf bis zum Rastplatz Dicke Eiche – welche ihrem Namen alle Ehre macht. An der Wegspinne an der Dicken Eiche biegen wir links ab, weiter dem gelb-roten Balken folgend.

Rund 15 Minuten nach der Dicken Eiche erreichen wir einen Grenzstein. Es ist einer von 17 Grenzsteinen, die 1618 die Jagdgrenze zwischen den Limburger und Leininger Jagden, von Hausen (bei Bad Dürkheim) bis Lambertskreuz, markierten. Oberhalb des Grenzsteins befindet sich die hübsche kleine Ruine Murr-mir-nicht-viel 1.

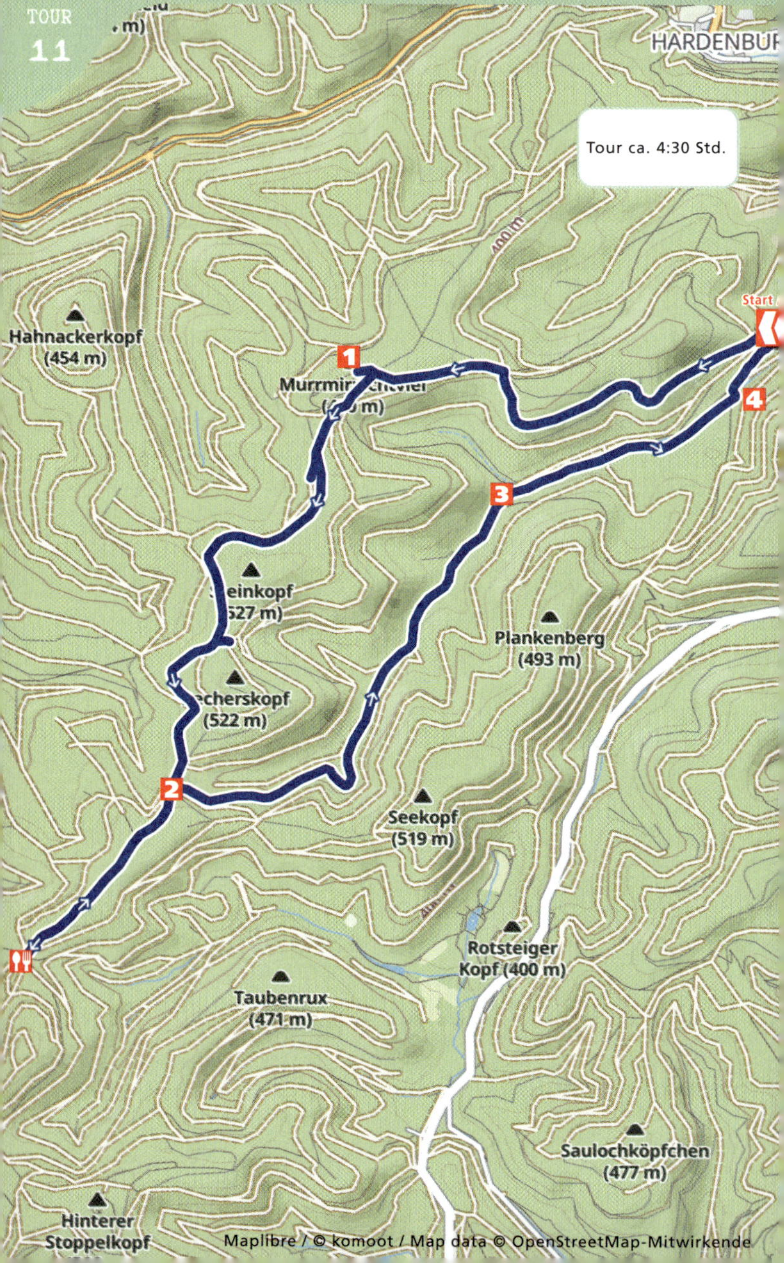
Tour ca. 4:30 Std.
Start
1
2
3
4
Hahnackerkopf
(454 m)
400 m
(522 m)
Plankenberg
(493 m)
Seekopf
(519 m)
Rotsteiger
Kopf (400 m)
Taubenrux
(471 m)
Saulochköpfchen
(477 m)
Hinterer
Stoppelkopf
Maplibre / © komoot / Map data © OpenStreetMap-Mitwirkende

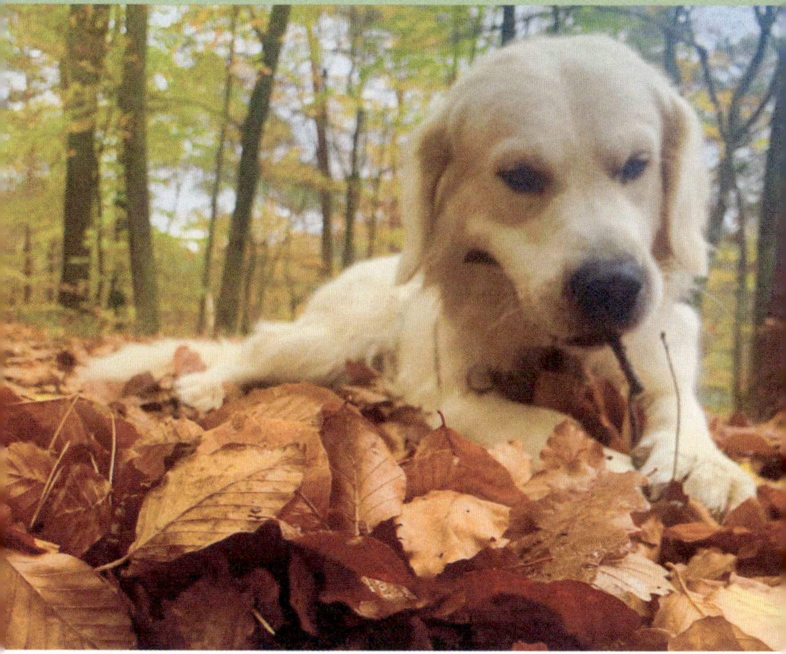

Einsame Stunden im Pfälzer Wald

Es handelte sich um ein Jagdschlösschen mit Wachturm, das dem Grafen von Leiningen gehörte. Wer mag, kann einen kleinen Abstecher hinauf machen. (mehr Infos zu den Jagdhäusern siehe unten)

Wieder zurück auf dem Waldpfad mit dem gelb-roten Balken schlängelt sich unser Weg durch den Wald bis zur nächsten Kreuzung. Es geht weiter geradeaus. Wir folgen so lange dem gelb-roten Balken, bis ein kleiner Pfad links abgeht – Markierung gelbes Kreuz. Das gelbe Kreuz führt uns zum ehemaligen Jagdhaus Schau-dich-nicht-um (etwa 100 m abseits vom Weg). Von dem Haus ist leider nichts übriggeblieben, lediglich ein Gedenkstein weist auf den Standort hin.

Auf einem schönen ebenen Höhenweg wandern wir bis zum Kaisergärtchen (446 m) 2 und biegen dann rechts Richtung Lambertskreuz ab. Von dort aus sind es noch rund 20 Minuten auf einem breiten Wald-Ziehweg, bis wir die Pfälzer Waldverein-Hütte erreichen.

Die große Hütte (wir lieben diese Hütte, aber zur Hauptsaison im Herbst

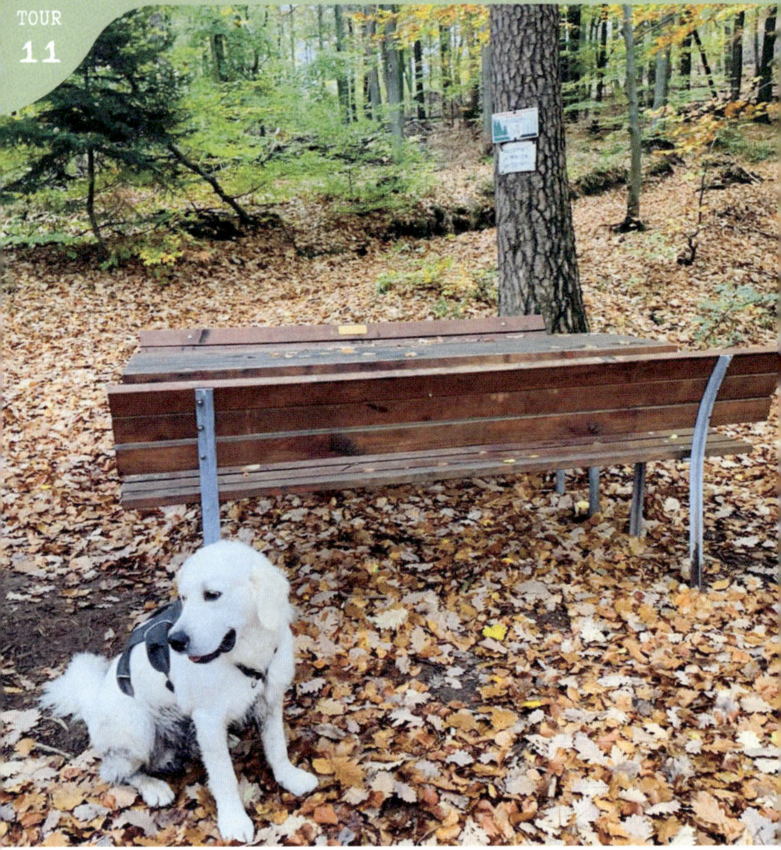

Kaisergärtchen: schöner Rastplatz an der Wegspinne

ist hier, für unseren Geschmack, zu viel los) verfügt über eine umfangreiche Speisekarte. Vor allem ein Stück Bienenstich lassen sich die meisten Wanderinnen und Wanderer nicht entgehen. Nach der Stärkung geht's wieder zurück zum Kaisergärtchen 2, wo sich der Weg gabelt. Wir orientieren uns an der Markierung grün-weiß und wandern einen schmalen Waldpfad hinunter. Er führt durch einen wunderschönen lichten Buchenwald. Nach etwa 40 Minuten bergab erreicht man abermals einen Wald-Ziehweg bis zum Hammelsbrunnen 3. Am Hammelsbrunnen gehen wir den Ziehweg

Hintergrund: Jagdhäuser mit komischen Namen

Das barocke Jagdhaus mit dem komischen Namen Murr-mir-nicht-viel wurde Anfang des 18. Jahrhunderts von Graf Johann Friedrich von Leiningen im Grenzgebiet der Kurpfalz und der Grafschaft Leiningen erbaut. Wie auch das Jagdhaus Schau-dich-nicht-um, das ungefähr zur gleichen Zeit von den Freiherren von Hallberg auf kurpfälzischem Gebiet erbaut wurde, war es Ausdruck adligen Standesbewusstseins. Die Häuser gehörten, wie die Jagd, zum gesellschaftlichen Leben der Adligen.
Es soll viel Streitereien und Hänseleien zwischen dem Leininger und kurpfälzischen Adel um das Jagdgebiet gegeben haben. Die Folge: Die Namen Murr-mir-nicht-viel, Schau-dich-nicht-um und Kehr-dich-an-nichts wurden vermutlich vom Volksmund erfunden. Denn im Hinblick auf die Streitigkeiten um die Grenzen der Jagdreviere war Murr-mir-nicht-viel als eindringliche Warnung gedacht und sollte so viel bedeuten wie: Füg dich ohne Murren (in das Verbot, mein Jagdrevier zu betreten). Das Jagdschlösschen Kehr-dich-an-nichts wurde ebenfalls von den Grafen von Leiningen errichtet, aber 1832/33 nochmals neu erbaut. Heute befindet sich darin der Sitz der staatlichen Forstverwaltung. Bereits im frühen 19. Jahrhundert verfielen die beiden anderen Häuser.
Entlang unserer Wanderung zum Lambertskreuz markieren heute noch zahlreiche Grenzsteine das alte Jagdrevier.

weiter entlang des Schwabenbachs bis zu den drei Weihern. Hier besteht die Möglichkeit, Hunde schwimmen zu lassen. Nach dem dritten Weiher **4** geht's links hinauf (Markierung weißer Balken mit schwarzem Punkt). Nach gut 10 Minuten erreichen wir den Parkplatz Drei Eichen.

Info

H Hauptbahnhof Mannheim oder Ludwigshafen, mit der Rhein-Haardt-Bahn bis Bad Dürkheim Bahnhof, dann weiter mit dem Bus bis Ortsteil Hausen, von dort rund 2 km Fußweg bis zum Einstieg an Drei Eichen

P Bad-Dürkheim, Ortsteil Seebach, Parkplatz Drei Eichen

LVermGeo Naturpark Pfälzerwald Blatt 4 „Mittel- und Unterhardt mit Bad Dürkheim und Leiningerland" (1:25.000)

Pfälzer Waldverein-Hütte Lambertskreuz
Wald 1
67468 Neidenfels
Tel.: 06321-188847
www.lambertskreuz.eu
Mi-So 11-18 Uhr
(Mi bis 21 Uhr)

Naturfreundehaus Groß-Eppental
Großes Eppental 212
67098 Bad Dürkheim
Tel.: 06322-23 80
www.naturfreunde.de/haus/naturfreundehaus-gross-eppental
Mo + Di Ruhetag, ansonsten durchgehend geöffnet
Übernachtung mit Hund nach Absprache möglich

Hotel Bad Dürkheim
Seebacher Straße 95-97
67098 Bad Dürkheim
Tel.: 06322-2488
www.landhaus-fluch.de

i Tourist Information
Kurbrunnenstraße 21c
67098 Bad Dürkheim
Tel.: 06322-9354500
www.bad-duerkheim.de/kultur-tourismus/

Tierärztliche Gemeinschaftspraxis
Christine & Marc Müller
Philipp-Heinrich-Messer-Str. 6
67098 Bad Dürkheim
Tel.: 06322-9414343
www.tierarzt-bad-duerkheim.de

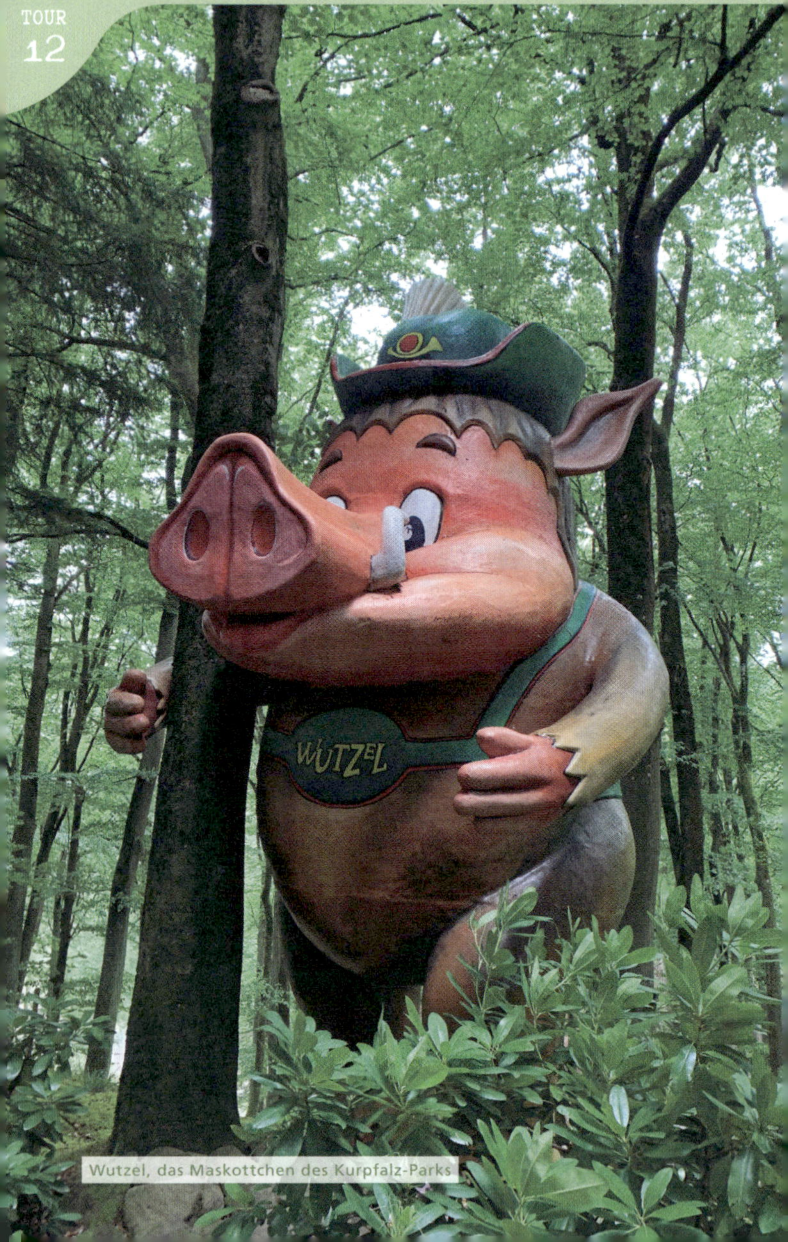

Wutzel, das Maskottchen des Kurpfalz-Parks

wilde Tiere ganz nah – schönes Tal mit Bach – viele Einkehrmöglichkeiten

Wölfe gucken im Kurpfalz-Park

Hundefreundlichkeit: Im Kurpfalz-Park sind Hunde angeleint erlaubt. Eine super Gelegenheit, Wildschweine, Waschbären und sogar Wölfe nicht nur zu riechen, sondern auch mal zu sehen. Eine spannende Erfahrung für Mensch und Hund. Unser Hund Paul hat im Park ordentlich Respekt vor Wildsäuen und Hirschen. Nach dem Besuch bei den Wölfen geht's bergauf durch einen uralten Mischwald, um auf der anderen Seite des Stabenbergs im Benjental mit seinem schönen Bachlauf zurück zum Kurpfalz-Park zu laufen. Wer Lust hat und sich seine Eintrittskarte stempeln lässt, kann das Wild im Park nach der Wanderung auch nochmals besuchen. Im Winter ist der Park geschlossen.

Tour-Info	↔ 16 km	4:30 Std.	++ mittel
Start-Ziel:	Wachenheim, Parkplatz Kurpfalz-Park		
GPS:	49°24'40.1"N 8°06'32.9"E		
Markierung:	rotes Dreieck, rot-weißer Balken		
Wegecharakteristik:	23 % Wanderwege – 28 % Weg – 27 % Fußweg – < 2 % Nebenstraße – < 1 % Straße – 20 % Off-Grid		
Höchster Punkt: Niedrigster Punkt:	480 m 210 m	Seniorenhunde Variante	

Vom großen Parkplatz aus führt ein Weg hoch zum Eingang des Kurpfalz-Parks. Im Park gibt's zahlreiche Schilder, wir folgen dem Hinweis „Großer Rundweg". Leider ist das Tal der Damhirsche für Hunde gesperrt, wir biegen also vor dem Puppentheater links ab und laufen Richtung Wildschweingehege. Die Säue liegen vorne am Zaun und warten schon auf das Wildfutter, das man am Eingang kaufen kann.

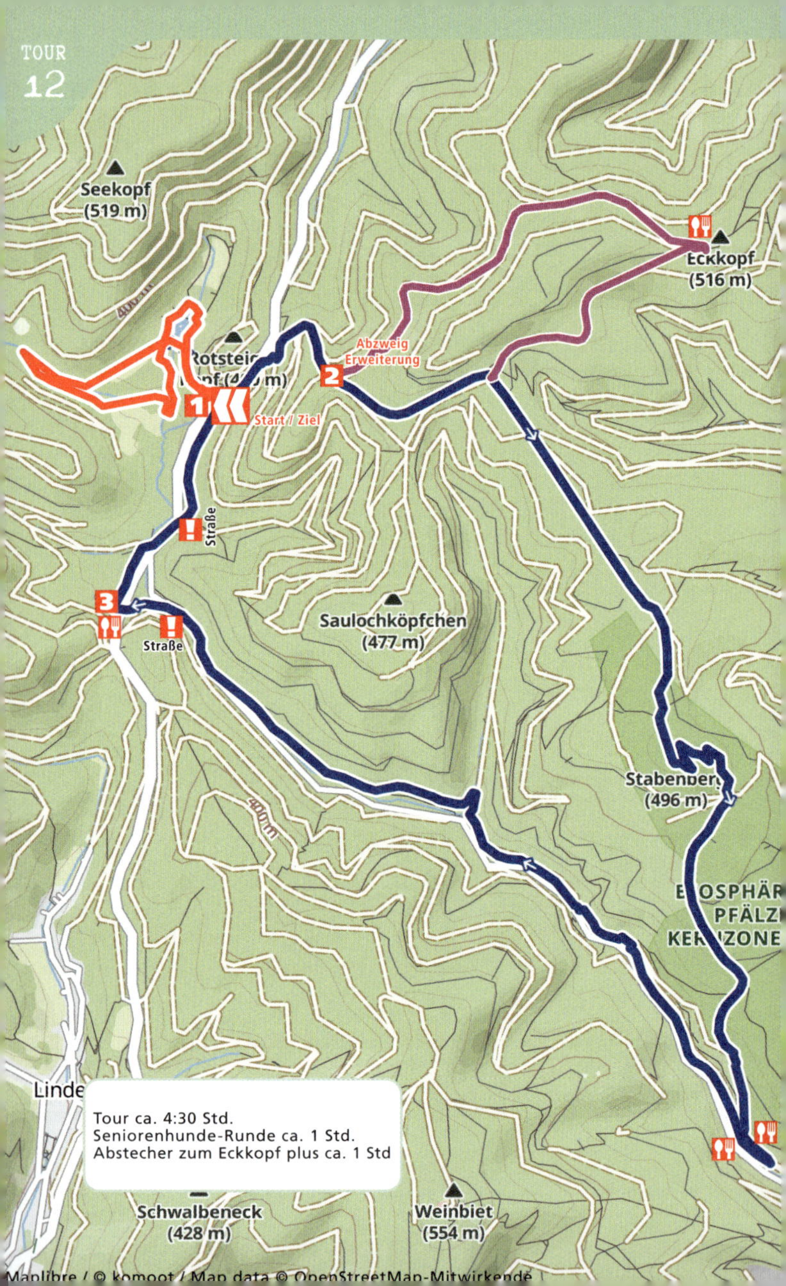
TOUR 12
Seekopf (519 m)
Rotsteig
Abzweig Erweiterung
Start / Ziel
Eckkopf (516 m)
Straße
Saulochköpfchen (477 m)
Straße
400 m
Stabenberg (496 m)
Linde
Tour ca. 4:30 Std.
Seniorenhunde-Runde ca. 1 Std.
Abstecher zum Eckkopf plus ca. 1 Std
Schwalbeneck (428 m)
Weinbiet (554 m)
Maplibre / © komoot / Map data © OpenStreetMap-Mitwirkende

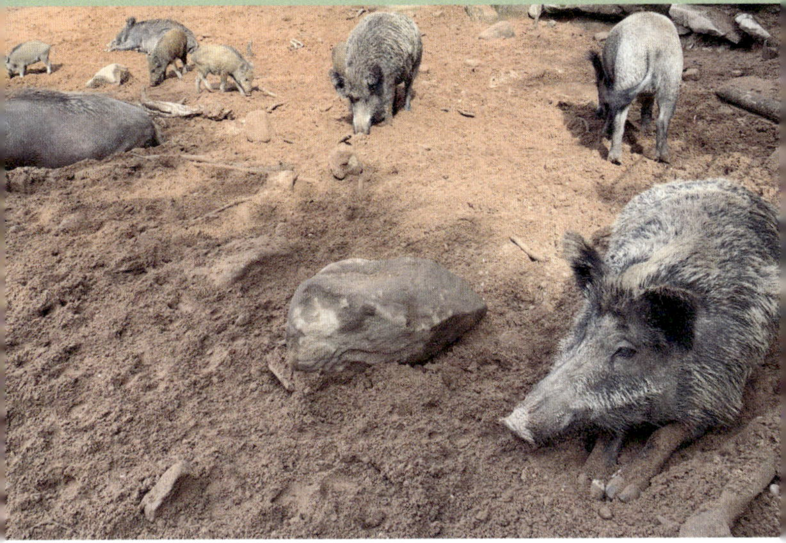

Wildschweine

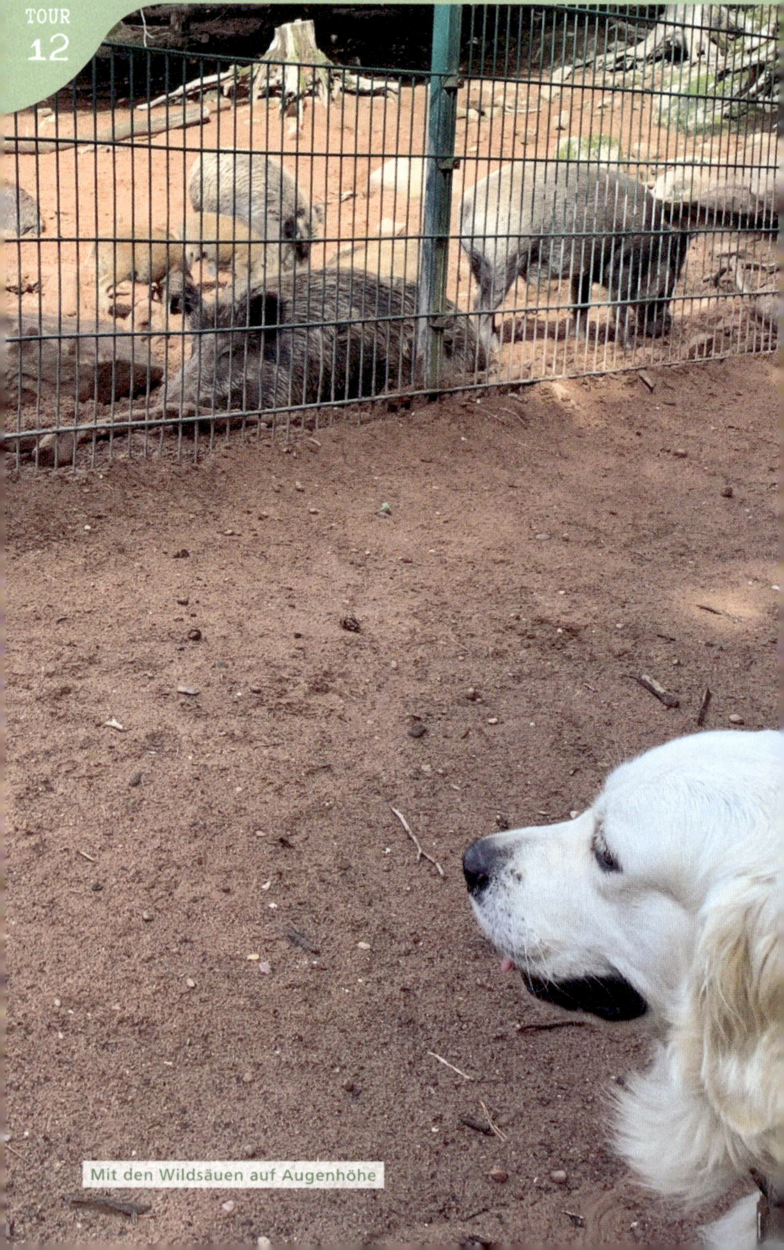

Mit den Wildsäuen auf Augenhöhe

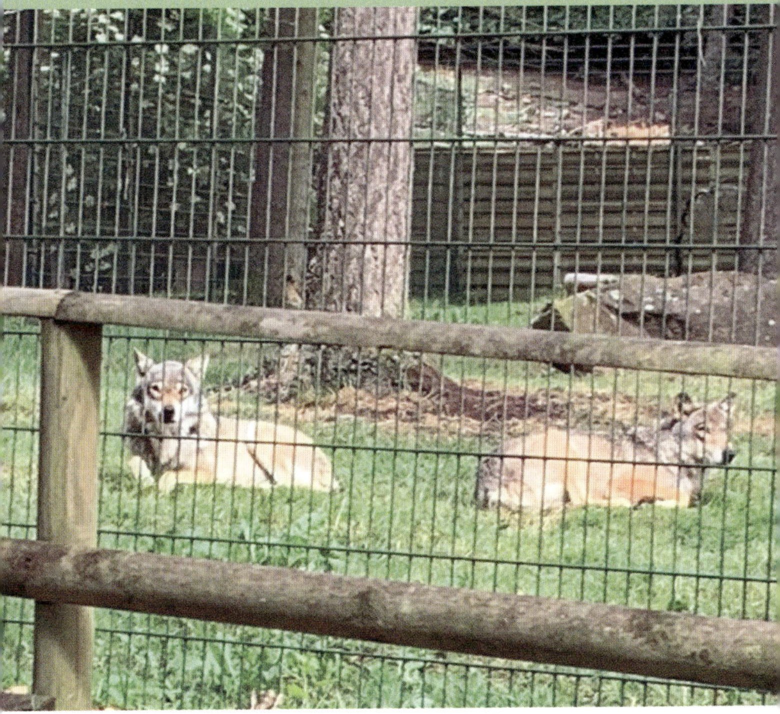

Wölfe

Tipp: Mit Abstecher zum Eckkopf wird es eine IronDog-Tour

Am Wegepunkt 2 gibt es die Möglichkeit, einen Abstecher zum Eckkopf zu machen. Dafür links dem roten Dreieck auf dem Wirtschaftsweg folgen, der uns hoch zur Eckkopf-Hütte bringt (siehe hierzu auch Tour Nr. 9). Nach einer Rast am Eckkopf wandern wir auf dem weißen Punkt bis zur Schutzhütte Am Weißenstich. Hier steigen wir wieder in die Wanderung ein und folgen links dem rot-weißen Balken Richtung Stabenberg. Länge des Abstechers insgesamt: 4 km; rund 1 Std.

Weiter wandern wir an Wölfen vorbei. Unser Hund Paul interessiert sich überhaupt nicht für seine Urahnen, und deshalb laufen wir zügig Richtung Eselgehege. Auf der anderen Seite des Tals geht's wieder an den kleinen Teichen vorbei Richtung Tal der schwarzen und weißen Hirsche. Vor dem Damwild hatte Paul ein bisschen Angst. Also blieben wir auf Abstand.
Raus aus dem Kurpfalz-Park 1 überqueren wir den Parkplatz und laufen

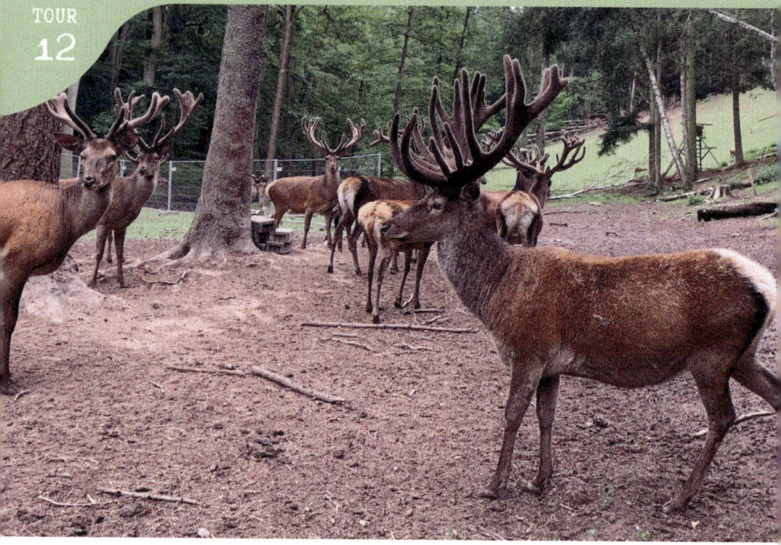

Dammwild

Seniorenhunde-Runde im Kurpfalz-Park

Der Kurpfalzpark ist für Seniorenhunde bestens geeignet: flache, kurze Wege mit vielen Möglichkeiten, Pause zu machen, und mit tollen Geruchserlebnissen. Der Park ist ein Magnet für kleine Kinder. Deshalb die Wochenenden und die Ferien in Rheinland-Pfalz sowie die Ferientermine von Baden-Württemberg meiden. Ideale Zeit: Direkt morgens um 9 Uhr kommen, und wieder gehen, bevor um 10 Uhr die Fahrgeschäfte starten. Oder einen Regentag nutzen. Die Tour ist rund 4 Kilometer lang. Die kann ewig dauern, weil es für die Omis und Opis ja viel zu gucken und zu riechen gibt. Billig ist der Spaß allerdings nicht: 18 Euro zahlen Erwachsene. Hunde sind frei. Wer sich eine Tageskarte abstempeln lässt, kann nachmittags nochmals rein.
www.kurpfalz-park.de

links ein kleines Stück die Straße rauf, um dann rechts auf den Wanderweg mit dem roten Dreieck und dem rot-weißen Balken abzubiegen. Nach kurzem Anstieg kommen wir an eine Wegespinne **2** und folgen geradeaus nur noch dem rot-weißen Balken bis zur Schutzhütte Am Weißenstich. Die Schutzhütte lassen wir links liegen und gehen ein einsames Stück Pfälzerwald auf schmalen Pfaden mit schönem Eichen- und Esskastanienbestand. Nach zwei Kilometern erreichen wir die Stabenbergwarte, einem malerischen Platz zum Rasten, der Turm bietet eine tolle Aussicht auf Rheinebene, Hambacher Schloss und den Pfälzerwald.
Wir folgen dem rot-weißen Balken bergabwärts Richtung Benjental.

Info

Haltestelle	Keine Anbindung an ÖPNV	
Parkplatz	Wachenheim, Parkplatz Kurpfalz-Park	
Karte	LVermGeo Naturpark Pfälzerwald Blatt 4 „Mittel- und Unterhardt mit Bad Dürkheim und Leiningerland" (1:25.000)	
Gastronomie	Altes Jagdhaus Looganlage Im Tal 50 67435 Neustadt an der Weinstraße (Gimmeldingen) Tel.: 06321-66047 www.loog-anlage.de Mi-So 11-17 Uhr Forsthaus Benjental Hainstraße 60, 67435 Neustadt an der Weinstraße (Gimmeldingen) Tel.: 06321-66033 Web: www.forsthaus-benjental.de Sa-Mi 11-17 Uhr	Forsthaus Silbertal Silbertal/An der K16 67157 Wachenheim Tel.: 06325-8492 www.forsthaus-silbertal.de Sa, So, Di, Mi, Do 11-18 Uhr an Feiertagen geöffnet
Übernachtung	Weingut Peter Burgstraße 10 67157 Wachenheim an der Weinstraße Tel.: 06322-2010 www.weingut-peter.de	Naturfreundehaus Oppauer Haus Im Pferchthal 67157 Wachenheim Tel.: 06322-1288 www.oppauerhaus.de auch gutes Restaurant! Do Ruhetag alle anderen Tage 11-17 Uhr
Information	Tourist-Information Wachenheim Weinstraße 15 67157 Wachenheim Tel.: 06322-9580-801 www.vg-wachenheim.de	
Tierarzt	Tierärztliche Gemeinschaftspraxis Christine & Marc Müller Philipp-Heinrich-Messer-Str. 6 67098 Bad Dürkheim Tel.: 06322-9414343 www.tierarzt-bad-duerkheim.de	

Unten angekommen, gehen wir rechts das Benjental hinauf (rotes Dreieck). Alle mit vier Pfoten können den romantischen Mußbach genießen und planschen. Ein Pfad schlängelt sich über mehrere Holzbrücken das Tal hinauf. Achtung **!** am Ende des Tals kurz nach dem Parkplatz ist eine Straße. Das rote Dreieck bringt uns zum Forsthaus Silbertal **3**, und von dort dauert es noch rund zwei Kilometer bis zum Parkplatz am Kurpfalz-Park.

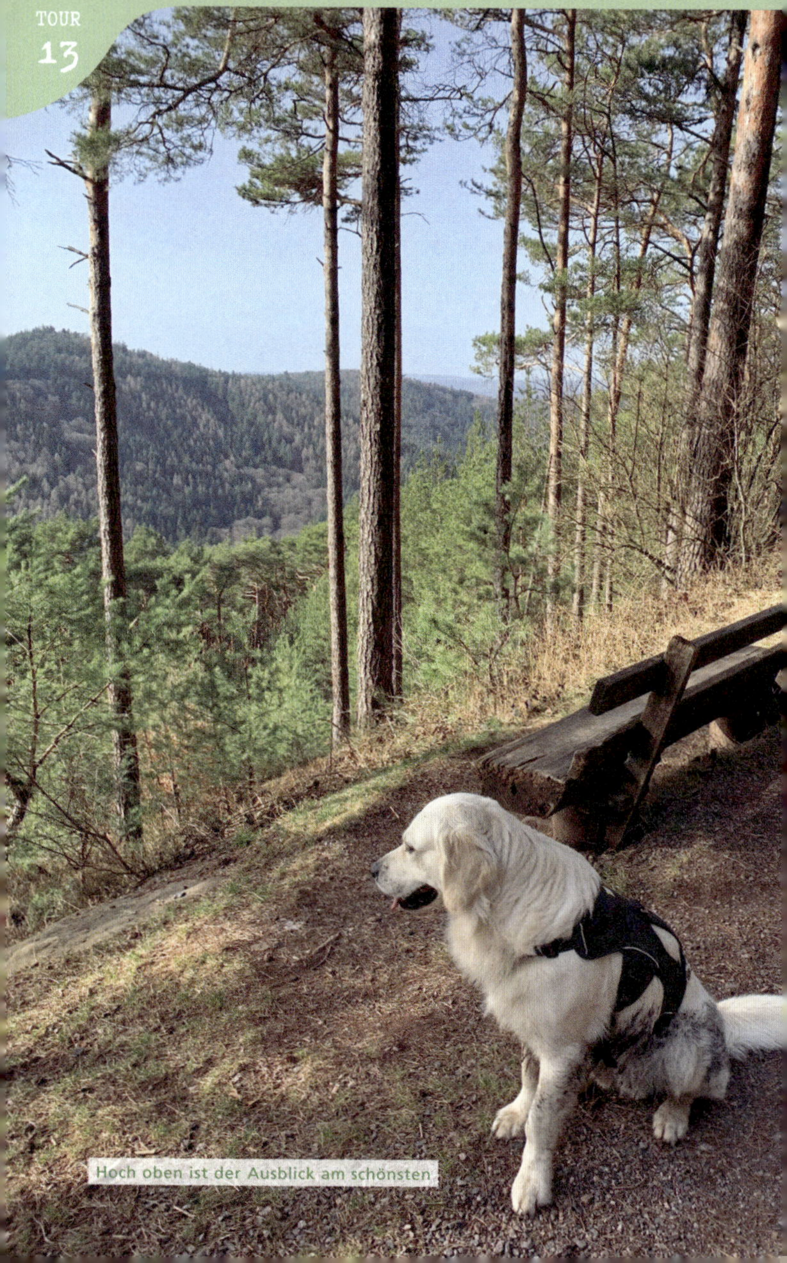

Hoch oben ist der Ausblick am schönsten

Felsenmeer – schöne alte Kastanien- und Kiefernwälder – Übernachtung im Wald möglich

Sandras Geburtstagswanderung: Felsenmeer und mehr

Hundefreundlichkeit: Kein anderer Pfälzer Berg ist so bekannt wie die Kalmit. Deshalb ist hier am Wochenende auch besonders viel los. Wer kann, sollte lieber wochentags kommen. Denn dann ist es rund um die Kalmit stiller und das Felsenmeer lädt zum Stöbern und zu Suchspielen ein. Alle meine Hunde liebten und lieben die Kalmit mit ihrem Kiefernwald und den weichen Waldböden. Achtung: Es gibt zwei Straßenüberquerungen, und ein kleines Stück des Wegs führt, parallel auf einem Wanderweg, zur Kalmitstraße.

Tour-Info	↔ 10 km	3 Std.	++ mittel
Start-Ziel:	oberhalb von Maikammer, Wanderparkplatz Breitenberg		
GPS:	49°18′46.7″N 8°05′08.1″E		
Markierung:	Lokale Wanderwege Nummern 1, 3, 5; weiß-grüner Balken; weißer Balken mit schwarzem Punkt; Pfälzer Weinsteig, roter Punkt		
Wegecharakteristik:	27 % Bergwanderweg – 38 % Wanderweg – 29 % Weg – 6 % Fußweg – 1 % Straße		
Höchster Punkt: Niedrigster Punkt:	650 m 520 m	Tourerweiterung möglich	

Los geht's vom schattigen Wanderparkplatz Breitenberg hinein in den schönen Kiefernwald mit seinen weichen Wanderwegen. Wir folgen der lokalen Wanderwegmarkierung Nr. 3 gemütlich bis zum Felsenmeer. Vorher kommen wir noch an der Hüttenberghütte vorbei, ein toller Blick in die Rheinebene und ein guter Platz für eine Pause. Kurz nach der Hütte startet das Felsenmeer **1**. Es ist rund 500 Meter lang und besteht aus bizarren Felsformationen und Felsabbrüchen aus Buntsandstein. Ideal für Suchspiele! Man kann entweder durch und über die Felsen wandern oder

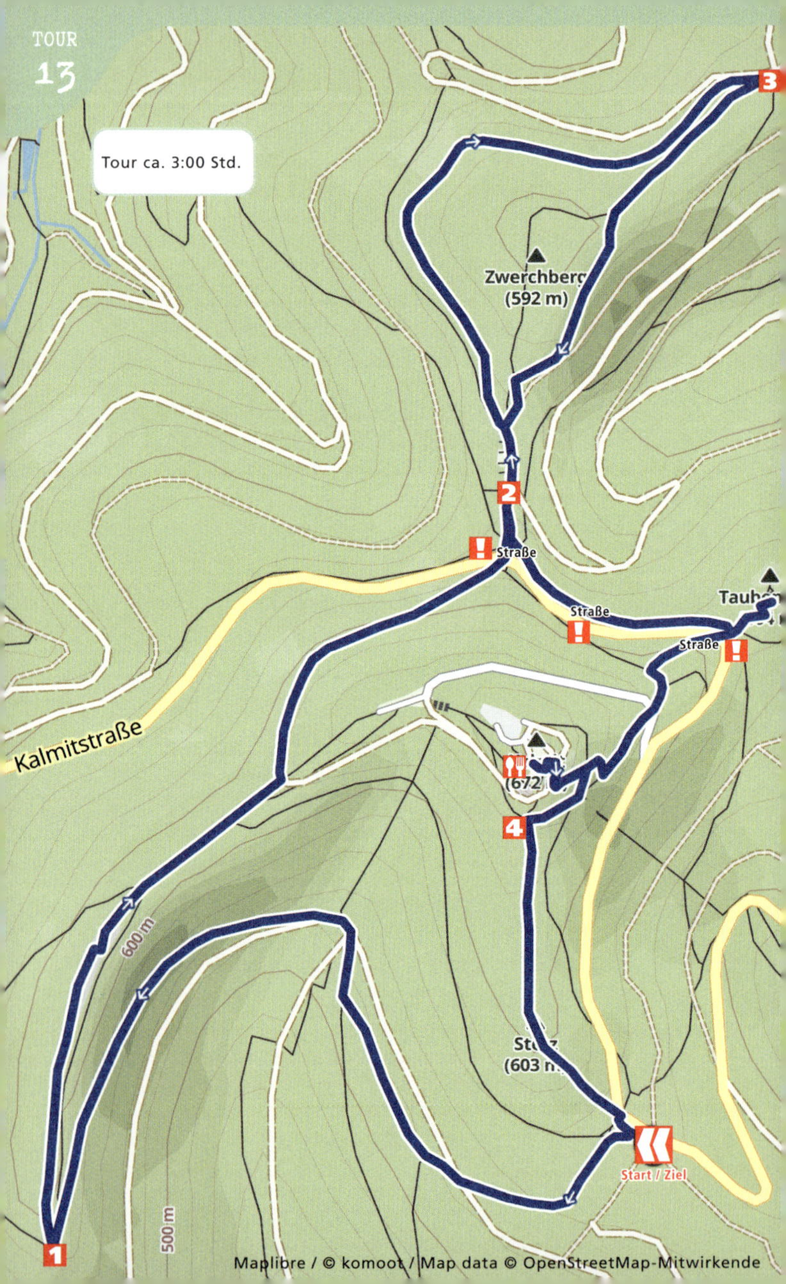
Tour ca. 3:00 Std.
Zwerchberg
(592 m)
2
3
Straße
Straße
Straße
Kalmitstraße
(672)
4
(603 m)
600 m
500 m
1
Start / Ziel
Maplibre / © komoot / Map data © OpenStreetMap-Mitwirkende

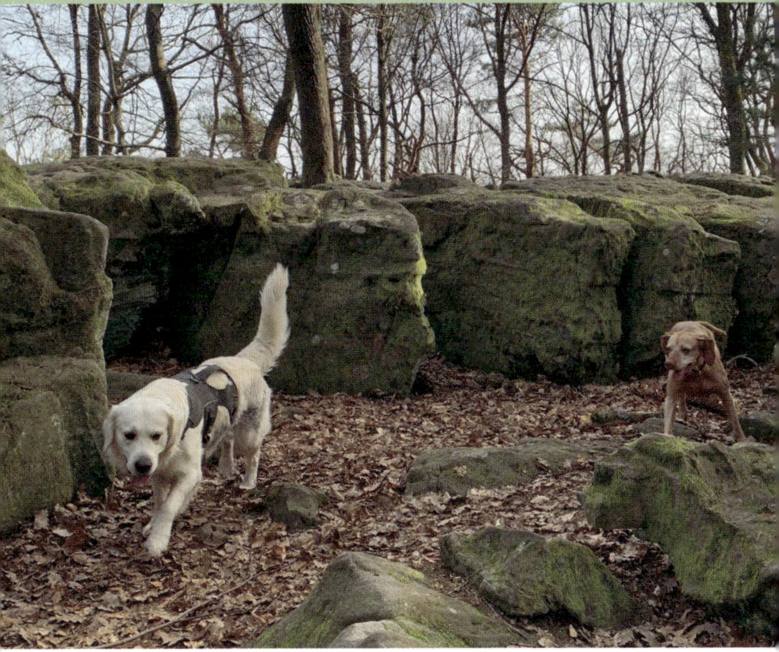

Felsen satt zum Toben oder für Suchspiele

unterhalb. Am besten: Eine Rundtour machen und gleich beides erleben. Nach dem Felsenmeer geht's weiter geradeaus, steil hoch auf dem weiß-grünen Balken. Oben angekommen, geht's links runter Richtung Hahnenschritt. Nach rund 5 Gehminuten überqueren wir die Kalmitstraße (Achtung **!** Hunde anleinen!). Weiter geht's Richtung Hahnenschritt **2**, einem Gebirgspass zwischen Kalmit und Hoher Loog. Am Wochenende ist der Parkplatz sehr voll. Aber kurz danach wird es schon wieder ruhiger. Wir halten uns links und folgen dem breiten Waldweg (keine Markierung), um den Zwergberg zu umrunden. Einen weiteren schönen Picknickplatz finden wir am sogenannten Bildbaum **3**, einer Wegspinne.

Tipp: Weiter bis zu der Hütte Hohe Loog

Vom Bildbaum aus ist man in rund 20 Minuten zur Pfälzer Waldverein-Hütte Hohe Loog gelaufen (geöffnet Mi, Sa + So, feiertags). Eine Extratour, die mit einem Glas Wein und grandiosem Ausblick bis zum Schwarzwald belohnt wird. Gleicher Weg zurück.

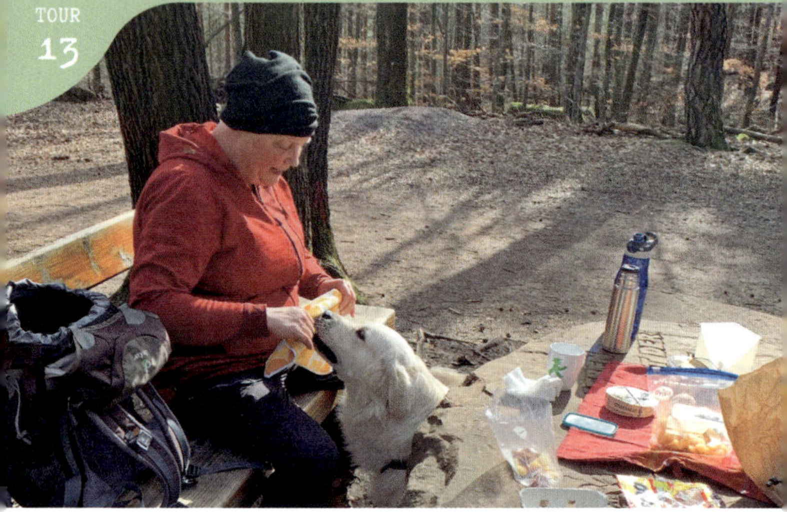

Picknick am Bildbaum

Tipp: Trekkingplatz unterhalb der Kalmit

Im Pfälzerwald gibt es mittlerweile 15 Trekkingplätze. Sie können vorab für eine Nacht (15 Euro pro Zelt 1-3 Personen) gebucht werden. Die Plätze verfügen über bis zu vier Lagerplätze, eine Feuerstelle mit rustikalen Sitzmöglichkeiten und einfache Klohäuschen. Alles andere muss mitgebracht werden. Hunde sind erlaubt. Platz Nummer 7 liegt südlich, unterhalb vom Kalmithaus, und ist umgeben von alten Kiefern und vielen Heidelbeeren. Es ist der höchstgelegene Trekkingplatz und befindet sich auf 600 m. Direkt an der Feuerstelle bietet sich ein wunderschöner attraktiver Ausblick nach Westen in das Innere des Pfälzerwaldes. Der Platz muss unbedingt im Voraus gebucht werden, da er sehr gefragt ist. (www.trekking-pfalz.de/buchung). Weitere Trekkingplätze und -touren siehe auch Wanderung Nummer 3 und 4.

Vom Bildbaum aus folgen wir dem weißen Balken mit schwarzem Punkt zurück Richtung Parkplatz Hahnenschritt/Kalmit. Wir durchqueren erneut ein schönes kleines Felsenmeer. Kurz nach dem Parkplatz gehen wir links, parallel zur Kalmitstraße (lokale Wegmarkierung 1,5), Richtung Taubenkopf. (Achtung ! Hunde anleinen!)
Jetzt wird es happig: Es geht kurz und schweißtreibend rauf auf den 604 Meter hohen Gipfel des Taubenkopfs. Dort warten noch mehr Felsen, eine Bank und ein atemberaubender Ausblick – schöner als die Kalmit, sagen viele, auf jeden Fall ruhiger! Rückweg ist gleich.
Wir überqueren erneut die Kalmitstraße Achtung !, tauchen ein in ein dunkles Wäldchen und folgen

Info

Bus	Ab Neustadt Hbf. den Kalmit Express, Buslinie 503, nehmen; Haltestelle Hohe Loog aussteigen und von dort in die Wanderung einsteigen; Achtung: Bus 503 fährt nur von Mai bis Oktober an Sonn- und Feiertagen
P	Wanderparkplatz Breitenberg
Karte	LVermGeo Blatt 6 „Oberhaardt von Neustadt an der Weinstraße bis zum Queichtal" Naturpark Pfälzerwald (1:25.000)
Einkehr	Kalmithaus Kalmitgipfel 67487 Maikammer Tel.: 06321-5424 www.kalmithaus.de Mi-So 11-17 Uhr
Übernachtung	Hotel Palatina Gartenstraße 8 67433 Neustadt Tel.: 06321- 924000 www.hotel-palatina.com
i	Tourist-Information Neustadt Hetzelplatz 1 67433 Neustadt a. d. W. Tel.: 06321-926892 www.neustadt.eu
Tierarzt	Tierärztin Regina Rühl Kriemhildenstraße 1 67433 Neustadt an der Weinstraße Tel.: 06321-32319

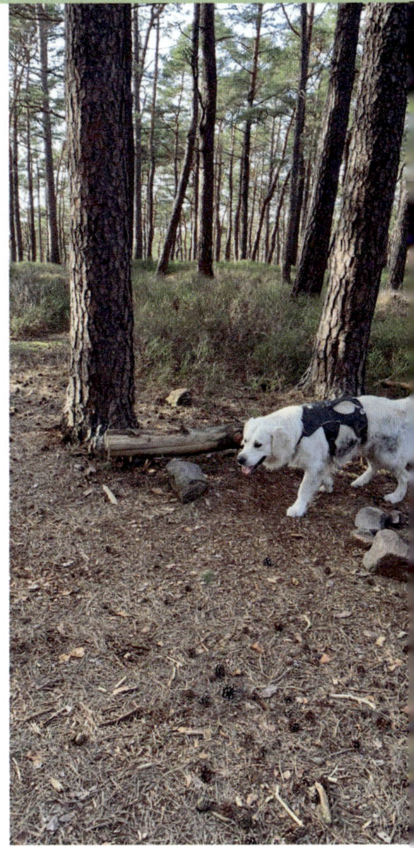

Zelten hier nur von April bis Oktober

dem Pfälzer Weinsteig-Zeichen und dem weiß-grünen Balken. Nach einigen Metern geht's links die Kalmit hinauf. Gipfelstürmer werden mit einer weiteren atemberaubenden Aussicht belohnt. Hier oben ist aber auch immer viel Rummel. Den gleichen Weg geht's wieder zurück. Wir folgen ein kleines Stück dem roten Punkt, der uns links hinunter theoretisch auch zum Auto bringt. Wir gehen aber noch ein Stück weiter und nehmen dann erst den Weg, 4 der ohne Markierung steil bergab führt. Dieser Weg bringt uns direkt zum Trekkingplatz Kalmit. Nach dem Trekkingplatz sind es bergab nur noch wenige Minuten zum Parkplatz Breitenberg.

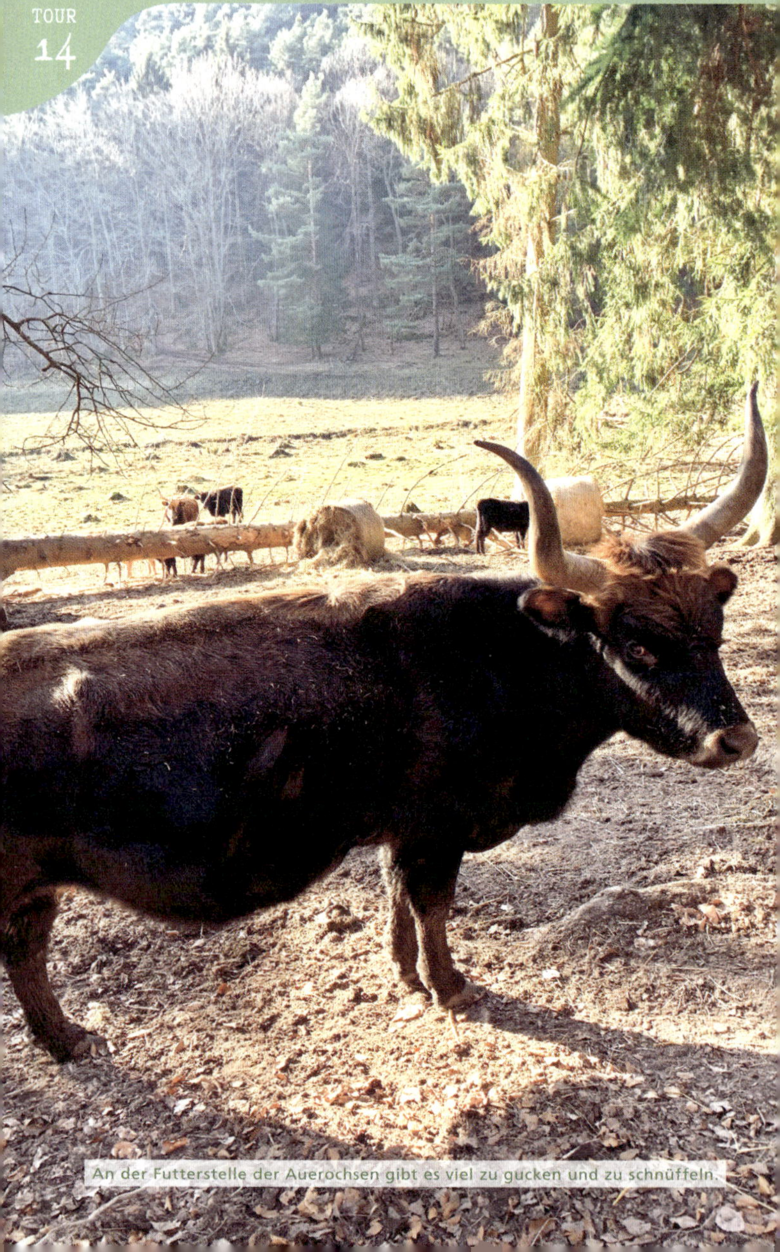

An der Futterstelle der Auerochsen gibt es viel zu gucken und zu schnüffeln.

geheimnisvolle Auerochsen – Barfußpfad mit zehn Stationen – für fitte Seniorenhunde geeignet

Tierisch gut: der Auerochsenweg

Hundefreundlichkeit: Für die kurze Wanderung sollte man genügend Zeit einplanen, denn es gibt unterwegs einiges zu erleben: im Weiher schwimmen; gemeinsam die Stationen des Barfußpfads mit Achtsamkeitsübungen für Mensch und Hund erleben; schauen, wie die mächtigen Auerochsen den Wald unkrautfrei halten. An einem heißen Sommerabend oder einem verregneten Herbstsonntag genau das Richtige für Mensch und Hund, um den Kopf freizubekommen. Und mit ein bisschen Glück ist die Pfälzer Waldverein-Hütte An den Fichten geöffnet und zum Abschluss gibt's eine Schorle, einen Napf mit frischem Wasser und für alle ein Leberwurstbrot. Hoch lebe die Achtsamkeit! Tolle Sommertour.

Tour-Info	↔ 6 km	1:30 Std.	leicht
Start-Ziel:	oberhalb von St. Martin, Parkplatz am Sandwiesenweiher		
GPS:	49°18'21.5"N 8°04'08.3"E		
Markierung:	Schwarzer Ochse auf gelbem Untergrund		
Wegecharakteristik:	< 5 % Bergwanderweg – 10 % Wanderweg – 74 % Weg – 11 % Nebenstraße – < 1 % Straße		
Höchster Punkt: Niedrigster Punkt:	500 m 400 m		

Der Stausee Sandwiesenweiher oberhalb des Weinorts Sankt Martin ist der Ausgangspunkt für unsere kleine Genusswanderung. Vom Parkplatz aus geht's leicht aufwärts. Am Weiher erwarten uns dann die ersten Stationen des Barfußpfads: Kies-, Sand- und Rindenmulchbecken sowie Balancierstämme. Unbedingt ausprobieren und auf vier Pfoten, zwei Füßen, gemeinsam und sehr langsam die verschiedenen Untergründe

TOUR 14

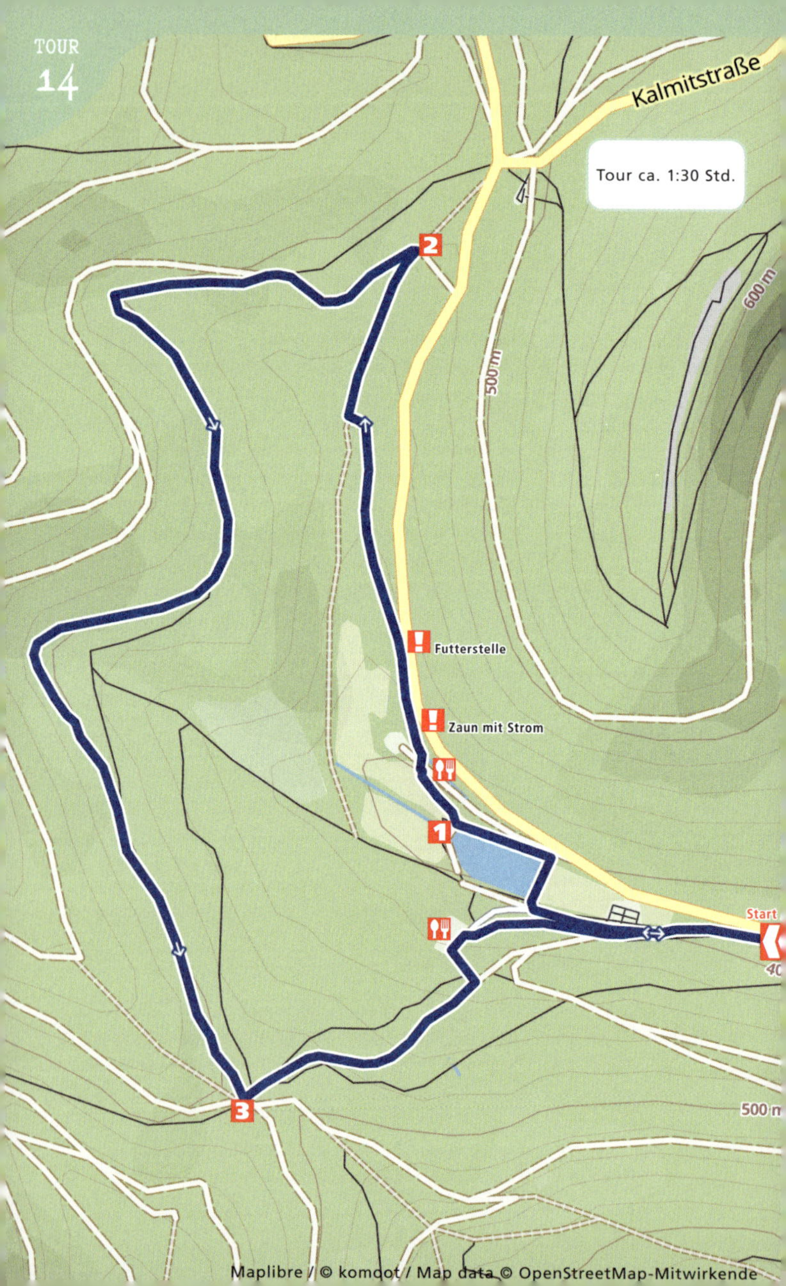
Kalmitstraße
Tour ca. 1:30 Std.
600 m
500 m
Futterstelle
Zaun mit Strom
Start
500 m
Maplibre / © komoot / Map data © OpenStreetMap-Mitwirkende

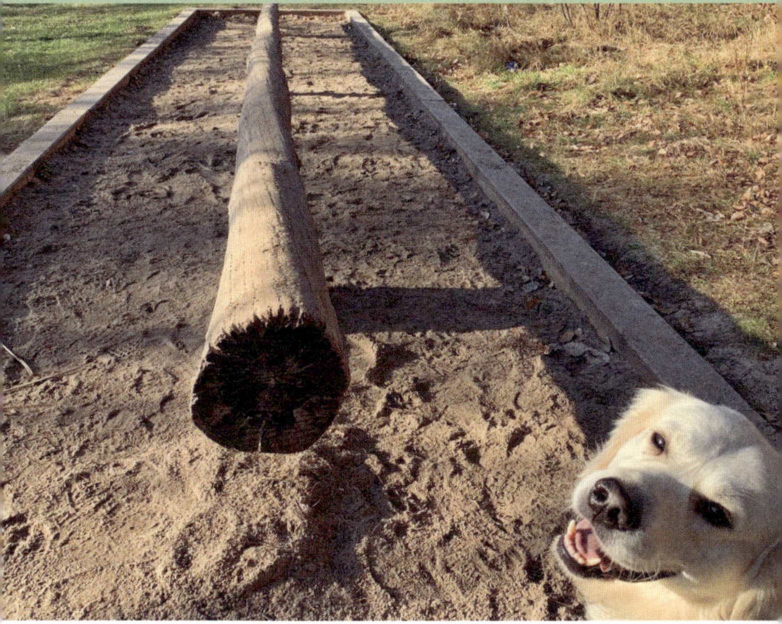

Achtsamkeitsübung auf dem Barfußpfad für Mensch und Hund: die Balancierstämme

ertasten. Was für ein entspannender Spür-Spaß.
Nach diesem kleinen Achtsamkeitstraining biegen wir rechts ab Richtung Grillhütte. Die restlichen sechs Stationen des Barfußpfads heben wir uns für den Schluss auf. **1** Am Wochenende ist an der Grillhütte (http://www.grillhuette-pfalz.de) und auf dem Auerochsenweg einiges los. Deshalb die Wochenenden besser meiden. Kurz hinter der Grillhütte startet rechts der Auerochsenweg mit seiner Markierung. Der führt am Zaun des Wildgeheges entlang bis zum Futterplatz für die Tiere. Auf unseren Wanderungen war kein Strom auf dem Zaun, aber bitte trotzdem aufpassen Achtung **!**, man weiß nie, ob nicht doch mal Strom drauf ist. Am Futterplatz gibt's eine Bank und im Frühjahr mega süße Auerochsenkälber. Für Hunde mit Jagdtrieb ist die Futterstelle die nächste Achtsamkeitsübung (Achtung **!** Bitte anleinen). Nach dieser kleinen Übung gehen wir am Zaun entlang talaufwärts bis zu einer Wegkreuzung. **2** Dort folgen wir links der Markierung, nächste Kreuzung wieder links in den Fichtenwald hinein. Selten: ein schöner, relativ

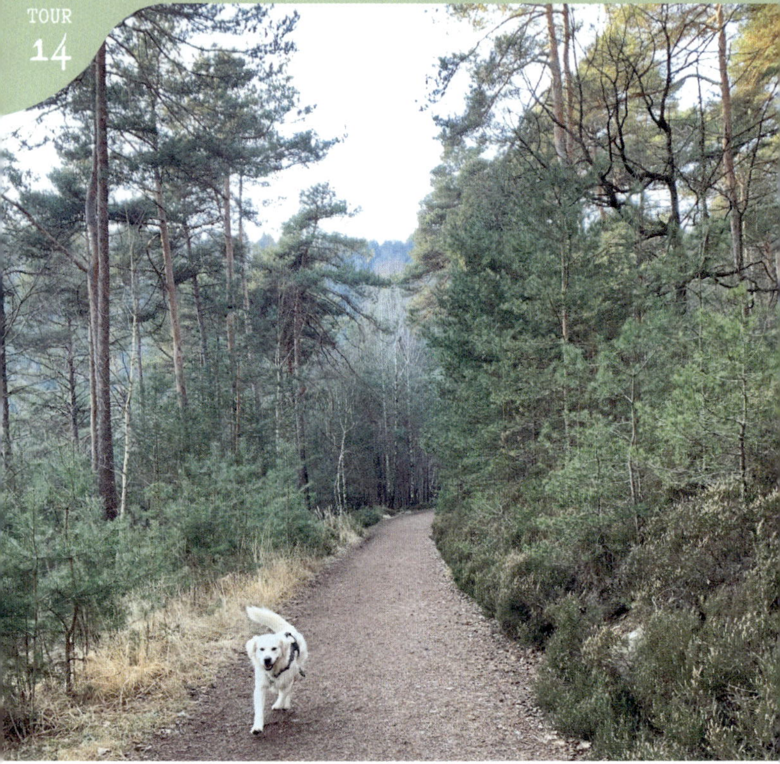

Ein schöner Fichtenwald mit einem Teppich aus Heidekraut

gesunder Fichten- und Kiefernwald mit einem dichten Heideteppich.
Von diesem Waldweg führen an vielen Stellen Eingänge ins Auerochsengehege. Mit Hund leider verboten. Der schöne Höhenweg bringt uns auf weichem Boden bis zur Sankt-Martins-Hütte. Die nichtbewirtschaftete Schutzhütte mit Bänken und Tischen bietet Rastmöglichkeit am Fuß des Hochbergs. **3** Und weil an dieser Wegkreuzung viele Wanderer mit Hunden vorbeikommen, gibt es auch hier so einiges zu erschnüffeln. An der Hütte links geht der Auerochsenweg auf einem breiten Weg bergab. Nach einem knappen Kilometer warten auf uns in der Pfälzer Waldverein-Hütte An den Fichten eine Riesling-Schorle, ein Napf Wasser und ein Leberwurstbrot. Von dort aus geht's gemütlich runter zum Sandwiesenweiher mit

seiner romantischen Stimmung (vor allem abends).
Wer zum Schluss Lust hat, kann noch die restlichen sechs Stationen des Barfußpfads als Achtsamkeitstraining absolvieren. Das geht auch am besten abends, wenn die Familien mit Kindern schon wieder auf der Fahrt nach Hause sind und Weiher und Barfußpfad wieder menschenleer vor uns liegen. Alternativ lassen wir den Weiher links liegen und wandern direkt zurück zum Parkplatz oder folgen der grün-weißen Markierung bis nach St. Martin.

Hintergrund: Das Auerochsen-Projekt

Die rund zehn Heckrinder, die den ausgestorbenen Auerochsen sehr ähnlich sind, haben seit 2011 die Aufgabe, ein 40 Hektar großes Waldgebiet in eine halboffene, lichtdurchflutete Landschaft umzugestalten. Alles, was sie dafür machen müssen, ist: fressen! Denn dadurch erhöht sich die Vielfalt der dort vorkommenden Flora und Fauna allmählich.
Die lebenden Rasenmäher machen einen guten Job, was die neu entstandenen Lichtungen beweisen. Wer mehr wissen will: Es gibt regelmäßig Führungen durch das Gelände. Die Termine dazu stehen auf der Webseite der Tourist-Info Sankt Martin.
stmartin.suedlicheweinstrasse.de
Flyer zur Tour
www.pfaelzerwald.de/wp-content/uploads/2019/01/Flyer-Ochsentour.pdf

Info

Mit dem Zug nach Neustadt/ Weinstr. Hbf., weiter mit der Buslinie 500 oder 501 Richtung Landau nach St. Martin (Bushaltestelle St. Martin, Ort), von dort rund 25 Minuten zu Fuß bis zum Sandwiesenweiher.
Zusätzlich von Mai bis Oktober an Sonn- und Feiertagen: mit dem Palatina-Wanderbus Kalmitexpress, Linie 503, ab Neustadt Hbf. bis Station St. Martin, Stauweiher.

oberhalb von St. Martin, Parkplatz am Sandwiesenweiher

LVermGeo Blatt 6 „Oberhaardt von Neustadt an der Weinstraße bis zum Queichtal" Naturpark Pfälzerwald (1:25.000)

Pfälzer Waldverein Hütte Haus an den Fichten
Totenkopfstraße am Stauweiher
67487 St. Martin
Tel.: 06323-7844
www.haus-an-den-fichten.de
Mi-So + Feiertage 10-18 Uhr

Auszeitwohnung Pfalz
Waldhaus St. Martin
Am Frauenbrunnen 1
67487 St. Martin
Tel.: 06341-70 800 60
www.auszeitwohnungen.de/st-martin/

Tourist-Info St. Martin
Kellereistr. 1
67487 St. Martin
Tel.: 06323-5300
stmartin.suedlicheweinstrasse.de

Tierarztpraxis Alexander Wappler
Weinstraße 49
67480 Edenkoben
Tel.: 06323-981105
Web: www.tierarzt-wappler.de

Südpfalz und Wasgau

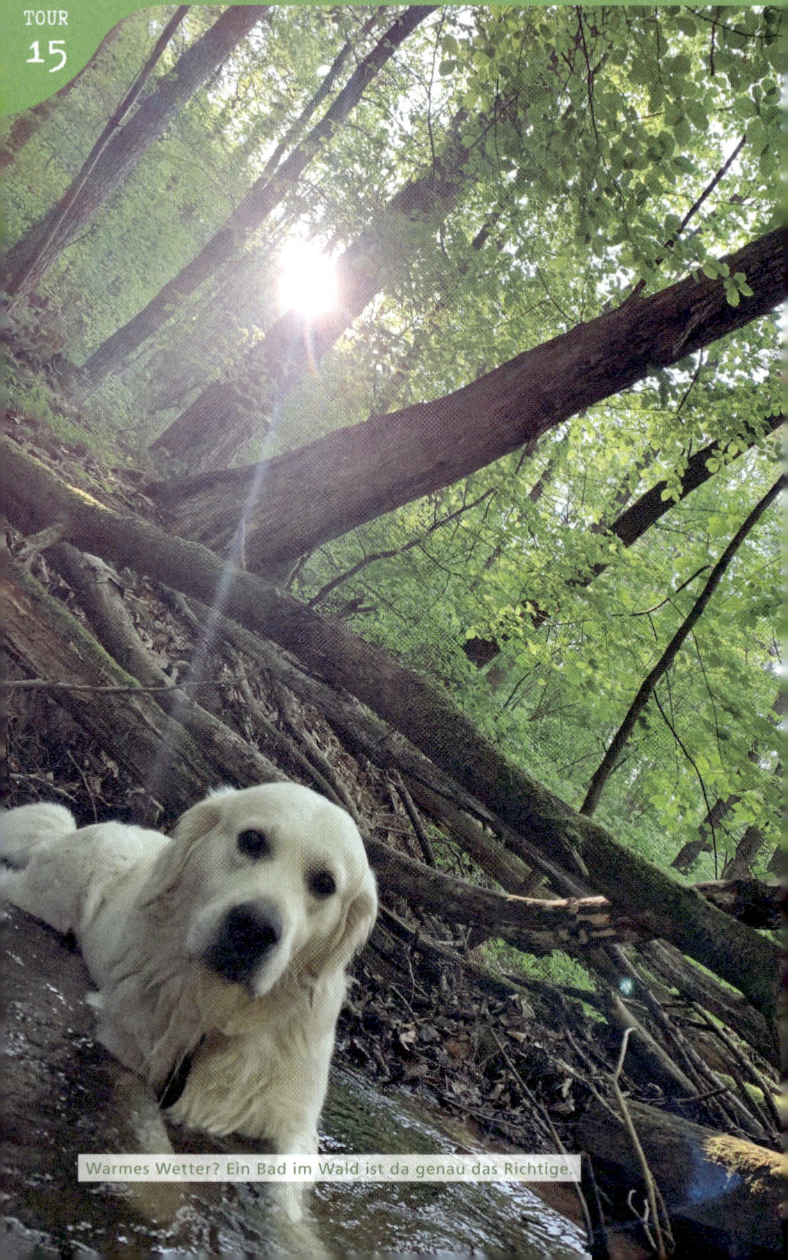

Warmes Wetter? Ein Bad im Wald ist da genau das Richtige.

Walddusche und Bach – abwechslungsreiche Tour mit drei Hütten

Das Badezimmer mitten im Wald

Hundefreundlichkeit: **Klassischer geht's nicht im Pfälzer Wald: ein Bach, traumhafter Mischwald, Pfade mit unterschiedlichem Untergrund, Aufstiege, Abstiege, drei Hütten zur Einkehr, im Herbst Esskastanien und Pilze sammeln – und weit weg vom Alltag. Perfekt also! Die Tour lässt sich verlängern. Aber auch abkürzen, wenn die Hüttenpause zu lang und die Weinschorle zu gut war. Auch für Hunde ist die Wanderung klassisch: Viele schöne Gerüche, denn hier gibt es Wild, Abwechslung durch unterschiedliche Waldböden, ein Bach zum Planschen, eine Burgruine zum Versteckspielen und viele Gelegenheiten, eine Bratwurst abzustauben. Für Frauchen und Herrchen gibt es noch ein besonderes Highlight: die Walddusche – ein Badezimmer mitten im Wald. An heißen Tagen eine wirklich coole Sache. Seniorenhunde kommen über eine Kurzwanderung zur Walddusche. Kein Wunder also, diese Tour ist eine der Lieblingstouren.**

Tour-Info	↔ 13 km	◷ 4 Std.	++✚ mittel
Start-Ziel:	Gleisweiler, Wanderparkplatz Lindenallee		
GPS:	49°14'21.8"N 8°03'39.3"E		
Markierung:	Weintraube, Hüttentour, rot-weißer Balken, weißer Strich mit schwarzem Punkt, blauer Balken, Weinsteig		
Wegecharakteristik:	32 % Wanderweg – 67 % Weg – 1 % Nebenstraße		
Höchster Punkt: Niedrigster Punkt:	540 m 280 m	3 Varianten	

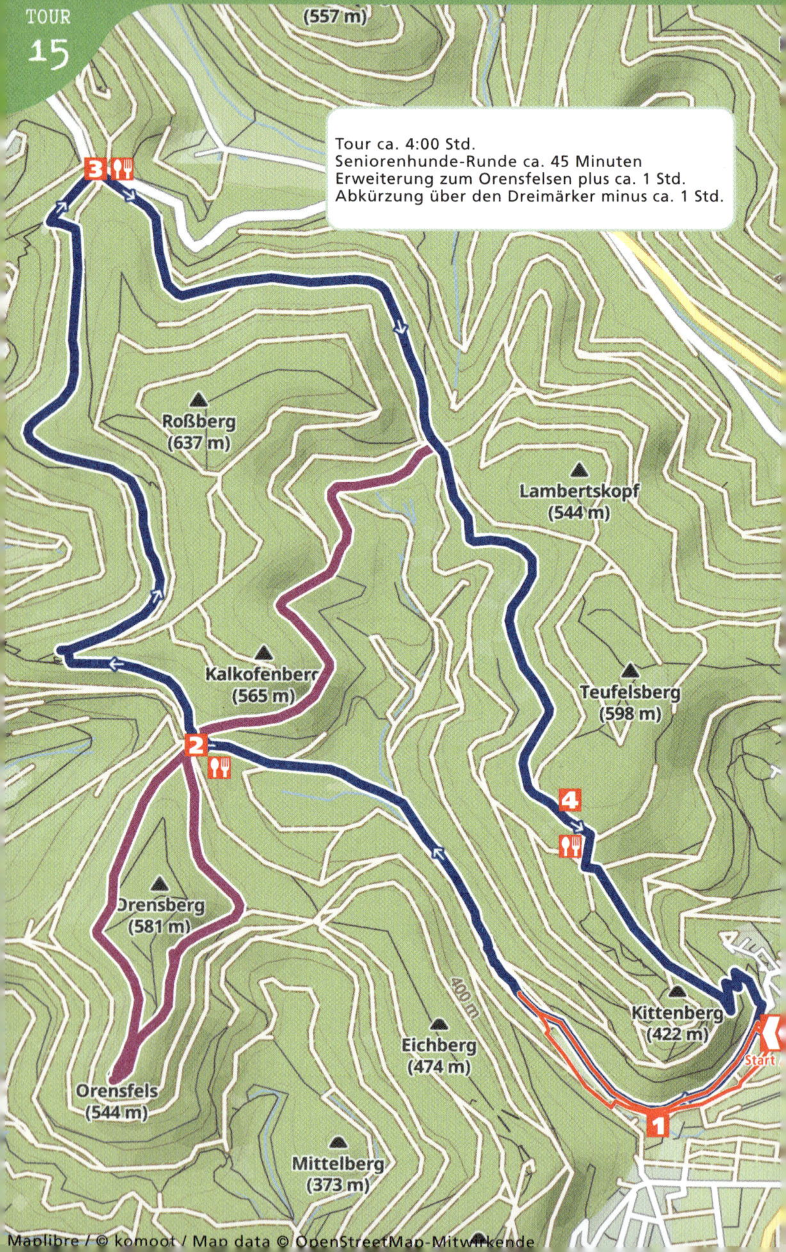
(557 m)
Tour ca. 4:00 Std.
Seniorenhunde-Runde ca. 45 Minuten
Erweiterung zum Orensfelsen plus ca. 1 Std.
Abkürzung über den Dreimärker minus ca. 1 Std.
3
Roßberg
(637 m)
Lambertskopf
(544 m)
Kalkofenberg
(565 m)
Teufelsberg
(598 m)
2
4
Orensberg
(581 m)
400 m
Kittenberg
(422 m)
Start
Eichberg
(474 m)
Orensfels
(544 m)
1
Mittelberg
(373 m)
Maplibre / © komoot / Map data © OpenStreetMap-Mitwirkende

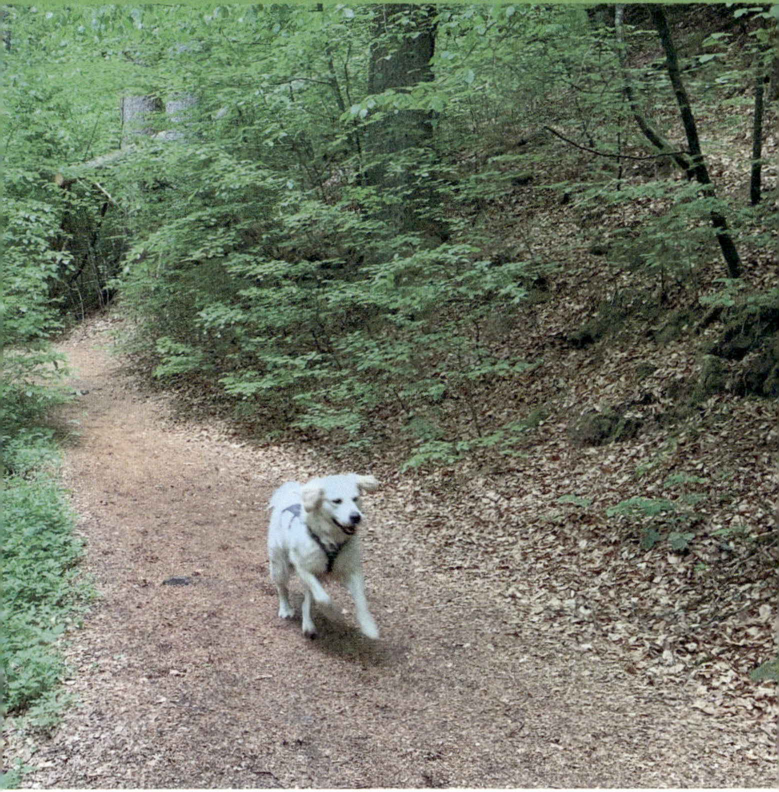

Eine Wanderung mit vielen Flitzepfaden

Die Wanderung startet am Ortsrand von Gleisweiler Richtung Frankweiler am Parkplatz Lindenallee. Der Name ist Programm, und wenn die Linden im Mai blühen, bekommen Hummeln und Bienen hier einen Burnout, so üppig sind die Pracht und der Geruch. Wir folgen kurz der Wandermarkierung Weintraube (Weinstraßenwanderweg) und dem gelben Schild „Hüttentour". Ein schöner Einstieg in die Tour: Linden und Ausblick in die Rheinebene.

Am Ende der Lindenallee 1 kommt eine Gabelung und wir biegen rechts ab Richtung Walddusche (verlassen die Markierung „Hüttentour"). Nach ein paar Hundert Metern, erst auf einem Pfad, dann auf einem Schotterweg, biegen wir links ab und

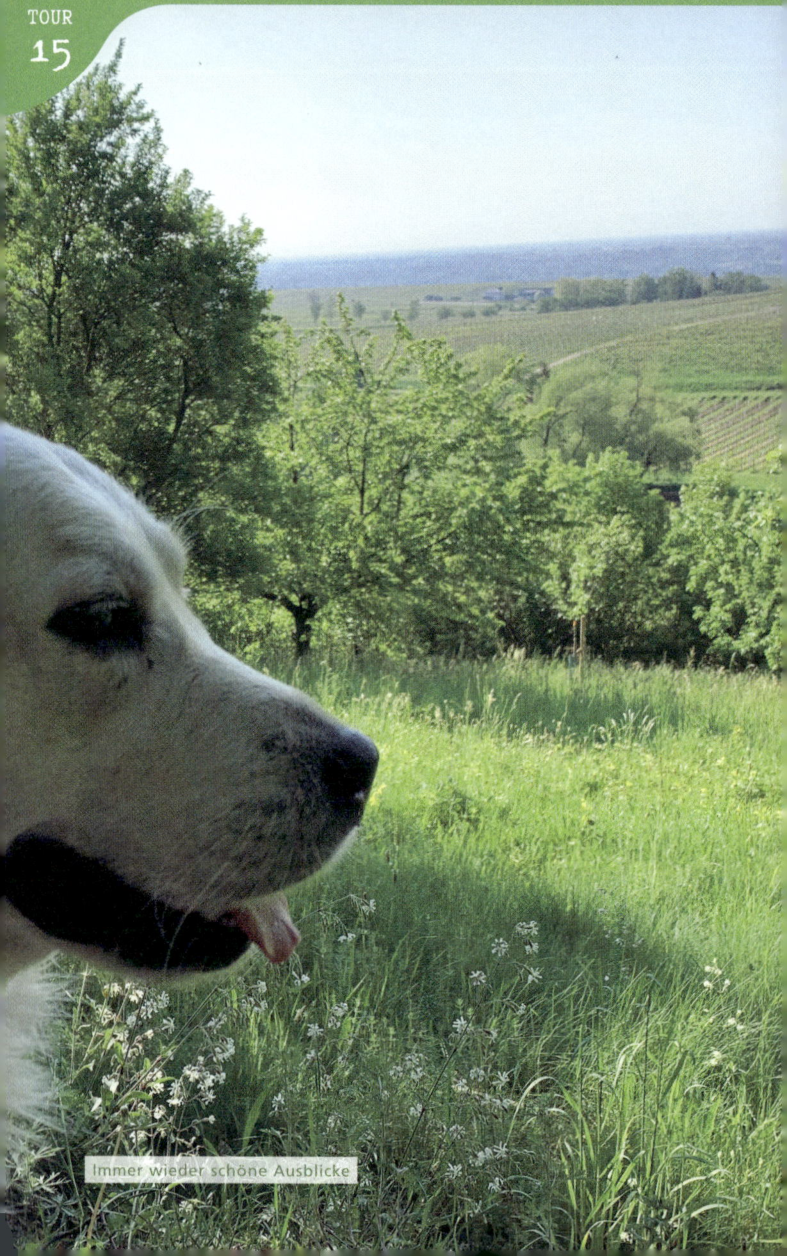

Immer wieder schöne Ausblicke

laufen hinunter zum Bach (schmaler Pfad). Dem Bach folgen wir bis zur Walddusche. Hier unbedingt Zeit einplanen, denn im Sommer ist dies hier „The place to be!" mit einer ultimativen Abkühlung. Nach der Walddusche folgen wir dem kleinen Kanal das Hainbachtal hinauf und landen schließlich wieder auf dem Wanderweg, der uns stetig bergauf, mit dem rot-weißen Balken, bis zur bewirtschafteten Landauer Hütte **2** führt.

Tipp: Erweiterung zum Orensfelsen (IronDog-Tour)

Ab der Landauer Hütte kann die Tour erweitert werden: Rund eine halbe Stunde Aufstieg und rund 130 Höhenmeter bringen uns zum Orensfelsen (Weinsteig-Markierung Richtung Orensfelsen). Die Aussichtsplattform des Orensfelsens bietet einen atemberaubenden 270-Grad-Panoramablick vom Rebenmeer im Osten über das Queichtal hinein in den Pfälzerwald und über Annweiler auf die Burgendreifaltigkeit Trifels, Anebos und Münz im Westen.
Lange dachte man, dass die Mauerreste auf dem Orensfelsen zu einem rund 2,5 Kilometer langen keltischen Ringwall gehörten. Dank Siedlungsresten aus dem frühen Mittelalter, wie Pfeilspitzen und Keramiken, ist erwiesen, dass es sich bei den Mauerresten um die Reste einer karolingischen Fliehburg handelt.
Unweit des Orensfelsens liegt ein zunächst unspektakulär aussehender Stein mit einer Aushöhlung in der Mitte. Bei ihm handelt es sich um einen keltischen Opferstein, ein Heiligtum und mystischer Ort.

Der Anstieg zu Hütte ist die letzten 400 Meter wirklich recht steil, aber kühle Getränke warten auf uns!
Ein leichter Anstieg sowie ein Hinweisschild und die Markierung Weinsteig bringen uns in rund 15 Minuten zur Burgruine Neuscharfeneck. Neuscharfeneck liegt in 501 Metern Höhe. Sie ist mit einer Ausdehnung von 150 auf 60 Metern eine der größten Burgen der Pfalz gewesen. Ihre Schildmauer, mit einer Länge von 60 Metern, einer Höhe von 20 Metern und einer Breite von bis zu 12 Metern, zählt sogar zu den größten ihrer Art in Südwestdeutschland. Das genaue Erbauungsdatum ist unbekannt. Sie wurde wohl in der zweiten Hälfte des 13. Jahrhunderts durch die Herren von Scharfeneck errichtet. Dieses Geschlecht ist eine Seitenlinie der Ritter von Scharfenberg, die auf der gleichnamigen Burg bei Annweiler lebten. (www.neuscharfeneck.de). Leider ist die Burgruine Neuscharfeneck so baufällig, dass sie seit Ende 2019 für Besucher gesperrt

Tipp: Abkürzung zum Dreimärker

Wer sich die Burgruine Neuscharfeneck und das Waldhaus Drei Buchen sparen will, nimmt ab der Landauer Hütte den Weg mit dem blau-weißen Balken bis zum Dreimärker. Damit wird die Tour um 4 Kilometer kürzer.

ist. Ob und wann sie wieder geöffnet wird, stand zu Druckbeginn dieses Wanderführers nicht fest. Aber auch von außen ist sie imposant und bietet Versteckspiele für Hunde.

Nach der Burg schlängelt sich ein schöner, weicher Hunde-Flitze-Waldpfad gemütlich den Berg hinab (Markierung weißer Strich mit schwarzem Punkt/Weinsteig). Dem folgen wir bis zur nächsten Einkehrmöglichkeit, dem Waldhaus Drei Buchen. Nach dem Waldhaus laufen wir auf der Straße rund 50 Meter nach rechts, bis ein Wanderweg (blauer Balken sowie Weinsteig-Markierung) rechts abzweigt. **3**

Der gut ausgebaute Forstweg steigt stetig an, führt uns durch schöne Mischwälder und bringt uns entlang des Roßbergs bis zum Wegekreuz Dreimärker. Das ist die Grenze von drei Gemarkungen. Es gibt eine Schutzhütte, über die man sich bei Regen freut. Weiter geht's auf dem Weinsteig. Immer wieder können wir auf die Burgruine Trifels blicken. Die Holzskulpturen geleiten uns schließlich leicht aufwärts. Oben angekommen gibt es erneut bei schönem Wetter einen Ausblick auf den Trifels,

Hintergrund: Die Walddusche, ein Badezimmer mitten im Wald

Wenn im Sommer die Pfalz glüht, ist es zumindest morgens im Wald noch angenehm kühl. Wem das noch nicht reicht, der findet in der historischen Walddusche die ultimative Erfrischung. Acht bis zwölf Grad kaltes Wasser schießt aus dem Strahl nach unten. Ein bisschen Überwindung braucht es schon, sich unter den kalten Wasserguss zu stellen. Aber das Glücksgefühl, das sich nach der Dusche im Badezimmer der Natur einstellt, ist es wert.

1843 wurde die Walddusche erbaut, eine Kutsche brachte die Kneipp-Freunde aus dem Kurbad Gleisweiler in den Wald. Ein Erdrutsch zerstörte die Anlage, 1990 zufällig wiederentdeckt, wurde 1996 das steinerne Badezimmer – bestehend aus Dusche, Stufen, Ablauf- und Tretbecken sowie einer kleinen Umkleide hinter der Holzhütte – wieder eingeweiht. Also: Raus aus den Wanderschuhen und zackig, nackig rein ins Vergnügen! Diesmal Handtuch für den Zweibeiner nicht vergessen!

Seniorenhunde-Runde zur Walddusche

Vom Parkplatz Lindenallee bis zur Walddusche sind es rund 1,5 Kilometer. Dafür der Markierung Weintraube folgen Richtung Frankweiler. Am Ende der Lindenallee biegen wir rechts ab Richtung Walddusche. Nach ein paar Hundert Metern, erst auf einem Pfad, dann kurz auf einem Schotterweg, biegen wir links ab und laufen hinunter zum Bach (schmaler Pfad). Dem Bach folgen wir bis zur Walddusche. Zurück geht's über den Bach rüber auf die andere Talseite. Ein kurzes Stück folgen wir dem rot-weißen Balken. An den alten Anwesen am Waldrand vorbei und dann links hoch Richtung Weinberge. Zwischen den Reben, unterhalb der Lindenallee, laufen wir zurück zum Parkplatz.

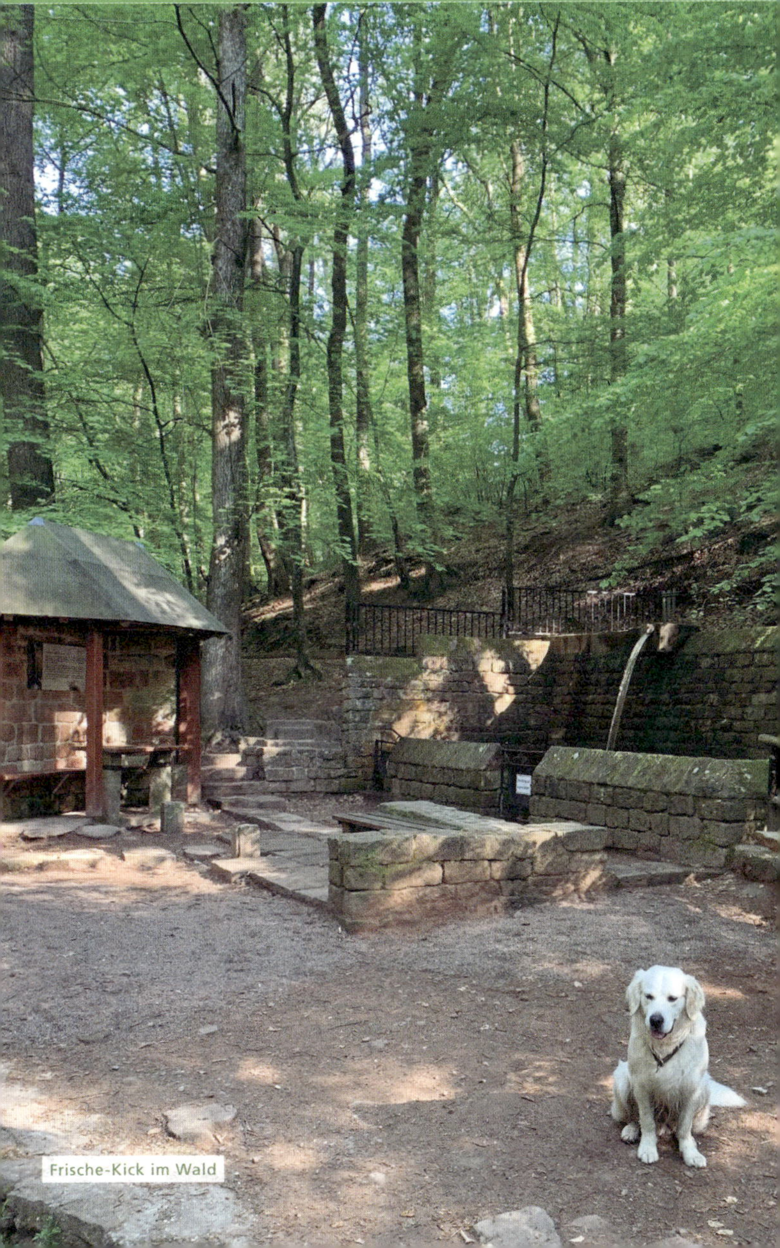

Frische-Kick im Wald

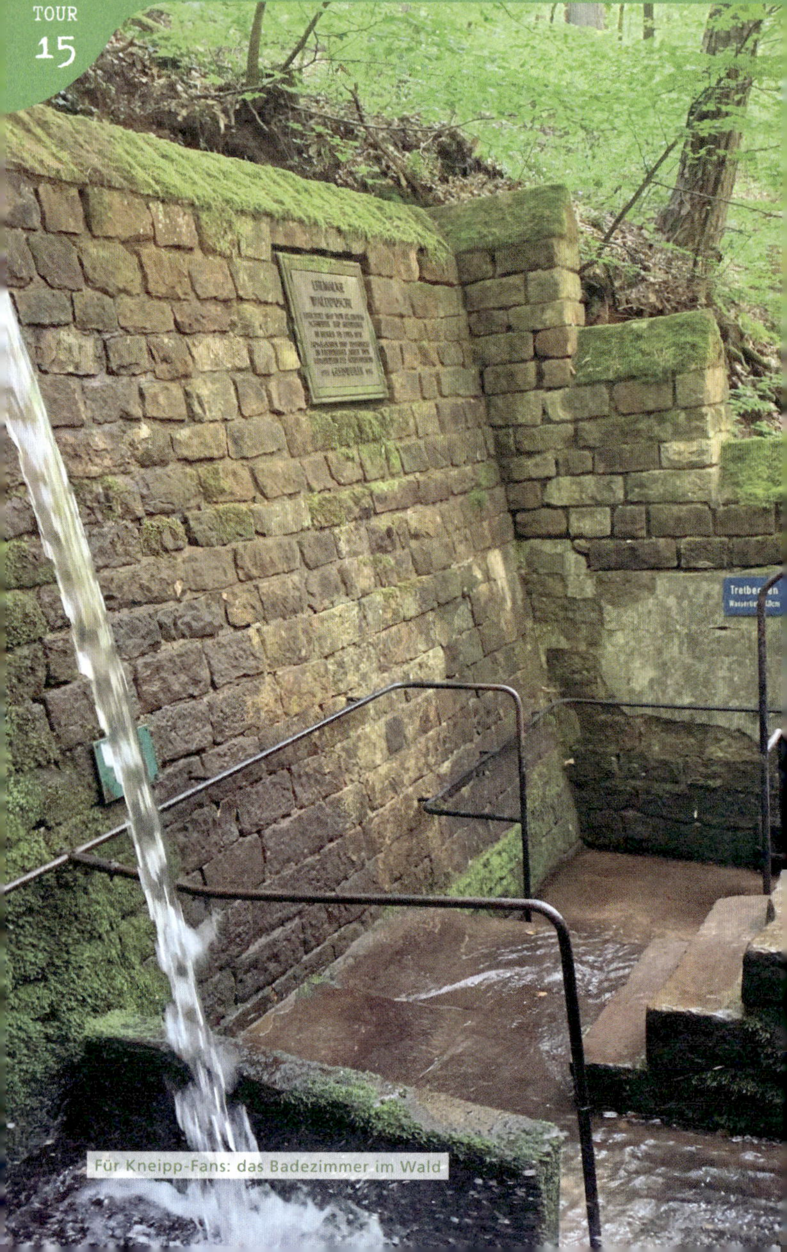

Für Kneipp-Fans: das Badezimmer im Wald

Info

Haltestelle	Ab Neustadt Hbf. Buslinie 500 nach Gleisweiler
Parken	Wanderparkplatz Lindenallee
Karte	LVermGeo Blatt 6 „Oberhaardt von Neustadt an der Weinstraße bis zum Queichtal", Naturpark Pfälzerwald (1:25.000)
Einkehr	Landauer Hütte am Zimmerbrunnen Am Zimmerbrunnen 76833 Flemlingen Tel.: 06345-3797 www.pwv-landau.de/landauer-huette Sa, So + Feiertage + Mi (nur Mai-Oktober) 11-17 Uhr Waldhaus Drei Buchen 76857 Ramberg Tel.: 06345-93282 www.dreibuchen-ramberg.de Mi-So + Feiertage 11-17 Uhr Trifelsblickhütte 76835 Gleisweiler Tel.: 06345-2237 www.pwv-gleisweiler.de Sa, So + Feiertage 9.30-18 Uhr
Übernachtung	Ferienwohnung im Pamina Hof Trifelsstraße 31A 76829 Leinsweiler Tel.: 06345-9496789 www.pamina-hof-leinsweiler.jimdofree.com
Information	Büro für Tourismus Südliche Weinstraße Landau-Land Hauptstraße 4 76829 Leinsweiler Tel.: 06345-3531 www.landauland.suedlicheweinstrasse.de
Tierarzt	Tierarztpraxis am Südring Südring 1 76829 Landau Tel.: 06341-86440 www.tierarztpraxis-suedring.de

die gleichnamige Hütte **4** trägt ihren Namen zu Recht.

Ab der urigen Trifelsblickhütte folgen wir kurz weiter der Markierung des Weinsteigs. Bei der Holzskulptur „Holzdieb" geht's dann bergab. Unserem Hund Paul sind die Figuren nicht ganz geheuer und er ist froh, als die Skulpturen ein Ende nehmen. Rund 500 Meter unterhalb der Hütte biegen wir rechts ab, und nun zeigen uns die Markierung mit dem blauen Balken und ein lokales Hinweisschild den Weg nach Gleisweiler. Nochmals heißt es für die Hunde: flitzen, denn der schmale Wanderweg verliert zügig an Höhe. Im Zickzack erreichen wir schon bald den Parkplatz.

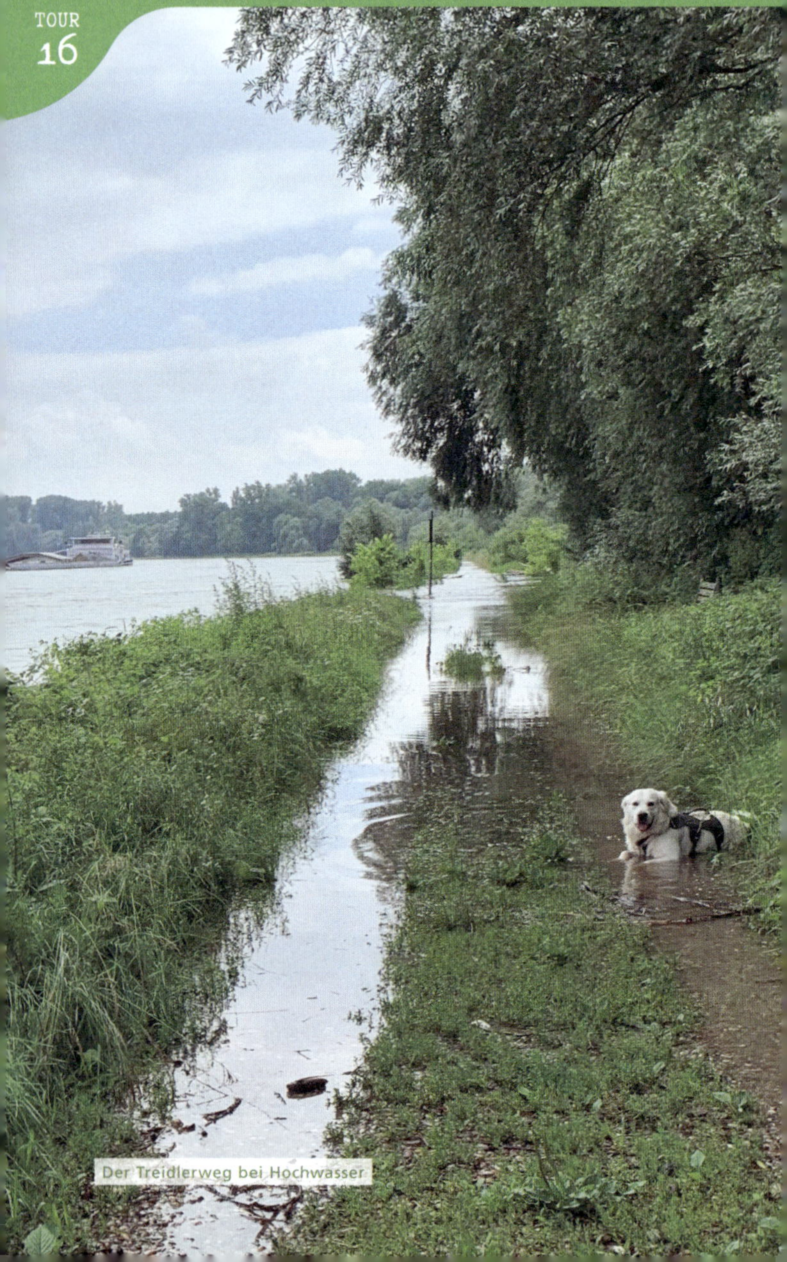

Der Treidlerweg bei Hochwasser

Badespaß – Urwald – auch für ältere Hunde

Wasserwildnis entlang des Rheins

Hundefreundlichkeit: Für alle, die Wasser lieben, könnte es nicht besser sein: Fluss, Baggersee, Bäche, Pfützen und Tümpel. Der Treidlerweg in der Südpfalz bietet alles, was das Hundeherz begehrt. Der Weg durch den Auwald ist meistens schattig und deshalb auch im Sommer geeignet. Achtung: Am Rhein Hunde anleinen oder sichern! Die Strömung ist unberechenbar. Einige Tümpel sind schlammig, also ein Handtuch mitbringen. Bei Hochwasser ist der Weg direkt am Rhein nicht passierbar. Aber der Parallelweg am Deich entlang geht fast immer. Weil die Tour sehr flach ist und Abkürzungen möglich sind, ist sie auch für ältere Hunde geeignet. Im Sommer unbedingt Mückenspray einpacken und am besten lange, dunkle Hosen und T-Shirts tragen!

Tour-Info	↔ 13 km	3:30 Std.	mittel
Start-Ziel:	Hördt, Wanderparkplatz Rheinstraße		
GPS:	49°09'58.3"N 8°20'02.0"E		
Markierung:	Treidlerweg-Markierung		
Wegecharakteristik:	98 % Weg – 1 % Fußweg – 1 % Nebenstraße		
Höchster Punkt: Niedrigster Punkt:	112 m 100 m	Seniorenhunde Variante	

Bereits am Wanderparkplatz erwartet uns ein Frosch- und Vogelstimmenkonzert. Wir folgen den Stimmen Richtung Naturschutzgebiet Hördter Rheinaue. Schon nach wenigen Metern biegen wir, nach der Brücke, links ab und wandern am Michelsbach entlang weiter geradeaus. Ab jetzt ist es einfach: Wir folgen der Treidlerweg-Markierung. Der Wald hier ist wild und sumpfig, es wachsen Binsen, und im Sommer gibt es wunderschöne bunte Libellen, die immer wieder den Weg kreuzen.

TOUR 16

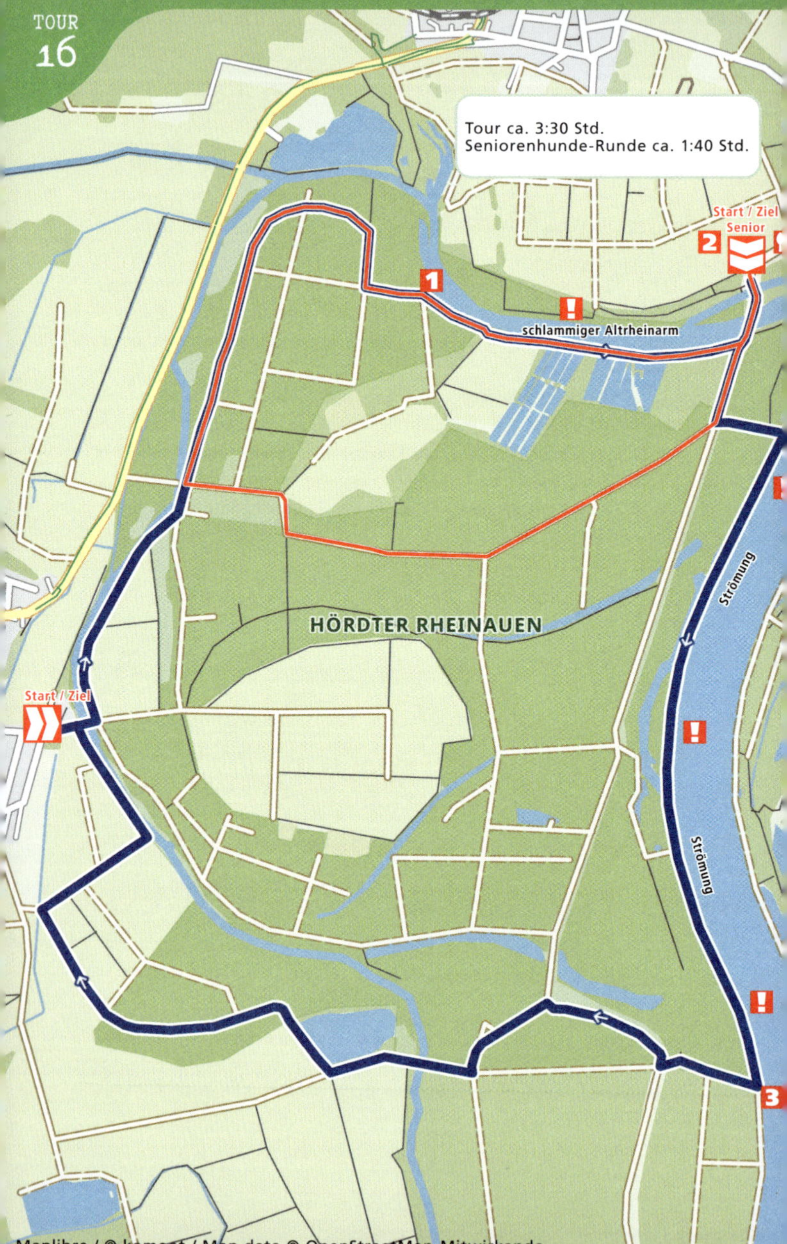

Maplibre / © komoot / Map data © OpenStreetMap-Mitwirkende

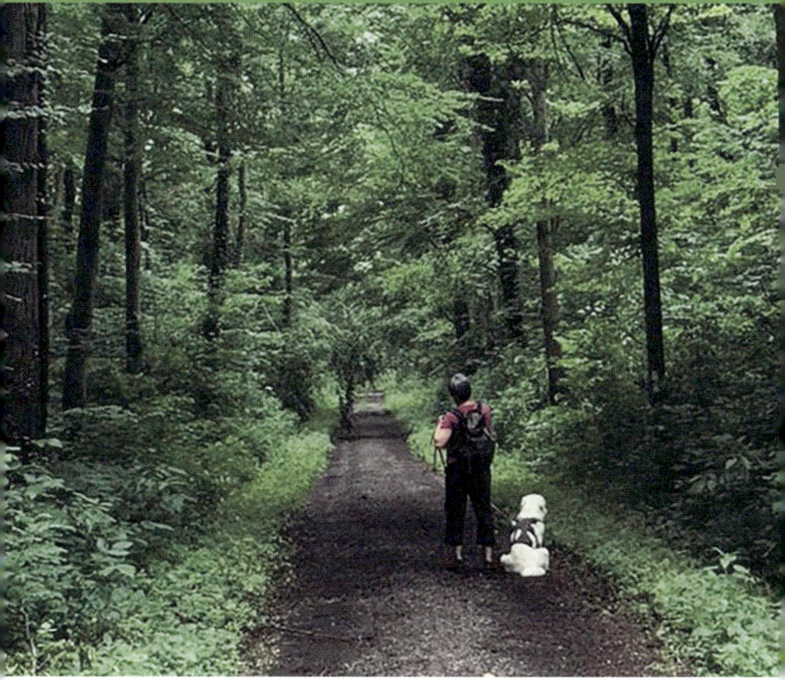

Der Auenwald – wie im Urwald

Es geht weiter geradeaus, der Markierung folgend, und wir gelangen immer tiefer in den Auwald hinein. Schließlich wird es etwas lichter. 1 Wir blicken auf einen Altrheinarm. Achtung ! Hunde sichern. Der Altrheinarm kann bei Niedrigwasser sehr verschlammt sein. Wir wandern kurz raus aus dem Wald am Feldrand entlang, um dann wieder einzutauchen in die Wasserwildnis mit 15 Fischteichen. Hier gibt es ein bisschen Amazonas-Feeling, die Natur erobert sich hier ihren Platz zurück. An den Teichen können Hunde, trotz vieler umgefallener Bäume, super schwimmen.

Nach den Fischteichen treffen wir auf einen geteerten Weg, der etwas erhöht auf einem Damm verläuft. Links geht's zur Einkehr, dem

Tipp: Im Schatten laufen

Der zweite Teil des Weges ist schattiger als der erste Teil. Im Sommer also gegebenenfalls den Weg andersherum laufen, um mittags Schatten zu haben.

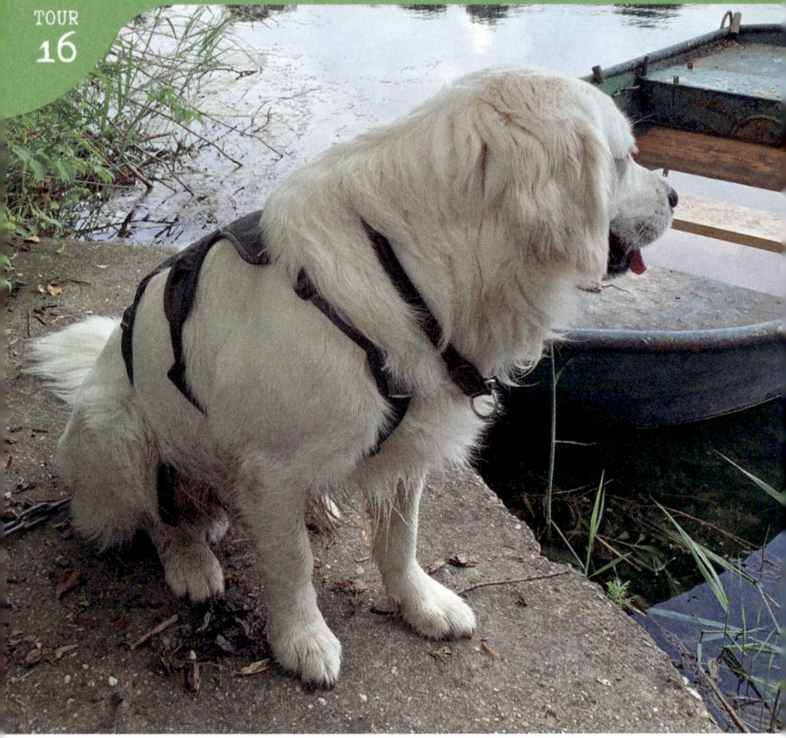

Chillen am Baggersee

Hintergrund: Treideln auf dem Rhein

Am Rheinufer wurde vor der Erfindung der Dampfschifffahrt flussaufwärts seit dem 8. Jahrhundert getreidelt, das heißt, Tagelöhner oder Zugtiere zogen das Schiff vom Ufer aus an einer langen Leine, die an einem Mast im Vorschiff befestigt war. Um eine Schiffsladung von 200 Tonnen zu bewegen, brauchte man 20 bis 24 Pferde. An Stellen mit starker Strömung wurden oft mehr als zweihundert Männer zum Treideln eines Lastschiffes benötigt.

Schleusenhaus. **2** Der Treidlerweg verläuft aber rechts auf dem geteerten Weg, um dann nach rund 400 m links abzubiegen, zurück in den sumpfigen Auwald. Achtung **!** Schon nach wenigen Minuten treffen wir auf den Rhein. Hunde anleinen oder sichern wegen der unberechenbaren Strömung des Rheins.

Wir bleiben knapp drei Kilometer am Rheinufer, um dann zurück in den Auwald **3** mit seinen Eschen, Pappeln

und Ulmen zu wandern. Kurz danach stoßen wir wieder auf den asphaltierten Weg und bleiben auf dem Damm. Nach einigen Metern geht's links ab und wieder hinein in den Wald. Nach der Brücke über den Michelsbach erwartet uns eine großflächige Felderlandschaft mit einem herrlichen Baggersee. Perfekt für ein Picknick oder zum Baden. Und um verdreckte Hunde wieder sauberzubekommen.
Nach dem See wandern wir geradeaus weiter, kurz in ein kleines Wäldchen hinein und dann hinaus auf Wiesen und Felder. An der nächsten Wegekreuzung in Richtung Streuobstwiesen weiter geradeaus. Auf einem Teerweg schwenken wir schließlich nach rechts und laufen immer geradeaus, vorbei an Wiesen und Feldern, auf ein Wäldchen zu. Hier biegen wir links ab und folgen weiter dem Ufer des Michelsbachs, der sich hinter den Bäumen versteckt. Nach rund 500 Metern sind wir wieder am Parkplatz.

Seniorenhunde-Runde am Rhein

Für die Seniorenhunde parken wir am Schleusenhaus und laufen dann ganz gemütlich durch die schattigen Rheinauen auf weichen Waldwegen. Nach 7 Kilometern sind wir wieder am Schleusenhaus.

Info

Mit der Bahn bis Bahnhof Rülzheim. Von dort mit dem Bus, Linie 589 oder 552, bis Hördt

Hördt, Wanderparkplatz Rheinstraße

Pietruska-Wanderkarte „Wandern und Radfahren im Bereich Südpfalz – Landkreis Germersheim, zwischen Rhein und Reben", 1:40.000, 3. Auflage 2022

Schleusenhaus
Pfälzerwald Verein Sondernheim
76726 Germersheim
Tel.: 07274-70 74 460
So, Mi, Do + Feiertage 11-19 Uhr

Hotel Duwakschopp
Hauptstraße 103
76863 Herxheim bei Landau (Pfalz)
Tel.: 07276-9872220
www.hotel-duwakschopp.de

Südpfalz Tourismus Verbandsgemeinde Rülzheim e.V.
Am Deutschordensplatz 1
76761 Rülzheim
Tel.: 07272-70021068
www.suedpfalztourismus-ruelzheim.de

Zentrum für Tiergesundheit Linkenheim-Hochstetten
Tierärztin Manuela Bencec
Gewerbering 22
76351 Linkenheim-Hochstetten
Tel.: 07247-6062
www.tierarzt-liho.de

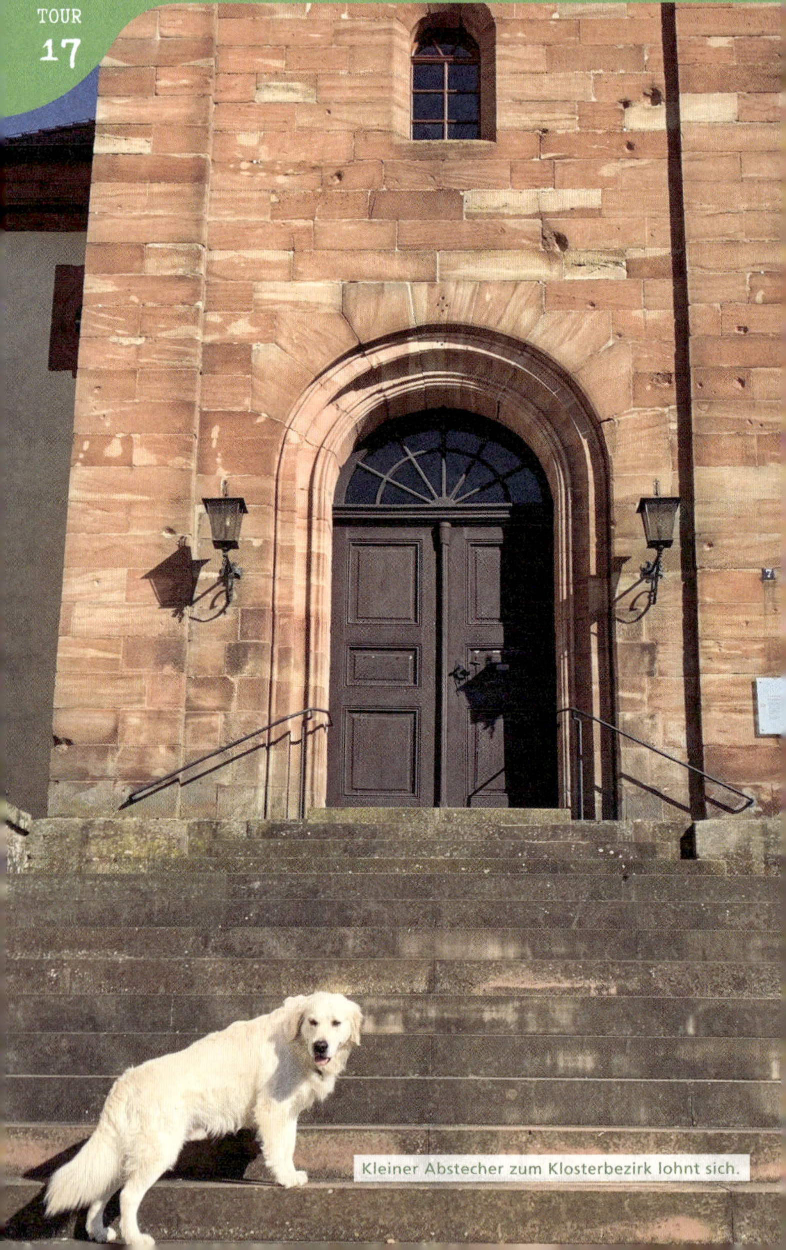

Kleiner Abstecher zum Klosterbezirk lohnt sich.

Ein Stück vom Himmel: der Paradiesgartenweg

Hundefreundlichkeit: Der Paradiesgartenweg bietet einfach nur tolle Wiesen und Wald zum Flitzen und Toben. Und für die Zweibeiner gibt es an den Rennstrecken auch noch gemütliche Bänke, um das Spektakel zu beobachten. Anderen Menschen und Hunden begegnet man hier nur selten. Wasser gibt's auch. Zwei Mal werden Straßen überquert. Und einige Mal die Ländergrenzen der Pfalz, des Saarlands und des französischen Lothringen. Eine landschaftliche Besonderheit: die Zwetschgenallee. Im Herbst bitte aufpassen, dass die Hunde die Fallobst-Kerne nicht fressen.

Tour-Info	↔ 11 km	3 Std.	mittel
Start-Ziel:	Hornbach, Parkplatz an der Pirminiushalle/ Bürgerhaus		
GPS:	49°11'08.3"N 7°21'57.1"E		
Markierung:	Paradiesgartenwanderwegzeichen: weiße Sonne auf rot-orangen Hintergrund		
Wegecharakteristik:	23 % Wanderweg – 49 % Weg – 8 % Nebenstraße – 1 % Straße – 19 % Off-Grid		
Höchster Punkt: Niedrigster Punkt:	340 m 240 m		

Los geht's an der Pirminiushalle quer durch den Ort Hornbach, immer dem Wegweiser „Paradiesgartenweg" folgend. Oben angekommen, lohnt sich ein kleiner Abstecher nach links in den Klosterbezirk. Danach wandern wir hinter dem Stadttor **1** links in den Neuen Weg hinein. Bald wird hieraus ein Feldweg, vorbei an Apfelbäumen und Äckern. Am Ende des Feldwegs, nach einem knappen Kilometer, überqueren wir eine Schnellstraße (Achtung **!** Hunde vorher anleinen!) **2** und biegen rechts erneut auf einen Feldweg. Hier laufen wir auf dem Grenzgebiet zu

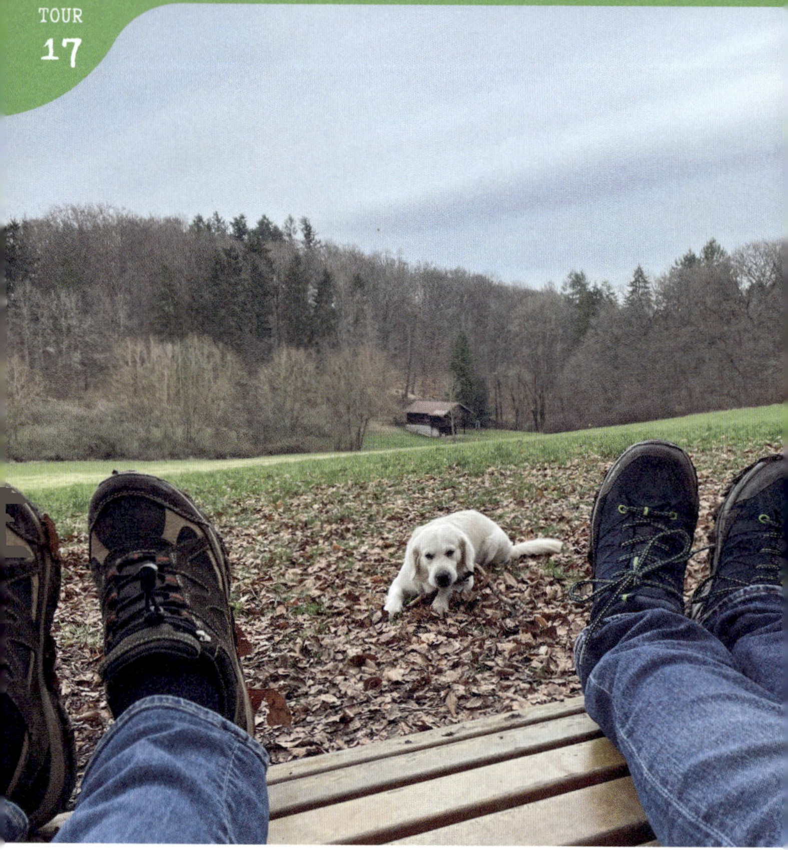

Nach dem Flitzen auch mal ausruhen.

Frankreich, es gibt einen schönen Ausblick über das sanfte Hügelland des Pirminiuslands und viel Wiese zum Flitzen.

Ein schmaler, steil absteigender Pfad führt in die Teufelsschlucht und schließlich Richtung einer Auenlandschaft und der Spitzbubenbrücke. Das Wasser der Schwalb ist an der Brücke gestaut. Super für ein kleines Bad. Kurz hinter der Brücke kreuzen wir wieder eine Straße (Achtung ! Hunde vorher anleinen!), und es geht dann direkt bergauf Richtung nächster Flitzwiese mit Aussichtsbank. Von dort aus folgen wir dem

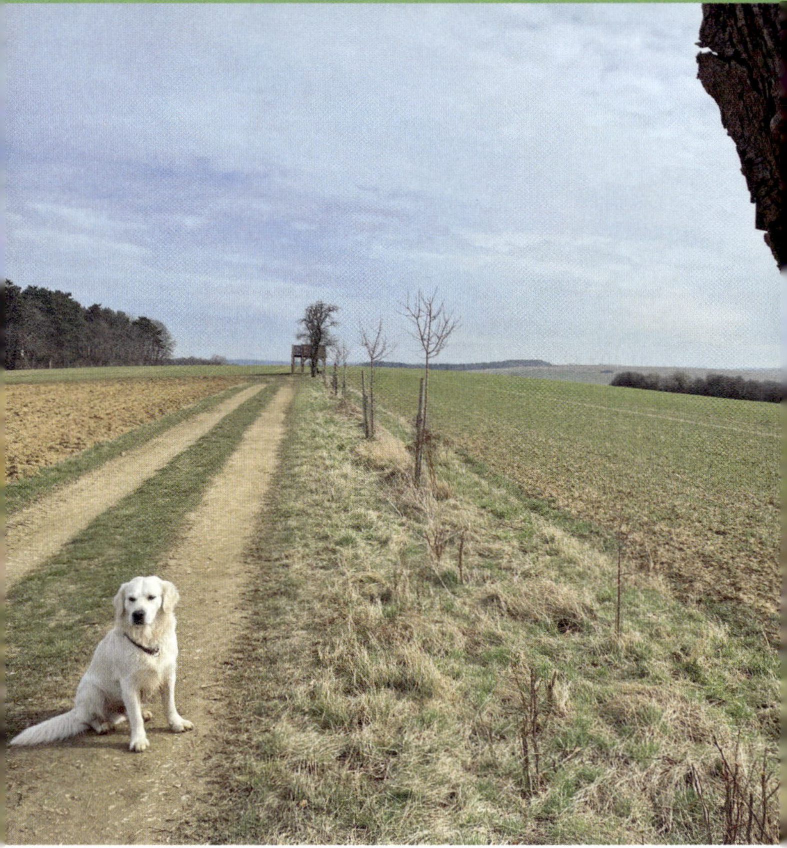

Quetschen-Allee mit Aussichtsplattform

Wanderzeichen entlang von Feldern und Wiesen und erreichen den romantischen Becherbachweiher. Nach einer Runde um den Weiher **3** halten wir uns links und wandern den wunderschönen Mischwald hinauf. Bis zur nächsten Flitzwiese mit Aussicht und Bank.

Nach einer Pause steigen wir am Waldrand kurz steil bergauf. Wald, Koppeln, Feld und Wiese wechseln sich weiter ab. **4** Im Frühling gibt es hier zahlreiche Wildpflanzen, wie die Schlüsselblume oder die Buschwindrose, zu entdecken. Wir folgen dem Wanderzeichen und erreichen nach

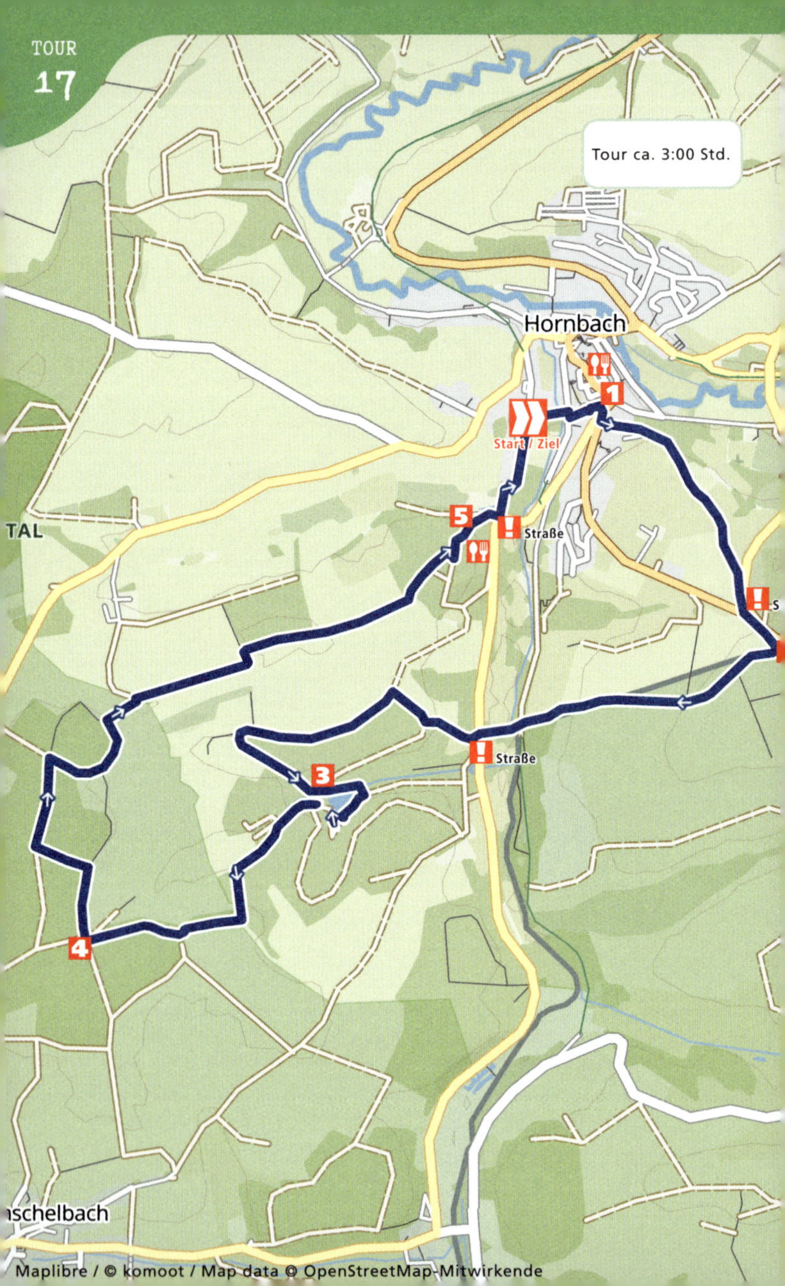

TOUR 17
Tour ca. 3:00 Std.
Hornbach
Start / Ziel
Straße
Straße
TAL
3
4
5
1
nschelbach
Maplibre / © komoot / Map data © OpenStreetMap-Mitwirkende

knapp zwei Kilometern die Quetschen-Allee. Ein sehr schöner Bestand mit uralten und blutjungen Pflaumenbäumen (Pfälzisch: Quetschen). Am Ende steht eine Aussichtsplattform mit Picknickbank. Da die Treppen geschlossen sind, dürfte es für die meisten Hunde kein Problem sein, die Plattform ebenfalls zu besteigen. Nach der Plattform lassen wir den Wald links von uns und erreichen nach gut zwei Kilometern die Gimpelwaldhütte **5** Achtung **!** Straße, wo wir einkehren können. Gut gestärkt dauert der Rückweg keine 30 Minuten mehr.

Hintergrund: Klosterbezirk mit Kräuter- und Biergarten

Ein Abstecher zum Klosterbezirk lohnt sich: Im Jahre 742 von dem Missionsbischof Pirminius gegründet, war die ehemalige Benediktiner-Abtei im Mittelalter das bedeutendste geistige und kulturelle Zentrum zwischen den Bischofssitzen Speyer, Metz, Straßburg und Trier. Zu besichtigen: Pirminiuskapelle , Kapelle St. Fabian Stift, Michaelis-Kapelle, Rathaus, Stadtmauer, Kirchturm St. Johann, Archäologisches Fenster im Kreuzgang, Abtskapelle sowie die Grabstätte des Hl. Pirminius. Der Klosterbezirk beherbergt außerdem ein Hotel, das Museum Historama, das die Geschichte des Hl. Pirminius darstellt, sowie die Klosterschänke. Überzeugendes Konzept: Im Biergarten des Restaurants erhält der Vierbeiner sein Wasser, bevor das Klosterbräu vor dem Zweibeiner steht!
www.klosterstadt-hornbach.de/kloster-hornbach

Info

Mit der Bahn bis Zweibrücken, dann weiter mit Buslinie 235 oder 236 nach Hornbach, Haltestelle Kloster

Hornbach, Parkplatz an der Pirminiushalle/Bürgerhaus

LVermGeo „Pfälzer Mühlenland mit Sickinger Höhe, Schwarzbachtal, Pirminiusland, Westpfalz Süd (1:25.000)

Gimpelwaldhütte
Im Gimpelwald
66500 Hornbach
Tel.: 0176-55492280
www.gimpelwaldhuette-hornbach.de
Fr-So ab 11 Uhr

Hotel Kloster Hornbach
Im Klosterbezirk
66500 Hornbach
Tel.: 06338-910100
www.kloster-hornbach.de

Tourist-Info im Klostermuseum
Im Klosterbezirk
66500 Hornbach
Tel.: 06338-809153
www.kloster-stadt-hornbach.de/fremdenverkehr-tourist-info/

Tierarztpraxis Dr. Arnold Bonitz
Buchholzgarten 8
66500 Hornbach
Tel.: 06338-377
www.tierarzt-bonitz.de

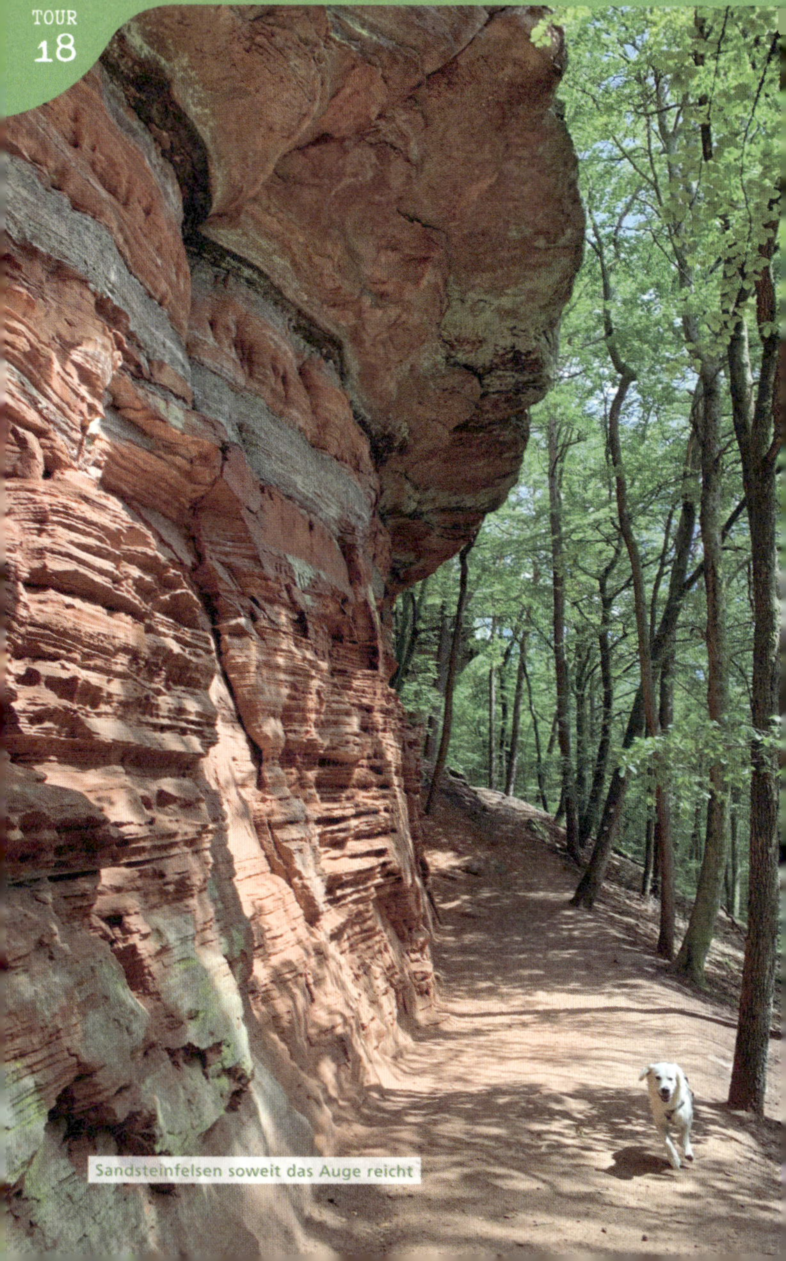

Sandsteinfelsen soweit das Auge reicht

1,5 Kilometer Sandsteinwunder – Bach am Anfang und Weiher am Ende

Altschlosspfad: roter Felsen, warmes Licht

Hundefreundlichkeit: **Ein orange-roter Felsen auf 1,5 Kilometer Länge. Da gibt es für Menschen was zu gucken und für Hunde zu erschnüffeln: kleine Höhlen, Löcher in den Felsen, viele Verstecke – ein großer Spaß. Auf dem Weg zum Felsen begleitet uns ein kleiner Bach mit einer schönen Wiesenlandschaft. Am Ende der Wanderung wartet der Eppenbrunner Weiher auf schwimmfreudige Hunde. Am Wochenende ist es auf der Wanderung oft voll. Wer kann, sollte sie wochentags genießen. Besonders schön rot leuchtet der Fels morgens bei Sonnenaufgang oder am sehr späten Nachmittag. Für sehr geräuschempfindliche Hunde ist die Wanderung nicht oder nur angeleint geeignet: Gegen Ende der Tour hört man manchmal Schüsse von einem nahegelegenen französischen Übungsplatz.**

Tour-Info	↔ 11 km · ◷ 3 Std. · ++ mittel
Start-Ziel:	Eppenbrunn, Wanderparkplatz
GPS:	49°06'55.3"N 7°33'16.5"E
Markierung:	Markierung Altschlosspfad
Wegecharakteristik:	25 % Wanderweg – 46 % Weg – 23 % Fußweg – 4 % Nebenstraße – 2 % Straße
Höchster Punkt: Niedrigster Punkt:	370 m 280 m

Vom Wanderparkplatz aus geht die Wanderung in Richtung Hotel Kupper. Von dort folgen wir der Markierung Altschlosspfad in den nahegelegenen Wald. Der Weg verläuft oberhalb des Eppenbrunner Bachs. Nach rund 20 Minuten überqueren wir den Bach **1** und laufen das beschauliche Martelbachtal bergauf, erst als sandiger Weg an Feuchtwiesen vorbei, später als Wurzelpfad.

Dem Martelbach folgend, führt der Weg bis an die französische Grenze. Dort kann man nach rechts einen

TOUR 18

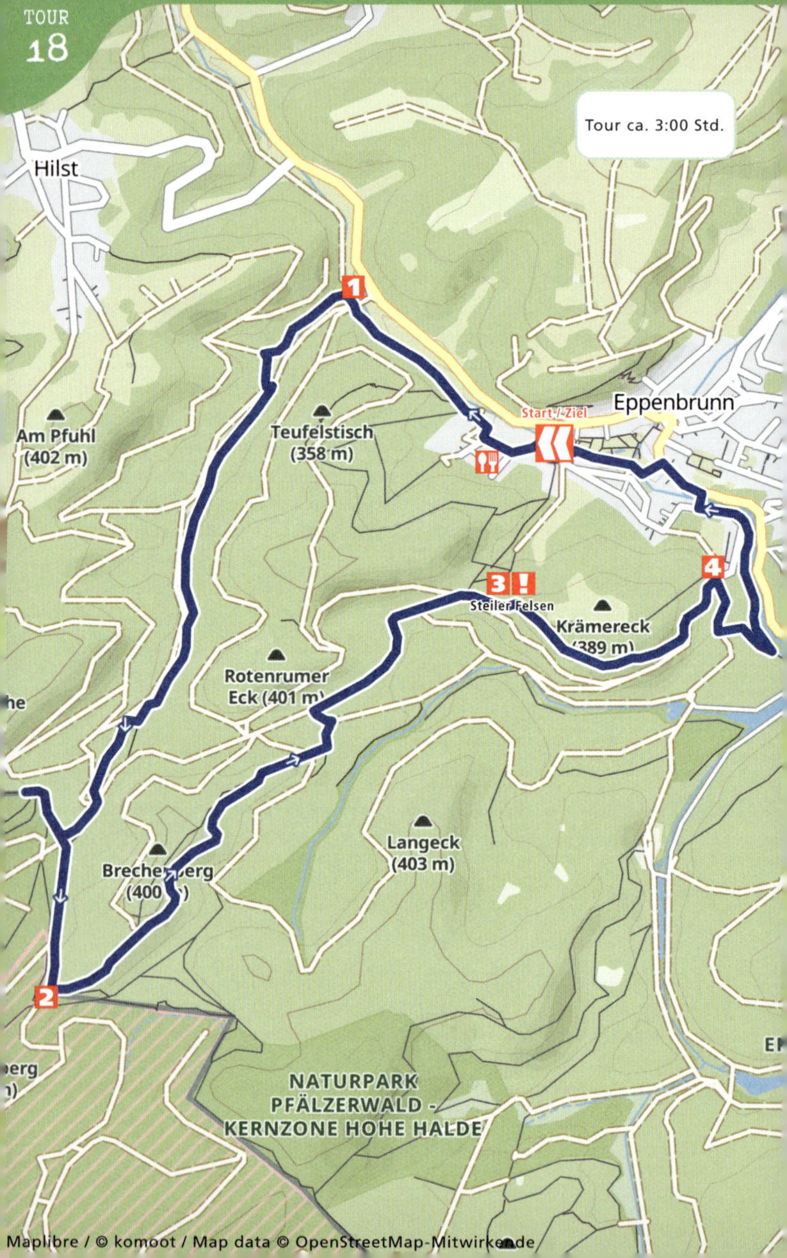

Tour ca. 3:00 Std.
Hilst
1
Eppenbrunn
Start / Ziel
Am Pfuhl (402 m)
Teufelstisch (358 m)
3
4
Steiler Felsen
Krämereck (389 m)
Rotenrumer Eck (401 m)
Langeck (403 m)
2
NATURPARK PFÄLZERWALD - KERNZONE HOHE HALDE
Maplibre / © komoot / Map data © OpenStreetMap-Mitwirkende

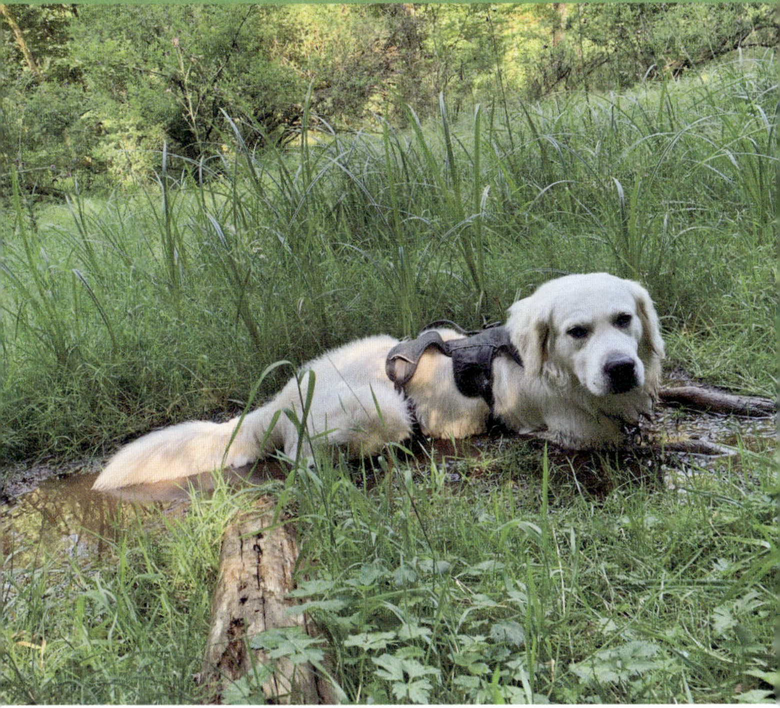

Matschbaden im Martelbach

kleinen Abstecher auf die französische Seite machen und das altrömische Diana-Relief (nach Diana, Göttin der Jagd) besichtigen. Ein schmaler Weg durch den Mischwald, und die Felsen geben schon mal einen kleinen Vorgeschmack auf den Altschlossfelsen.

Wieder zurück auf dem Altschlosspfad geht es dann weiter hinauf auf den Altschlossfelsen, wo einst eine Burg stand. **2** Von dem Aussichtspunkt genießen wir einen wunderbaren Ausblick über den Naturpark Pfälzerwald und den nördlichen Teil der Vogesen. Und dann kommt das Highlight: die 1,5 Kilometer lange und teilweise 35 Meter hohe Buntsandsteinformation. Höhlen, Löcher, Felsvorsprünge, Quergänge und Sandsteintürme gilt es zu erkunden. Ein perfekter Ort für Suchspiele und Klettern. Tipp: Wer nicht genug bekommt von den Felsen: Es gibt einen Rundweg um die Felsen herum. Achtung **!** Wer die Felsen

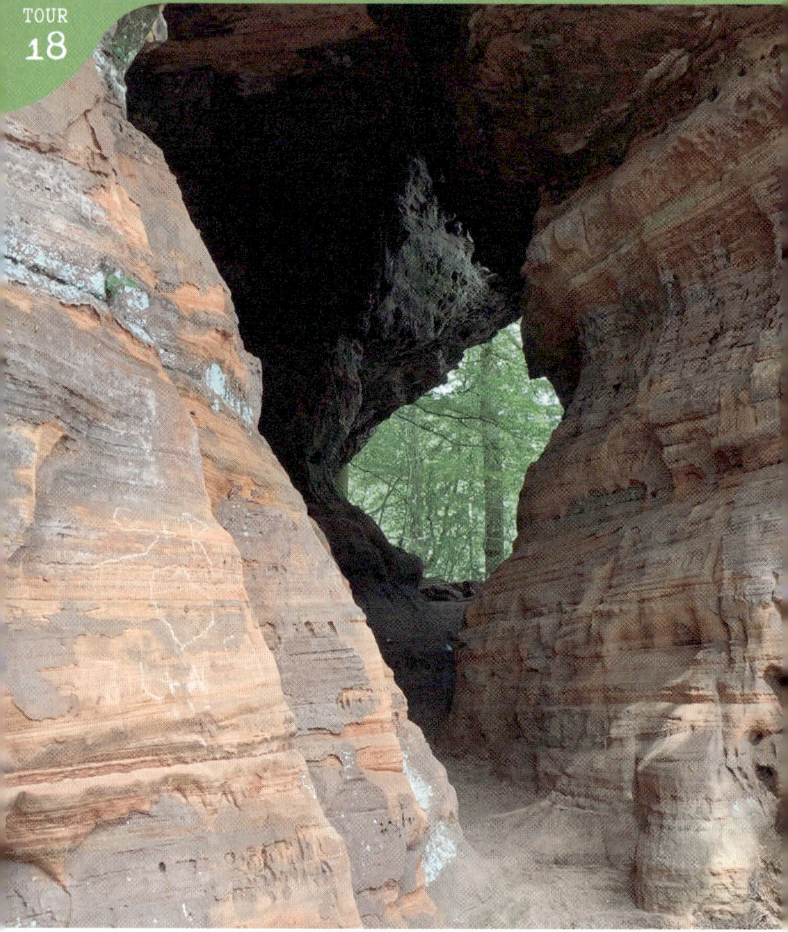

Bizarre Formen und Verwitterungserscheinungen

auch von oben betritt, sollte seinen Hund unbedingt sichern.

Am Ende des Altschlossfelsens führt ein schmaler Pfad durch ein Sandsteintor bergab. Nach rund 25 Wanderminuten wartet der nächste Höhepunkt, das Naturdenkmal Hohler Fels 3. Es gibt eine Höhle, ein Pfad bringt uns hoch auf den Felsen zu einer schönen Aussicht.

Achtung ! Auch hier Hunde unbedingt sichern.
Wir folgen der Markierung Richtung Eppenbrunn. Wenn wir die ersten Häuser sehen, machen wir eine Spitzkehr 4 zurück in den Wald Richtung Eppenbrunner Weiher. Dort gibt es für Hunde an vielen Stellen Möglichkeiten zum Schwimmen. Nach rund 600 Metern gelangen wir in den Ort, gehen durch den Eppenbrunner Park und enden am Parkplatz.

Hintergrund: Der Altschlossfelsen

Die Felsengruppe wurde früh besiedelt, das beweisen Funde aus der Hallstatt- und Römerzeit. Es wurden beispielsweise Scherben aus der Latènezeit (etwa 450 - 50 v. Chr.) gefunden. Klar ist auch: Die Felsen waren einst Bestandteile einer Burg. Auf den vier Hauptfelsen sind Spuren einer mittelalterlichen Burg aus dem 11. oder 12. Jahrhundert vorhanden. Es sind Reste einer Stufenanlage, Pfostenlöcher, Reste eines Mauerwerks und Einschnitte für Balken in den Felsen. Auf einem Felsen befindet sich eine Vertiefung. Mit einem Durchmesser von vier Metern könnte sie als Zisterne gedient haben. Verwitterung, Flechten und Moose haben zudem interessante Muster und Formationen geschaffen, die Spielraum für Sagen und Geheimnisse lassen.

Info

Ab Hauptbahnhof Pirmasens mit dem Bus 255 nach Eppenbrunn

Eppenbrunn, Wanderparkplatz Eppenbrunn

LVermGeo Blatt 7 „Westlicher Wasgau mit Dahn", Naturpark Pfälzerwald (1:25.000)

Biergarten Hotel Kupper
Himbaumstraße 22
66957 Eppenbrunn
Tel.: 06335-9130
www.hotelkupper.de
Mi, Do, Fr ab 13 Uhr
Sa, So ab 12 Uhr

Baltzer's Café - Restaurant
Hauptstraße 1
66957 Eppenbrunn
Tel.: 06335-8590090
täglich Frühstück (9-11 Uhr) und durchgehend warme Küche (11.30-21 Uhr)

Hotel Kupper
Himbaumstraße 22
66957 Eppenbrunn
Tel.: 06335-9130
www.hotelkupper.de

Fremdenverkehrsbüro
Pirmasens-Land
Bahnhofstr. 19
66953 Pirmasens
Tel.: 06331-872135
www.urlaubsregion-pirmasens.land

Tierarztpraxis Dr. A. Stephan und K. Hummel
Kaiserstraße 8
66955 Pirmasens
Tel.: 06331-44445
www.tierarzt-praxis-pirmasens.de

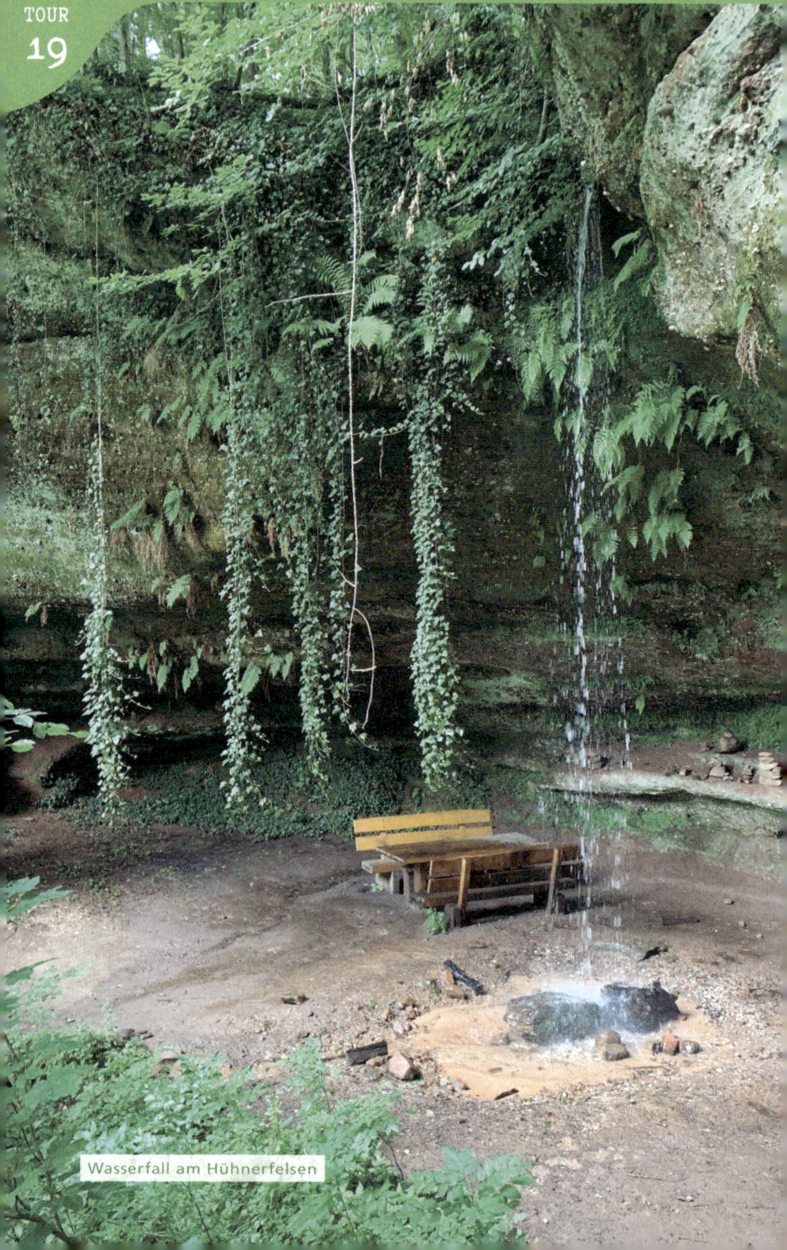

Wasserfall am Hühnerfelsen

Wasserfälle und Urwald – schmale Pfade – wilde Felsen

Teuflisch gute Pfade

Hundefreundlichkeit: Dass der Teufelspfad ein wildromantisches Erlebnis bietet, hat sich leider rumgesprochen. Am Wochenende kann es deshalb schon mal voll werden. An Wochentagen ist man aber fast ungestört. Es gibt reichlich Wasser, Weiher, Bäche und Wasserfälle. Die schmalen Pfade schlängeln sich gemütlich durch den Wald. Bei nassem Wetter kann es rutschig sein. Es gibt viele Bänke und Picknick-Plätze. Vorsicht bei den Felsen: Hundegeschirr zum Sichern nicht vergessen. Der Teufelspfad hat zu jeder Jahreszeit seinen Reiz. Unbedingt ein Handtuch im Auto bereithalten, damit der Hund wieder einigermaßen trocken und sauber ist. Denn am Ende des Teufelpfads gibt es im Naturfreundehaus Niedersimten köstliche regionale Tagesgerichte.

Tour-Info	↔ 8 km	2 Std.	++ mittel
Start-Ziel:	Niedersimten, Parkplatz Naturfreundehaus Niedersimten		
GPS:	49°09'47.9"N 7°35'31.1"E		
Markierung:	Markierung Teufelspfad		
Wegecharakteristik:	25 % Wanderweg – 75 % Weg		
Höchster Punkt: Niedrigster Punkt:	440 m 330 m		

Wir starten die Tour am Parkplatz des Naturfreundehauses Niedersimten. Nach einem kurzen Wasserspaß für die Hunde lassen wir den Weiher nahe des Parkplatzes linker Hand und laufen durch einen schönen, romantischen Eschenwald, der schließlich in einen Mischwald übergeht, das Tal hinein. Nach wenigen Gehminuten und einem kurzen, steilen Anstieg 1 erreichen wir das erste Highlight: den Haspelfelsen. Die Felsen hier sind von Wurzeln überzogen, die wie Lianen runterhängen.

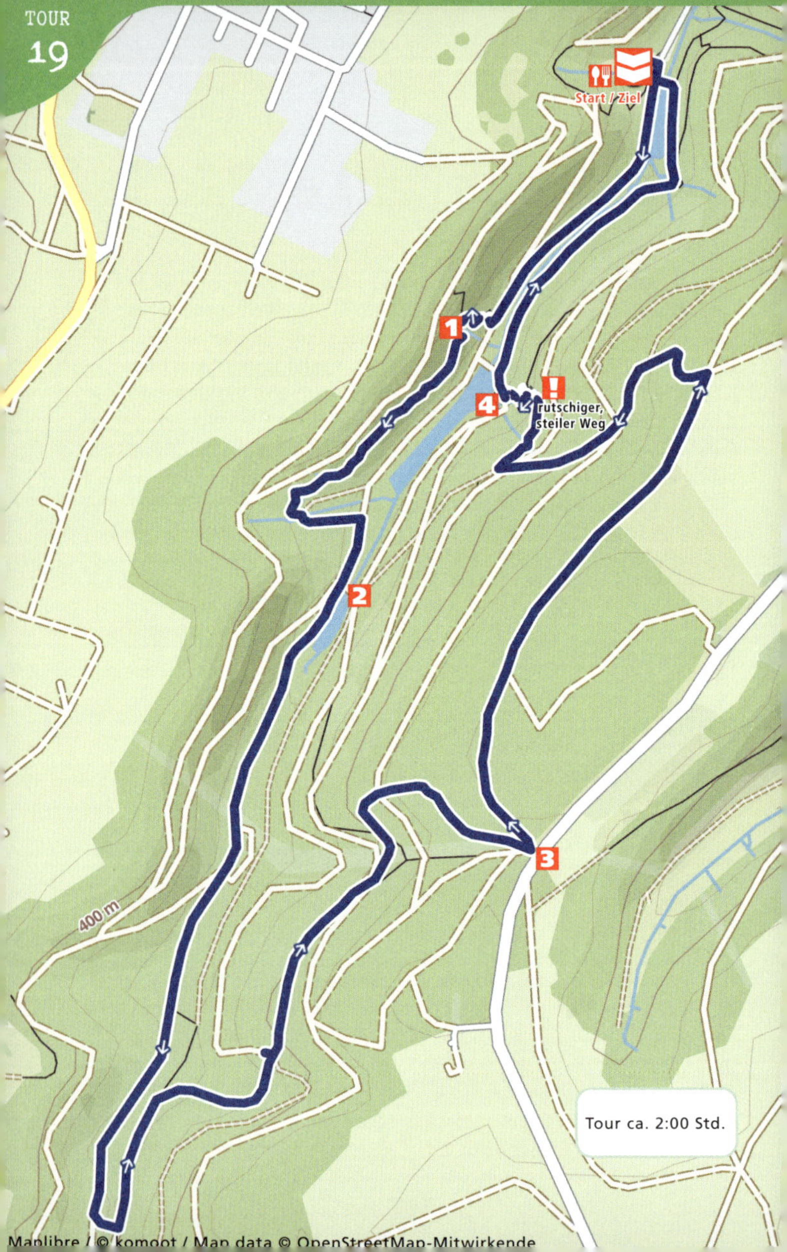
Start / Ziel
1
2
3
4
rutschiger, steiler Weg
400 m
Tour ca. 2:00 Std.
Maplibre / © komoot / Map data © OpenStreetMap-Mitwirkende

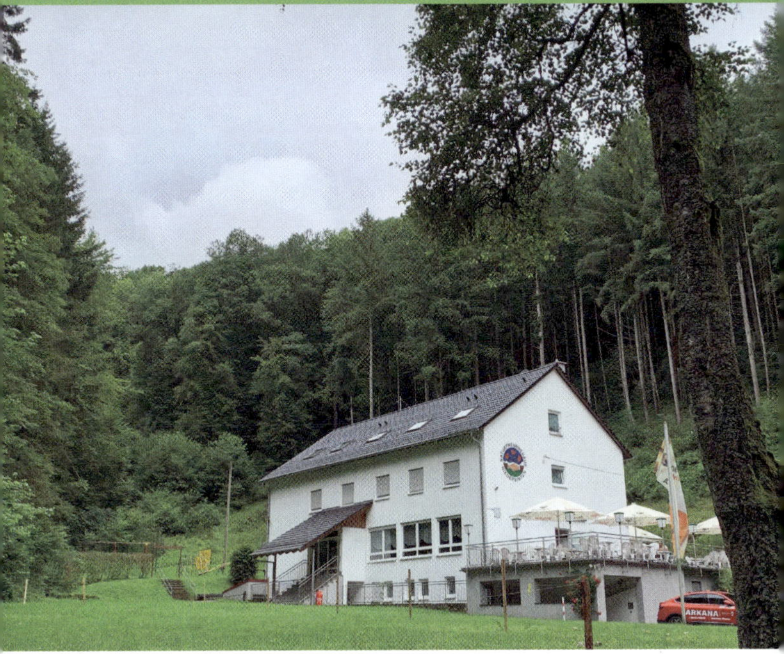

Direkt am Teufelspfad gelegen: das hundefreundliche Naturfreundehaus Niedersimten

Auch in trockenen Sommern ist es hier wunderschön grün. Auf einem schmalen Pfad durch einen dschungelartigen Wald gelangen wir zur zweiten Attraktion: dem Hühnerfelsen. Ein unglaubliches Naturschauspiel, denn im Felsendach entsteht bei nasser Witterung ein Wasserfall. Den kann man von einem Picknickplatz aus nächster Nähe bestaunen. Von Hühnerfelsen führt uns das Teufelchen in großem Bogen wieder hinab ins Tal. Unten angekommen, verlassen wir am Weiher für einige Kilometer den Teufelspfad und gehen weiter geradeaus. **2** Wir lassen den Weiher also links liegen und wandern das Tal hinauf, das mit Erlen, Fichten, bemoostem Totholz, Farnen und Wildkräutern wieder an einen Urwald erinnert. Der kleine Abstecher weg vom Teufelspfad beschert uns noch mehr Ruhe und Einsamkeit, denn hierher verläuft sich kaum ein Wochenendwanderer. Nach guten drei Kilometern, also rund 45 Minuten, wechseln wir an einer Lichtung, wo sich auch ein Rettungspunkt befindet (Schild mit weißem Kreuz auf grünem Hintergrund),

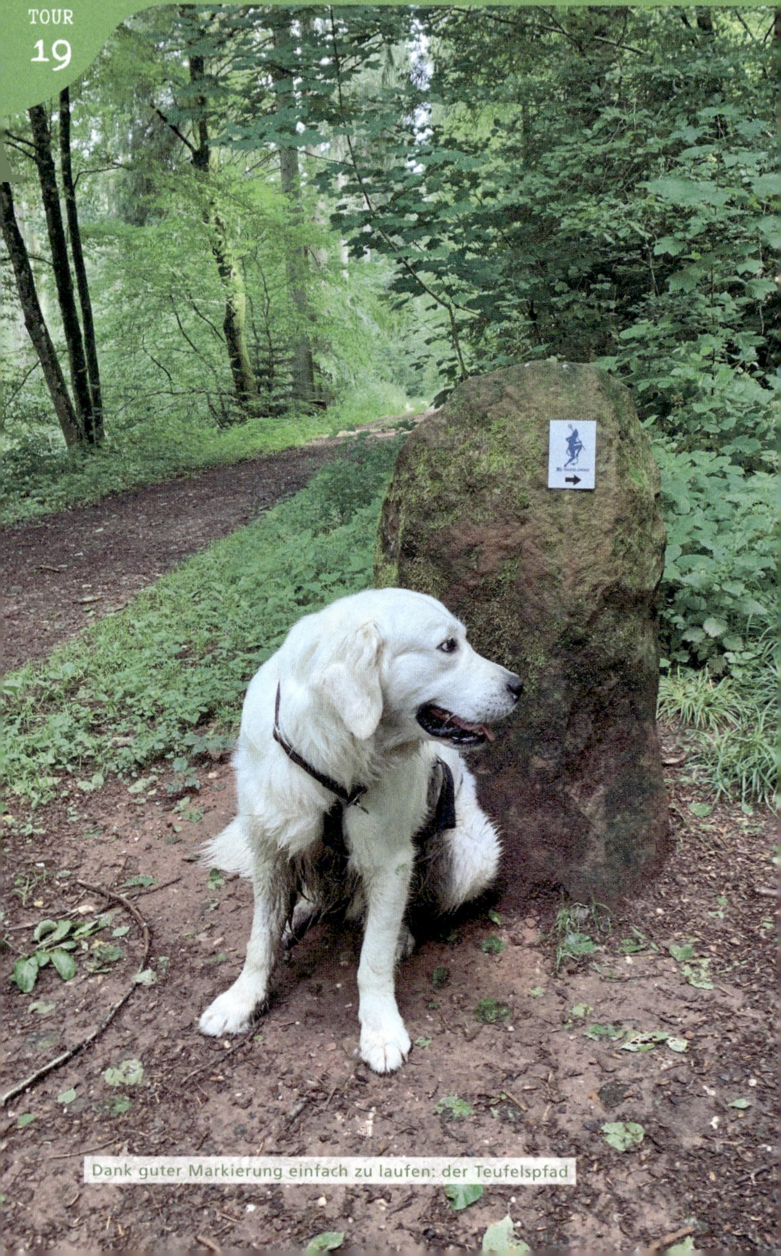

Dank guter Markierung einfach zu laufen: der Teufelspfad

die Talseite, und wir wandern auf einem weichen Waldbodenpfad talabwärts.

Dort, wo der Boden trockener wird, begrüßt uns ein romantischer Buchenwald. Zahlreiche Wurzeln umarmen die Sandsteinfelsen, dazwischen wachsen Farne und Gräser. Super Gelegenheit, um ein paar Versteckspiele mit den Hunden zu machen. Wir laufen dann weiter bis zu einer kleinen Lichtung mit zwei Bänken, gehen den Weg hinauf und sind wieder auf dem Teufelspfad, dem wir geradeaus, leicht bergauf, folgen.

Die Tour geht weiter hoch bis zum Parkplatz K4. **3** Das Teufelchen führt uns links wieder in den Wald hinein, dann aus dem Wald hinaus, um an Feldern entlangzulaufen. Nach einer Spitzkehre geht es bergab zu den nächsten Highlights: zum Teufelsbrunnen und zum Naturdenkmal Teufelsfelsen. Wieder tolle Felsformationen mit Wasserfall. Der Abstieg führt über einige Holzbrücken und einen schmalen Pfad hinab. Achtung **!** Hier kann es rutschig sein, es ist felsig und teilweise geht's steil nach unten: Hunde gegebenenfalls sichern.

Nach dem Abstieg durch die beeindruckende Felsformation trifft der Weg auf einen Weiher **4** mit einer idyllisch gelegenen Hütte. Ein guter Platz für einen Hunde-Schwimm-Stopp. Die Markierung „Teufelspfad" folgt danach dem Lauf des Gersbachs bis zum ersten Weiher am Ausgangspunkts der Wanderung, dem Naturfreundehaus Niedersimten.

Info

H	Ab Hauptbahnhof Pirmasens mit dem Bus 255 nach Niedersimten
P	Niedersimten, Parkplatz Naturfreundehaus Niedersimten
Karte	LVermGeo Blatt 7 „Westlicher Wasgau mit Dahn", Naturpark Pfälzerwald (1:25.000)
Gastronomie	PWV Waldhaus Drei Buchen Kettrichhof 66969 Lemberg Tel.: 06335-5228 Mi, Sa, So + Feiertage ab 11 Uhr Abstecher: Vom Parkplatz K4 aus rund 2 Kilometer bis zum Waldhaus
Unterkunft	Naturfreundehaus Niedersimten Gersbachtal 100 66955 Pirmasens/Niedersimten Gaststätte: Tel.: 06331-46288 Zimmerreservierung: Angelika Weishaar, Tel.: 06331-2599318 www.naturfreunde-niedersimten.de
i	Fremdenverkehrsbüro Pirmasens-Land Bahnhofstr. 19 66953 Pirmasens Tel.: 06331-872135 www.urlaubsregion-pirmasens.land
+	Tierarztpraxis Dr. A. Stephan und K. Hummel Kaiserstraße 8 66955 Pirmasens Tel.: 06331-44445 www.tierarzt-praxis-pirmasens.de

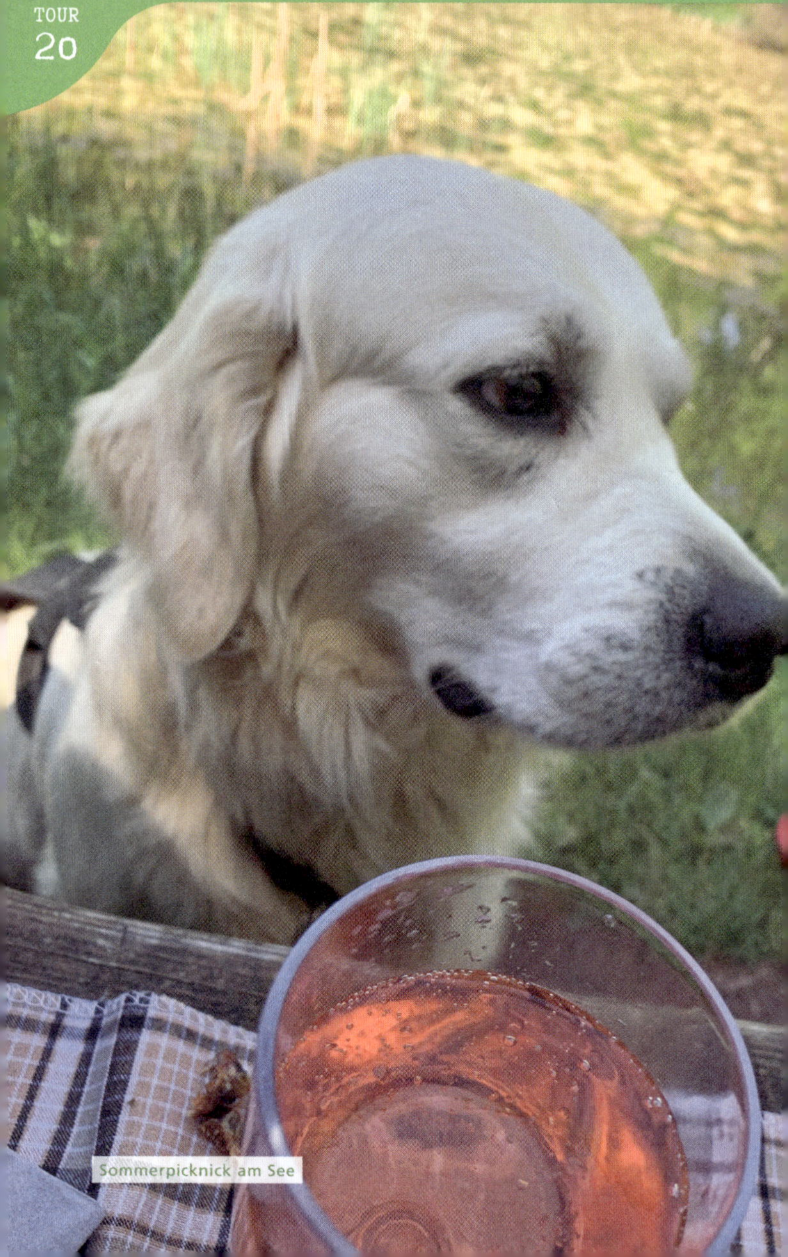

Sommerpicknick am See

Sommertour – gemeinsames Schwimmen im Badesee – Erlebnispfad mit Hängematten und Kneippanlage

Einsame Seen am Biosphärenhaus

Hundefreundlichkeit: Das Spießwoogtal bietet Wald, Weiher, Wiesen – und Wissen rund um den Pfälzer Wald. In den Ferien und am Wochenende ist deshalb der Andrang groß. Doch schon wenige Meter vom Parkplatz entfernt wird es ruhiger. Es gibt reichlich Wasser, vor allem der Klosterweiher, ein kleiner Badesee, lädt Zwei- und Vierbeiner zum Schwimmen ein. Die Wanderung deckt auch den Großteil des Erlebnispfads ab. Spaß und neues Wissen garantiert. Entlang der Seerosen-Weiher, durch die der Roßbach führt, gibt es romantische Picknick-Plätze.

Tour-Info	↔ 10 km	◷ 2:30 Std.	++✚ mittel
Start-Ziel:	Fischbach bei Dahn, Parkplatz am Biosphärenhaus		
GPS:	49°05'14.2"N 7°43'27.0"E		
Markierung:	Markierung blauer Wassertropfen des Brunnen- und Quellenwegs, rot-weißer Balken, gelb-blaue Markierung der Wasgau Seen Tour		
Wegecharakteristik:	3 % Wanderweg – 94 % Weg – 2 % Fußweg – > 1 % Nebenstraße		
Höchster Punkt: Niedrigster Punkt:	320 m 220 m	Seniorenhunde Variante	

Am Startpunkt, dem Parkplatz des Biosphärenhaus in Fischbach, ist meistens viel los. Doch den Trubel lassen wir schnell hinter uns und wechseln, unterhalb des Parkplatzes am Spielplatz vorbei, auf die andere Talseite. Im Schatten geht's auf einem breiten Weg hoch zum Klostersee, vorbei an etlichen Stationen des Erlebniswegs. Nach dem Klostersee folgen wir dem Waldweg (Markierung blauer Wassertropfen

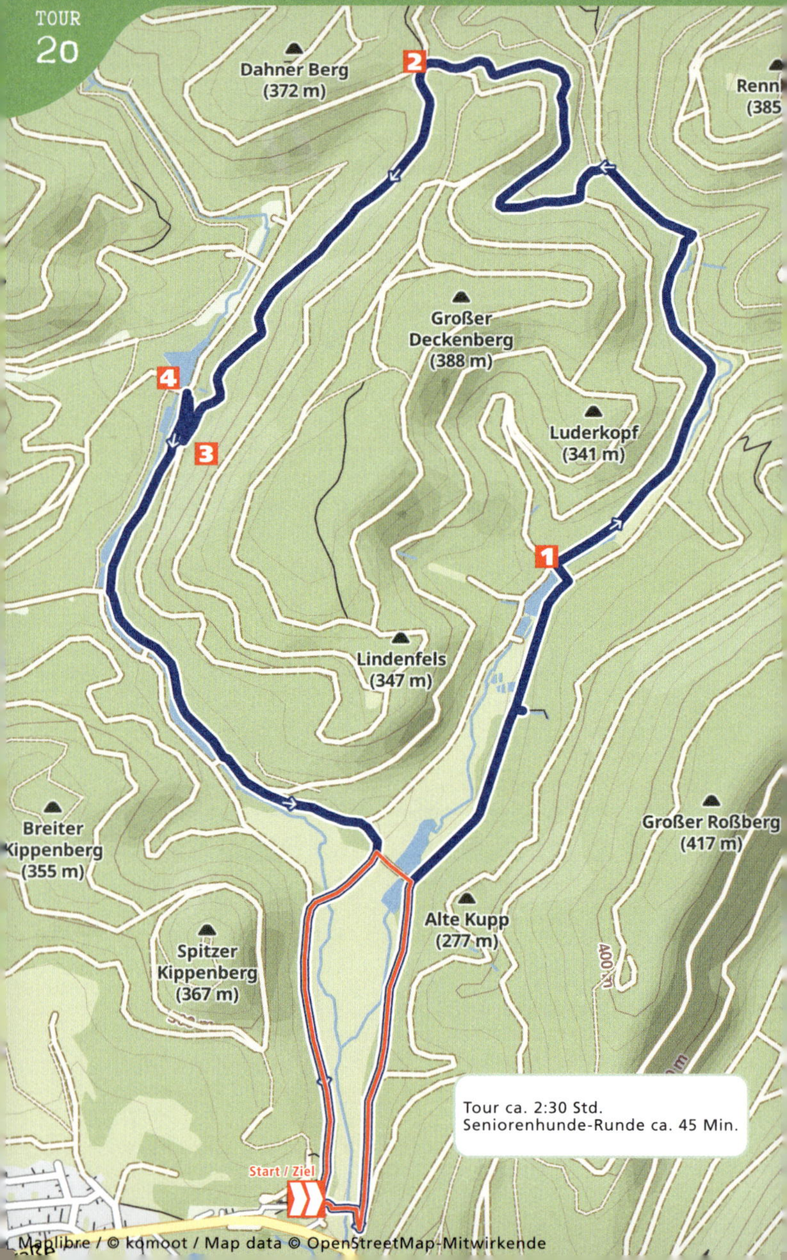
Dahner Berg
(372 m)
2
Großer
Deckenberg
(388 m)
Luderkopf
(341 m)
4
3
1
Lindenfels
(347 m)
Großer Roßberg
(417 m)
Breiter
Kippenberg
(355 m)
Alte Kupp
(277 m)
Spitzer
Kippenberg
(367 m)
400 m
Tour ca. 2:30 Std.
Seniorenhunde-Runde ca. 45 Min.
Start / Ziel
Maplibre / © komoot / Map data © OpenStreetMap-Mitwirkende

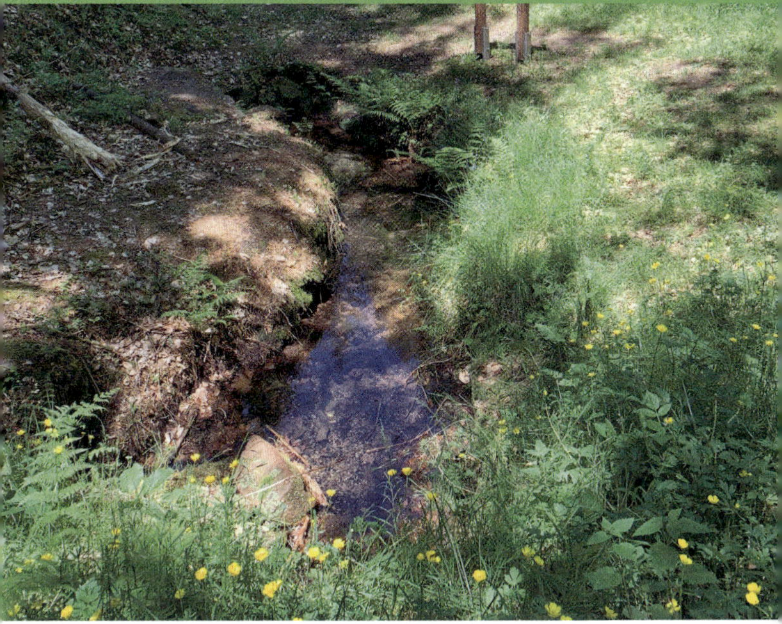

Nix los an der Deckenbornquelle

des Brunnen- und Quellenwegs), immer geradeaus das Spießwoogtal hinauf, vorbei an kleinen Tümpeln, Weihern und dem Vogelsbrunnen (kleiner Abstecher rechts). Nach rund 2,5 Kilometern biegen wir links ab und überqueren den Spießbach **1**, der nun rechts von uns verläuft.

Wir folgen dem Waldweg durch einen moosigen Fichtenwald bis zur Deckenbornquelle mit ihrem schönen Mischwald. An der Quelle gibt es hübsche Farne und einen gemütlichen Picknickplatz. Wir halten uns wieder links und wandern bergauf bis zum Dahner Hals **2**, der auf 320

Hintergrund: Das Biosphärenhaus und der Erlebnisweg

Der 2,5 km lange Biosphären-Erlebnisweg führt auf ebenen Wegen durch das angrenzende Spießwoogtal. Entlang der Wegstrecke laden 12 Stationen zum Spielen, Entdecken und Erholen ein. Schaukelbänke und Hängematten gehören ebenso dazu wie eine Natur-Kneippanlage und ein Badesee, der Klosterweiher. Zum Teil können das auch die Hunde nutzen. Das Biosphärenhaus wurde im Herbst 2022 geschlossen. Ob und wann das Café, die Ausstellung, der Baumwipfelpfad und die Greifvogel Show wieder öffnen, stand zu Redaktionsschluss nicht fest. Die Außenanlagen wie Erlebnisweg oder der kleine Kräutergarten sind weiterhin zugänglich.

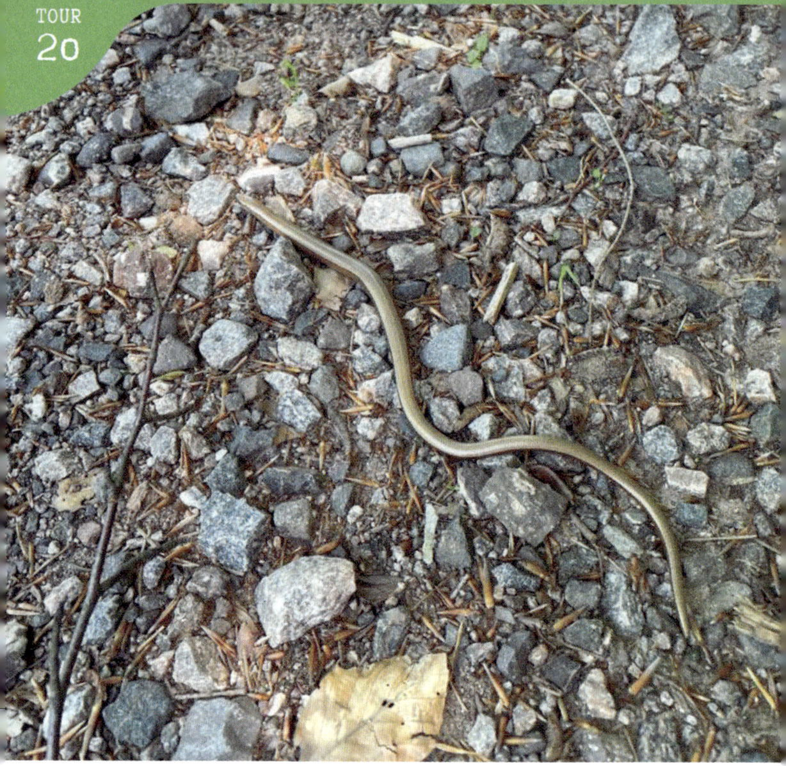

Eine Blindschleiche sonnt sich auf dem Weg.

Metern Höhe, dem höchsten Punkt unserer Wanderung, liegt.
Der Quellen- und Brunnenweg und der rot-weiße Balken bringen uns den Berg hinab. Nach rund 700 Metern gibt der Wald kurz den Blick frei auf den Großen Mückenkopf. Wir laufen weiter bergab, und nach weiteren rund 600 Metern **3** verlassen wir den rot-weißen Balken und folgen dem Brunnen- und Quellenweg

Seniorenhunde-Runde bis zum Klosterweiher

Gerade ältere Hunde lieben es, zu schwimmen. Vom Biosphärenhaus aus gibt es eine schöne kurze Runde. Dafür einfach wie die große Tour starten, dann am Klosterweiher links auf die andere Talseite wechseln und zurück zum Parkplatz laufen. Die Runde ist rund 3 km lang und flach. Der Badesee liegt auf der Mitte. Außerdem gibt es einen Aussichtsturm mit barrierefreiem Aufgang.

Info

bis Dahn oder Hinterweidenthal mit der Deutschen Bahn, von dort dann Anruf-Sammel-Taxi Richtung Schöntal, Ludwigswinkel
Ruftaxi, Tel.: 06391-1824, Anmeldung mind. 60 Min vor Abfahrt, Fahrten sind allerdings nur im reinen Zwischenortsverkehr möglich

Fischbach, Parkplatz am Biosphärenhaus

LVermGeo Naturpark Pfälzerwald Blatt 7 „Westlicher Wasgau mit Dahn" (1:25.000)

Landhaus Tausendschön (Hotel und Restaurant)
Bitscher Str. 7A
66996 Fischbach bei Dahn
Tel.: 06393-5718
www.landhaus-tausendschoen.de
So 11-14 Uhr + 17-23 Uhr
Mo, Di, Fr, Sa ab 17 Uhr
Mi, Do Ruhetage (wenn Feiertag: geöffnet)

Hotel - Restaurant Rösselsquelle
Am Sägmühlweiher 1
66996 Ludwigswinkel
Tel.: 06393-250
www.roesselsquelle.de

Tourist-Information Dahner Felsenland
Schulstraße 29
66994 Dahn
Tel.: 06391-9196222
www.dahner-felsenland.de

Tierarztpraxis Dr. G. Uwe Graebenteich
Schloßstraße 10
66994 Dahn
Tel.: 06391-3029
www.dr-graebenteich.de

in einer Spitzkehre weiter hinab zum Schnoogeweiher. Schnooge ist Pfälzisch und bedeutet Stechmücke, und genau die sind hier abends im Sommer zu Zigmillionen unterwegs. Gut zu wissen! Mückenspray für Mensch und Tier nicht vergessen.

Nun begleiten uns etliche Weiher, an denen man rasten kann und die Hunde schwimmen können. Ab dem Schnoogeweiher **4** geht's talabwärts, der gelb-blauen Markierung der Wasgau Seen Tour folgend. Wir laufen durch Wald und schließlich durch eine urige Wiesenlandschaft, die uns bis zum Aussichtsturm und dem Klostersee führt.

Ab hier spürt man die Nähe des Biosphärenhauses, denn die Abgeschiedenheit endet so langsam. Erfrischung gibt's im Badesee oder im Kneippbecken, und dann geht's gemütlich auf der rechten Talseite zurück zum Parkplatz am Biosphärenhaus.

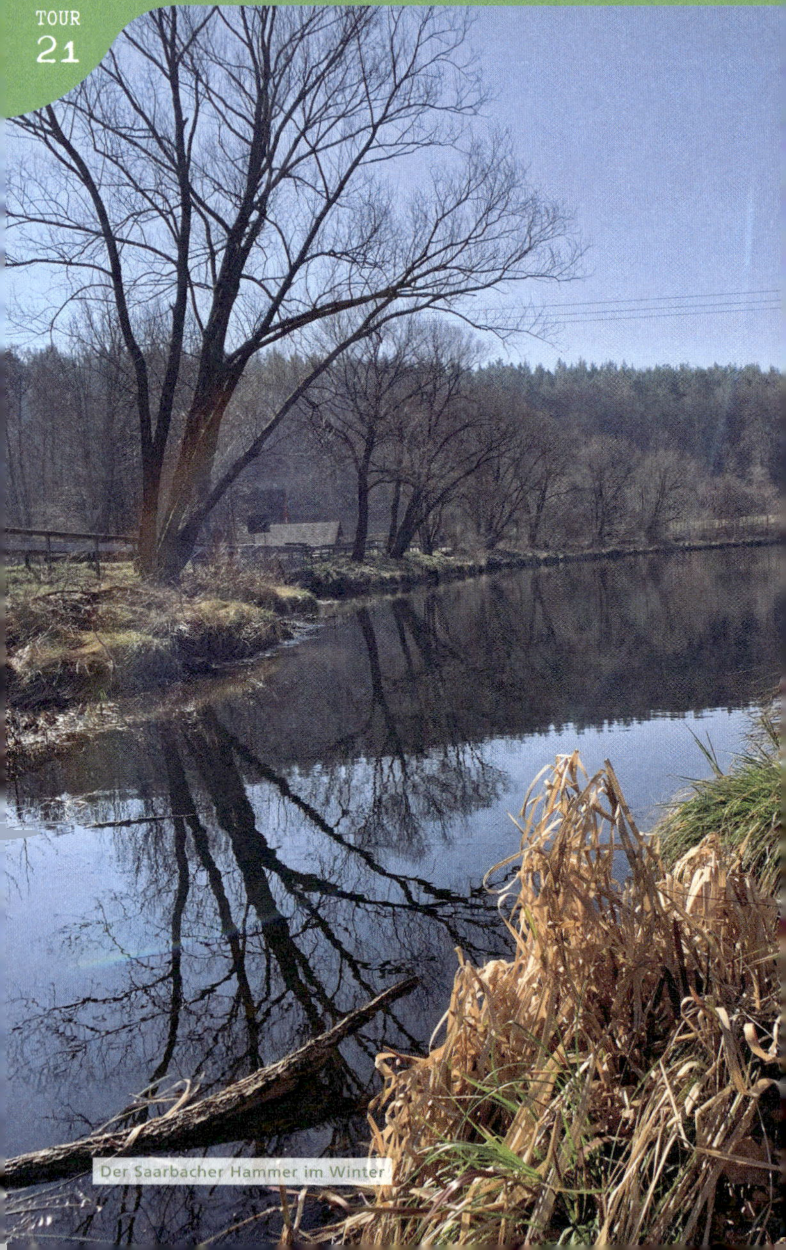

Der Saarbacher Hammer im Winter

Wald, Wiesentäler und Weiher – Barfußpfad und Kneippbecken – Seniorentour möglich

Im Reich der Reiher

Hundefreundlichkeit: **Lieblingstour durch Wiesentäler und Wälder, mit Bachläufen, Quellen und Weihern, die in der Pfalz Wooge heißen. In manchen von ihnen kann man sogar gemeinsam schwimmen und vor allem die Seele baumeln lassen. An fast allen Waldseen stehen Bänke für eine gemütliche Rast. Es gibt stille Winkel und urige Einkehrmöglichkeiten. Die Tour ist zwar recht lang, aber überwiegend flach, also nicht zu anstrengend. Was kann sich ein Mensch-Hund-Team mehr für eine Wanderung wünschen?**

Tour-Info	↔ 20,5 km	🕔 5:30 Std.	+++ schwer
Start-Ziel:	Biosphärenhaus in Fischbach bei Dahn		
GPS:	49°05'14.2"N 7°43'27.0"E		
Markierung:	gelb-blaue Markierung der Wasgau Seen Tour		
Wegecharakteristik:	< 1 % Bergwanderweg – 22 % Wanderweg – 58 % Weg – 13 % Fußweg – < 4 % Nebenstraße – < 1 % Straße		
Höchster Punkt: Niedrigster Punkt:	290 m 220 m	Seniorenhunde Variante	

Die Wanderung startet beim Biosphärenhaus in Fischbach bei Dahn. Wir laufen vom Parkplatz hinunter zur Hauptstraße, biegen rechts ab, bleiben ein paar Meter an der Hauptstraße und folgen dann, an der ersten Abzweigung **1** links, dem Wasser-Erlebnisweg.

Jetzt wandern wir teils am Saarbach, teils am Waldrand entlang und folgen der Markierung „Wasgau Seen Tour". Die Tour führt uns durch eine Schilfgras-Allee und dann von einem Naturschutzgebiet zum nächsten. Erster Stopp: der malerische Pfälzerwoog. Eine schöne Bank lädt zu einer Schwimmpause ein.

Wir setzen die Wanderung Richtung Lindelskopf fort. Wer mag, nimmt die 15 Minuten Aufstieg zum Gipfel

TOUR 21

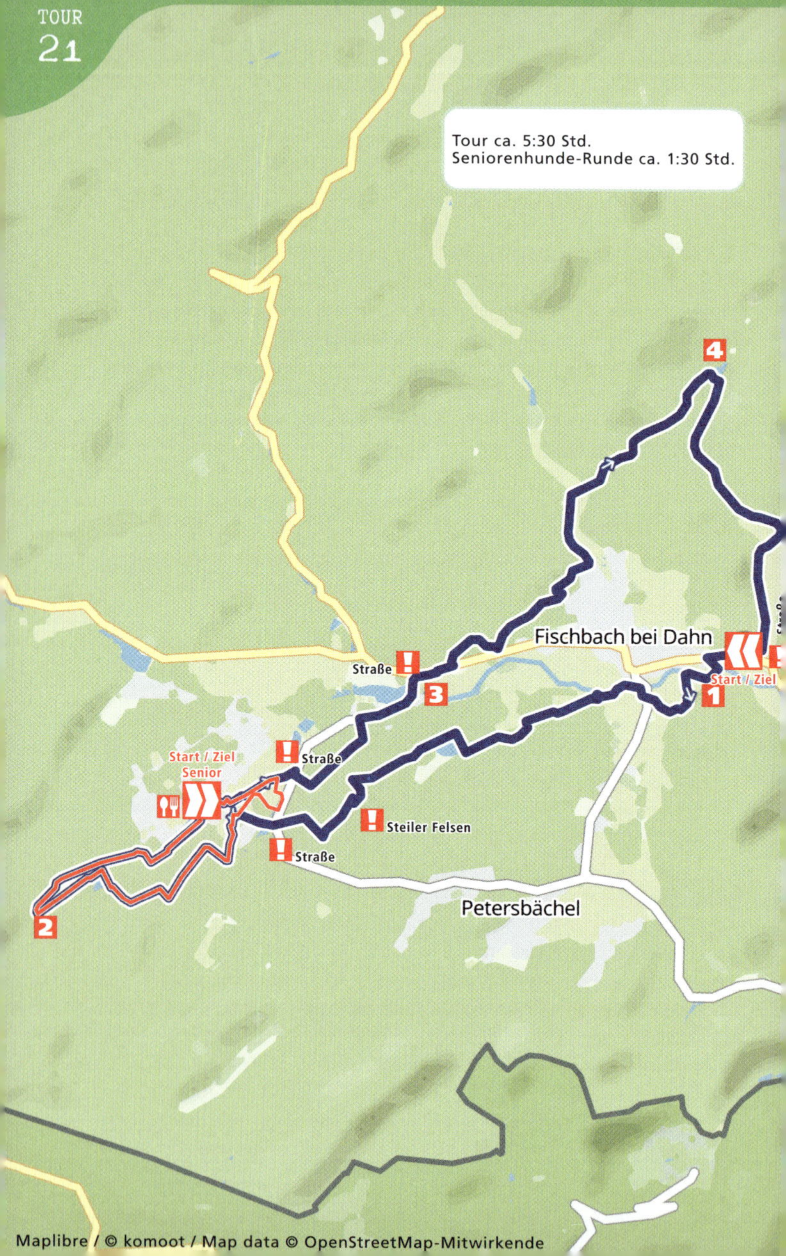

Tour ca. 5:30 Std.
Seniorenhunde-Runde ca. 1:30 Std.
Fischbach bei Dahn
Start / Ziel
Start / Ziel
Senior
Straße
Straße
Straße
Steiler Felsen
Petersbächel
1
2
3
4
Maplibre / © komoot / Map data © OpenStreetMap-Mitwirkende

noch mit. Allerdings: Für den Aufstieg muss eine eiserne Leiter erklommen werden. Der Aufstieg ist also nur für Hunde geeignet, die man tragen kann. Achtung ! Oben angekommen, Hunde unbedingt anleinen, Absturzgefahr! Auf dem Lindelskopf werden wir mit einer spektakulären Aussicht auf die umliegende Landschaft und den Ort Ludwigswinkel belohnt. Von der ehemaligen mittelalterlichen Burganlage sind heute nur noch wenige Mauerreste zu erkennen.

Nach dem Abstecher auf den Gipfel des Lindelskopf folgen wir der Markierung bis zum Entenweiher (nur wenige Stellen, um Hunde ins Wasser zu lassen) in Ludwigswinkel. Achtung ! Vor dem Entenweiher (Kilometer 5,5) überqueren wir eine Kreisstraße. Am Guckenbühl geht's wieder hinein in den Wald, und im Schatten der Bäume laufen wir am Rösselsweiher vorbei bis zur Rösselsquelle 2. Von dort geht's weiter durch den Wald zum Sägmühlweiher. Der hat zahlreiche Einstiegsstellen für Mensch und Hund, um gemeinsam zu schwimmen. Im Sommer ein echtes Highlight dieser Tour.

Dem Weiher folgt das Naturschutzgebiet Sauertal mit seinen schönen Bachwiesen und dem Barfußpfad. Die Hälfte der Seen-Tour ist geschafft und die Füße freuen sich über die Abkühlung! Die einzelnen Stationen des Barfußpfads dürfen Hunde nicht betreten, aber drum herumlaufen ist gestattet.

Frischen Fußes erreichen wir am Ende des Barfußpfads, kurz nach dem Kiosk, den Skulpturenweg. Achtung ! Nach dem Kiosk überqueren wir noch einmal die Kreisstraße. Dem Skulpturenweg folgen wir ein kurzes Stück, bis wir den Badesee Saarbacher Hammer erreichen. Wer will, kann hier wieder rein ins Wasser. Achtung ! Am Ende des Sees überqueren wir eine Landstraße. 3 Wir wandern vorbei am Fjordpferdehof und laufen dann zwischen dem Kleinen und Großen Samsberg hindurch ins nächste Naturschutzgebiet, dem Wolfsägertal. Eins meiner Lieblingstäler, denn das Naturschutzgebiet ist ein weitläufiges Wiesental mit vielen Gewässern in absoluter Ruhe. Im Herbst kann man hier riesige Parasol-Pilze finden. Herrlich!

Bei Kilometer 16 biegen wir rechts ab, und vor der Bank und dem Holzbären geht's hinein in den schönen Mischwald. Wir folgen der Markierung „Wagau Seen Tour" gute 30 Minuten und können an der Sitzgelegenheit am Schnoogeweiher 4 wieder einmal die Stille dieser Tour genießen – und die Hunde das Wasser.

Wir durchqueren das Schlettenbacher Tal und das Spießwoogtal, wo

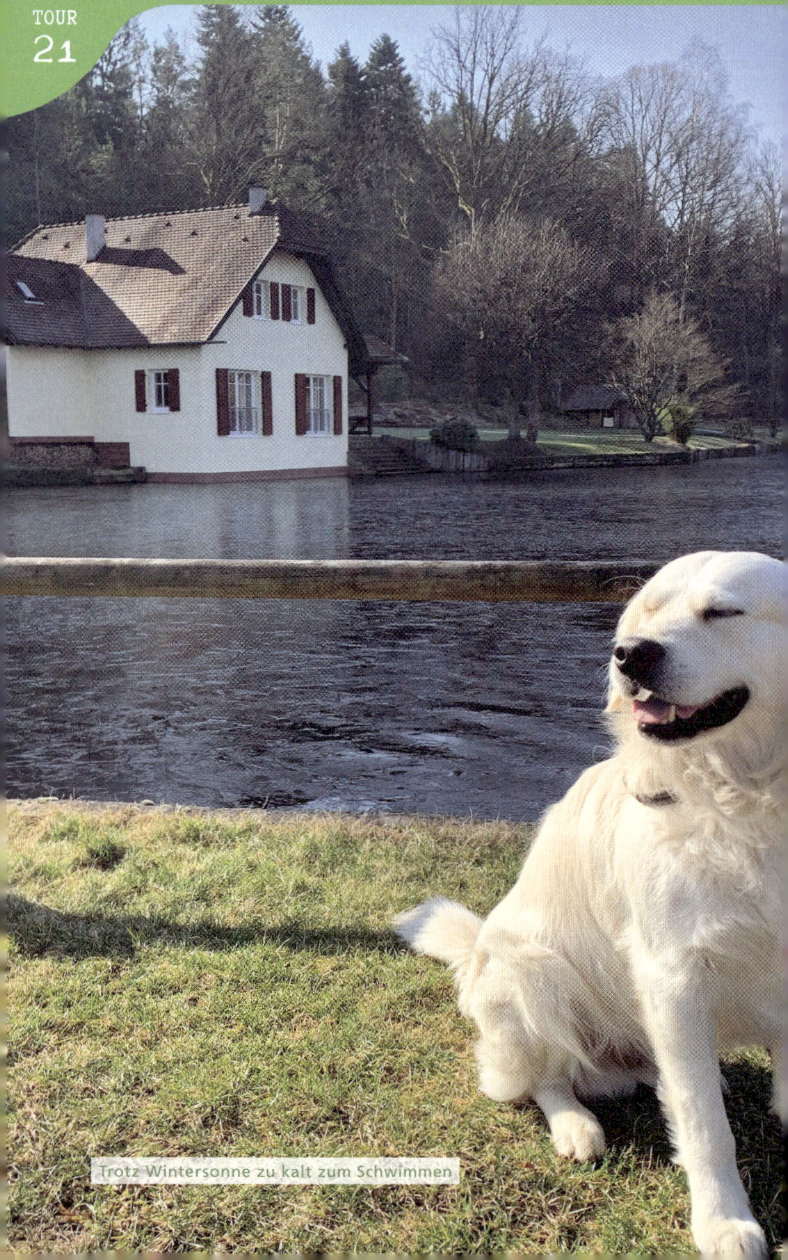

Trotz Wintersonne zu kalt zum Schwimmen

Info

Zug bis Wissembourg (Frankreich/Elsass) oder Hinterweidenthal, ab dort Bus über Dahn nach Fischbach. Von Mai bis Oktober fahren die Ausflugszüge „Bundenthaler" (Mi, Sa, So/Feiertag ab Mannheim) und „Felsenland-Express" (Mi, Sa, So/Feiertag ab Karlsruhe) bis Bhf. Bundenthal-Rumbach im Dahner Felsenland. Ab Bundenthal weiter mit dem Bus 251.
Info: www.der-takt.de

Fischbach bei Dahn, Parkplatz am Biosphärenhaus

Kompass Wanderkarte Oberschwaben (Nr. 187)

Landhaus Tausendschön (Hotel und Restaurant)
Bitscher Str. 7A
66996 Fischbach bei Dahn
Tel.: 06393-5718
www.landhaus-tausendschoen.de
So 11-14 Uhr + 17-23 Uhr
Mo, Di, Fr, Sa ab 17 Uhr
Mi, Do Ruhetag (wenn Feiertag: geöffnet)

Kiosk am Minigolf in Ludwigswinkel
An der K43
66996 Ludwigswinkel
Tel.: 0171-5356177
neben Parkplatz Barfußpfad/Festhalle PWV

Hotel - Restaurant Rösselsquelle
Am Sägmühlweiher 1
66996 Ludwigswinkel
Tel.: 06393-250
www.roesselsquelle.de

Tourist-Information Dahner Felsenland
Schulstraße 29
66994 Dahn
Tel.: 06391-9196222
www.dahner-felsenland.de

Tierarztpraxis Dr. G. Uwe Graebenteich
Schlossstraße 10
66994 Dahn
Tel.: 06391-3029
www.dr-graebenteich.de

sich Weiher an Weiher reiht wie auf einer Perlenkette aufgezogen. Das Wiesental und der Schneckenturm des Biosphären-Erlebniswegs läuten dann das Ende dieser Tour ein. Nun nochmals schnell die Füße im Kneippbecken kühlen und wir kehren zum Ausgangspunkt unserer Wanderung, dem Biosphärenhaus, zurück.

Seniorenwanderung in Ludwigswinkel

Das flache Sauertal, mit seiner Wiesenlandschaft, den hübschen Bachläufen, den weichen Wegen und dem angrenzenden Wald, ist eine perfekte Strecke für Seniorenhunde. Außerdem lässt sich die Wanderung je nach Tagesform an vielen Stellen abkürzen. Die Tour ist 6 Kilometer lang. Wir starten am Landgrafenbrunnen und parken entlang der Hauptstraße in Ludwigswinkel.

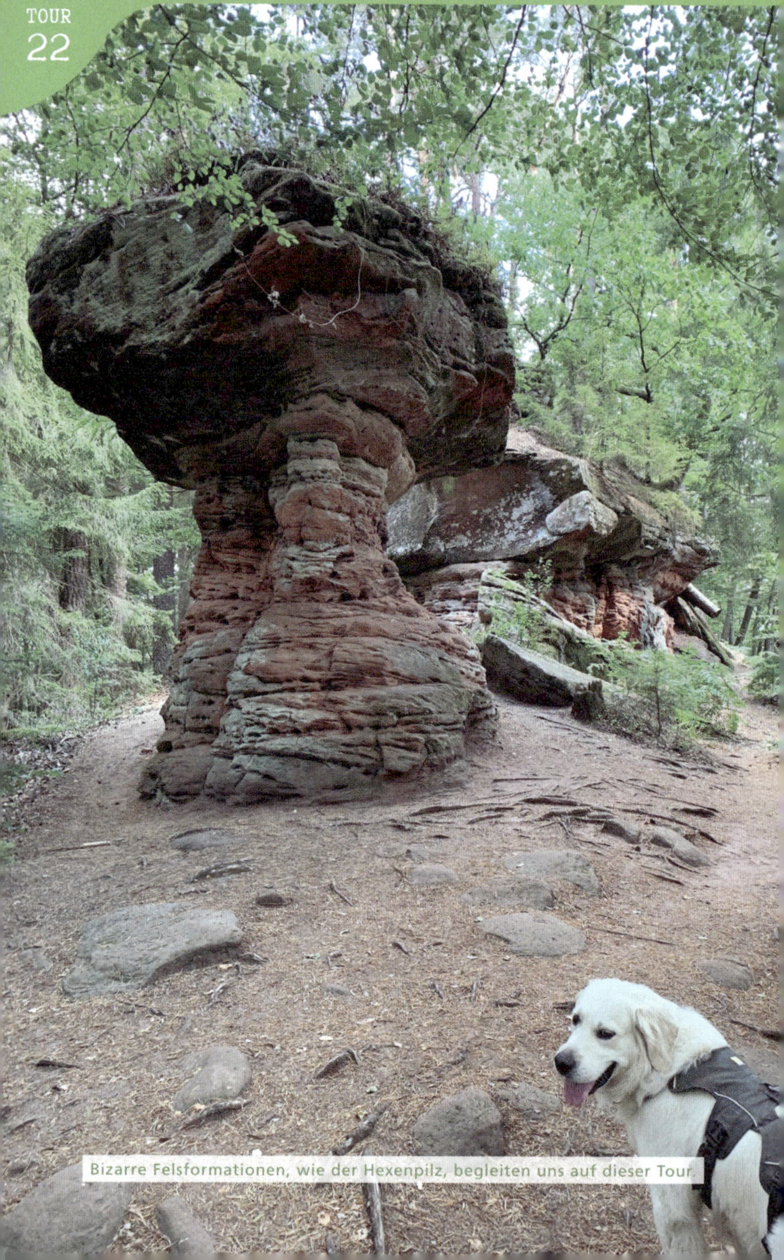

Bizarre Felsformationen, wie der Hexenpilz, begleiten uns auf dieser Tour.

Stille Winkel im Dahner Felsenland

Hundefreundlichkeit: **Das Dahner Felsenland hat viele schöne Wanderungen zu bieten. Diese Tour hat aber besonders viel Wasser, schöne Aussichten und auch Abgeschiedenheit zu bieten. Viele schmale Pfade, verträumte Rastplätze, unberührte Wiesenlandschaften und mächtige Buchen sowie Eichen machen diese Wanderung zu einer perfekten Auszeit. Die Dahner Hütte – wo die Abgeschiedenheit ein Ende findet, da hier viele Wanderwege kreuzen – bietet sich für eine Einkehr an. Es gibt aber auch viele schöne Picknickbänke an stillen Winkeln, um Pause zu machen.**

Tour-Info	↔ 16 km	4:30 Std.	++ mittel
Start-Ziel:	Dahn, Parkplatz am Campingplatz		
GPS:	fehlt		
Markierung:	Hellblaue Markierung des Felsenland-Sagenwegs, weiß-rote Markierung Hohle Felsen Tour		
Wegecharakteristik:	7 % Bergwanderweg – 28 % Wanderweg – 54 % Weg – 8 % Fußweg – 3 % Nebenstraße		
Höchster Punkt: Niedrigster Punkt:	420 m 230 m	Seniorenhunde Variante	

Vom Parkplatz am Campingplatz gegenüber des Neudahner Weihers laufen wir ein Stück die Straße zurück Richtung Schienen, dann rechts, und nach rund 300 Metern an den Schienen geht's wieder rechts steil hoch **1** (Markierung Felsenland-Sagenweg, hellblaues Logo mit Geist). Vorbei am Felsentor steigen wir hinauf bis zur Burgruine Neudahn (298 m). Sie ist die jüngste der Dahner Burgen, für Besucher geöffnet, restauriert, hat einen schönen Ausblick und ist perfekt für kleine Suchspiele. Nach der Ruine bleiben wir oben auf einem abwechslungsreichen

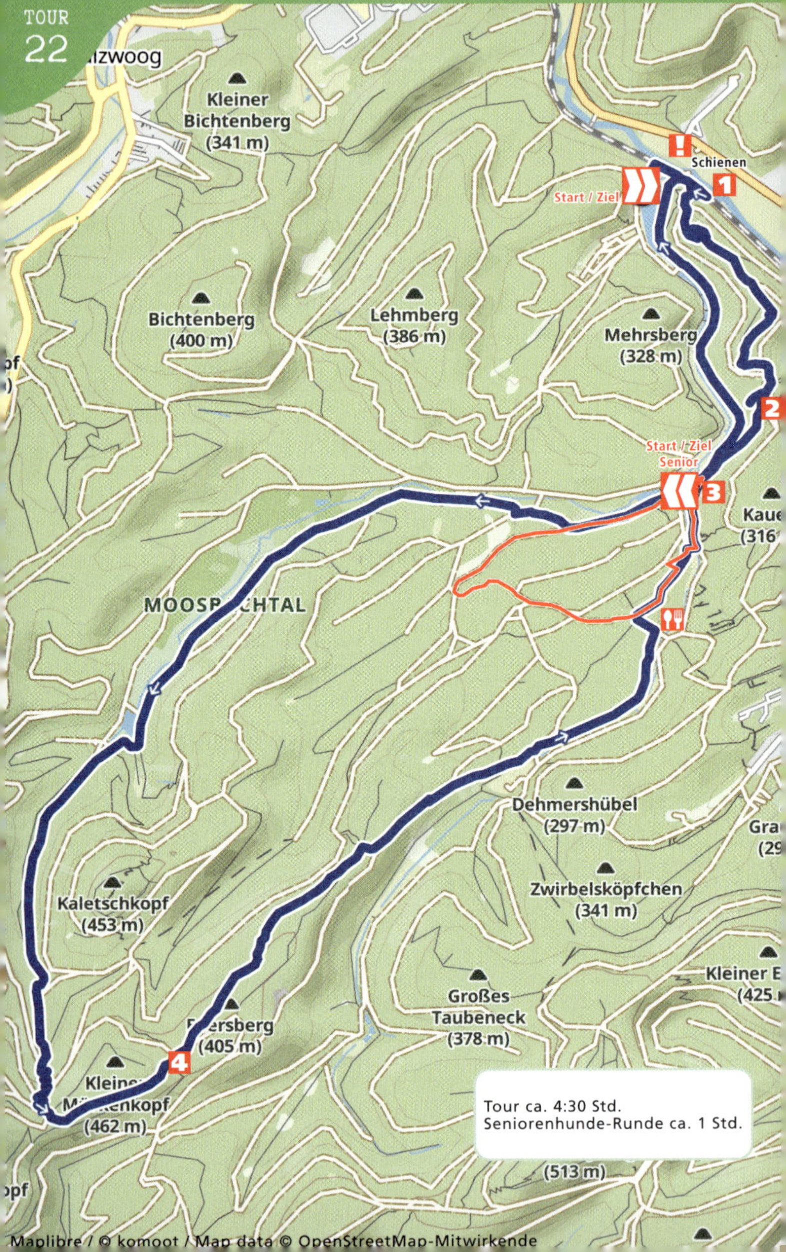

Kleiner Bichtenberg (341 m)
Bichtenberg (400 m)
Lehmberg (386 m)
Mehrsberg (328 m)
Schienen
Start / Ziel
1
2
Start / Ziel Senior
3
MOOSP CHTAL
Dehmershübel (297 m)
Zwirbelsköpfchen (341 m)
Kaletschkopf (453 m)
Großes Taubeneck (378 m)
(405 m)
4
(462 m)
(513 m)
Tour ca. 4:30 Std.
Seniorenhunde-Runde ca. 1 Std.
Maplibre / © komoot / Map data © OpenStreetMap-Mitwirkende

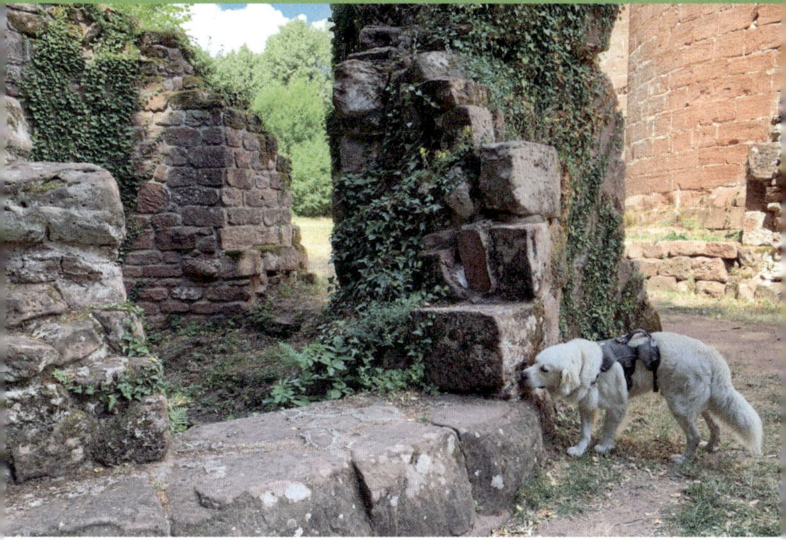

Eine Runde Suchspiele an der Burgruine Neudahn

Höhensteig (weiter Markierung Felsenland-Sagenweg). Dem Sagenweg folgen wir erst auf einem breiten Weg, dann auf einem schmalen Pfad, bis zu zwei bizarren Felsformationen: Hexenpilz und Satansbrocken. Nach dem Wasserhäuschen kommt die Wegkreuzung Großtalerhals. **2** Wir folgen dort dem gelben Balken rechts hinunter, Richtung Dahner Hütte. Kurz nach der Wegkreuzung Großtalerhals lohnt sich ein Abstecher zur Waidmannsruhe, ein malerischer Felsenrastplatz über dem Moosbachtal mit Blick den Gipfel des Kaletschkopfs. Das ist auch Ausblick auf das, was noch kommt, denn an dem Kaletschkopf vorbei werden wir zu den Hohlen Felsen aufsteigen.

Nach der Waidmannsruhe laufen wir weiter bergab, bis wir, am Wanderparkplatz Moosbachtal am Klan´schen Weiher, die Talsohle des Moosbachtals erreichen. **3** Ab jetzt orientieren wir uns an der rot-weißen Markierung „Hohle Felsen-Tour“. Die uns sicher

Hintergrund: Das Moosbachtal

Einst wurde das Tal intensiv genutzt: Fische gezüchtet, Winterheu geerntet und Holzkohle erstellt. Seit 1994 ist das Moosbachtal mit seinen 111 Hektar unter Naturschutz gestellt. Seither verlandet das Tal. Viele neue Bäume, Amphibien und Pflanzen siedeln sich an. Bemerkenswert sind die Stille im Wiesental und die im Frühjahr blühenden Sumpfdotterblumen und Schwertlilien.

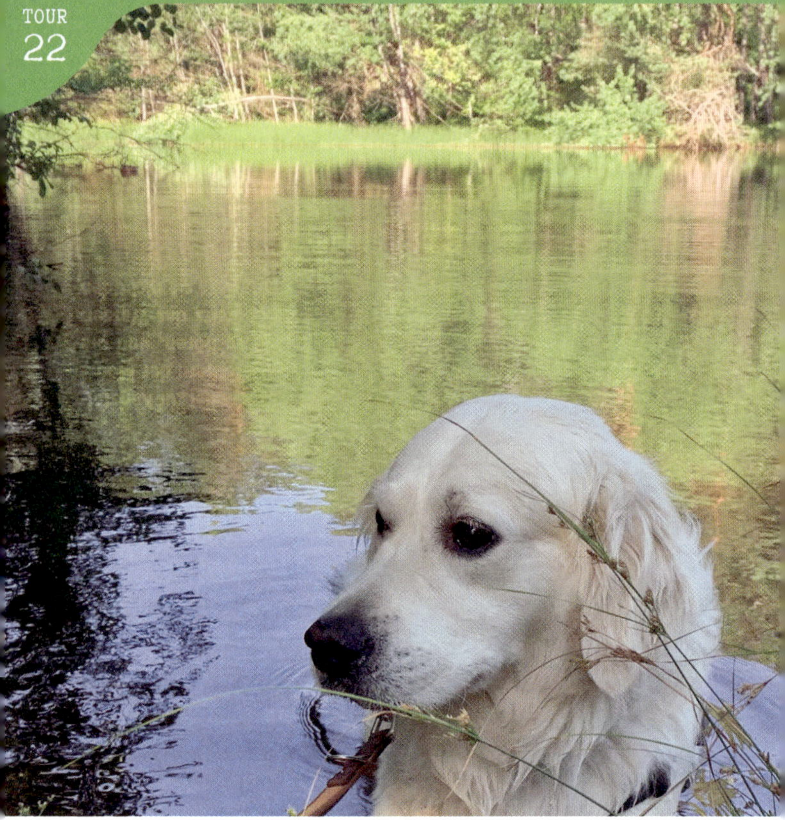

Abkühlung im Weiher des Moosbachtals

durch diese Tour führt: Wir laufen geradeaus, überqueren ein Sträßchen und lassen die Weiher und Wiesen von nun an rechts von uns. Auf weichen **Waldpfaden** laufen wir bis zum Bunker, es kommen einige Meter Asphalt, und dann geht's einen leicht geschotterten Wanderweg geradeaus ins Moosbachtal. Am Rand des Tals stehen Fichten und stark bemooste Felsen. In den Wiesen entlang des Bachs wachsen Erlen, junge Eichen und Buchen.

Höhepunkt der abgeschiedenen Tallandschaft ist der Kranzwoog, ein verwunschener Seerosenweiher mit zwei Ruhebänken. Wir orientieren uns weiter an der rot-weißen Markierung „Hohle

Felsen-Tour", vorbei am nächsten Weiher mit einer Schutzhütte, dem Moosbachhüttchen. Weiter talaufwärts passieren wir die Moosbachquelle.

Jetzt beginnt der steile Aufstieg zu den Hohlen Felsen (450 m). Das Felsmassiv hat gewaltige Felsüberhänge und Kammern, für deren Erkundung man ein bisschen Zeit einplanen sollte. Durch Buchenwälder geht es schließlich nun auf weichen Naturwegen zur Wegspinne Mücken-Plätzel. **4** Kurze Zeit später steigen wir hinab ins Seibertsbachtal und laufen gemütlich bis zur Dahner Hütte.

Wir folgen noch ein kleines Stück der Markierung „Hohle Felsen-Tour" bis zu der Kreuzung, zu der wir auf dem Hinweg von oben (Burgruine, Hexenpilz-Felsen) kamen. **3** Wir bleiben auf der rechten Talseite des unteren Moosbachtals und laufen gemächlich zum Neudahner Weiher, zurück zum Campingplatz.

Seniorenhunde-Runde: Stille Winkel für Omis und Opis

Auch für ältere Hunde lohnt sich das Moosbachtal: Die 3,5-km-Runde ist flach und bietet überwiegend schönen, weichen Waldboden. Für Abwechslung ist gesorgt: Weiher und Wiesenlandschaft, Froschfelsen und Fichtenwald. Wer länger laufen möchte, folgt der Markierung „Hohe Felsen Tour" noch ein Stück hinein ins Moosbachtal und läuft den gleichen Weg wieder zurück.

Info

H	RB 56 ab Landau Hbf. bis Station Moosbachtal
P	Dahn, Parkplatz am Campingplatz
Karte	LVermGeo Blatt 7 „Westlicher Wasgau mit Dahn", Naturpark Pfälzerwald (1:25.000)
Gastronomie	Dahner Hütte Im Schneiderfeld 66994 Dahn Tel.: 06391-1793 www.pwv-dahn.de Mi-So + Feiertage 10-18 Uhr geänderte Öffnungszeiten im Winter
Unterkunft	Ferienhaus Schwalbenfelsen Schillerstraße 17a 66994 Dahn Tel.: 06391-5757 www.ferienhaus-schwalbenfelsen.de Landgasthaus zur Krone Hauptstraße 98-100 76891 Bundenthal Tel.: 06394-301 www.landgasthauszurkrone.de
i	Tourist-Information Dahner Felsenland Schulstraße 29 66994 Dahn Tel.: 06391-9196222 www.dahner-felsenland.de
Tierarzt	Tierarztpraxis Dr. G. Uwe Graebenteich Schloßstraße 10 66994 Dahn Tel.: 06391-3029 www.dr-graebenteich.de

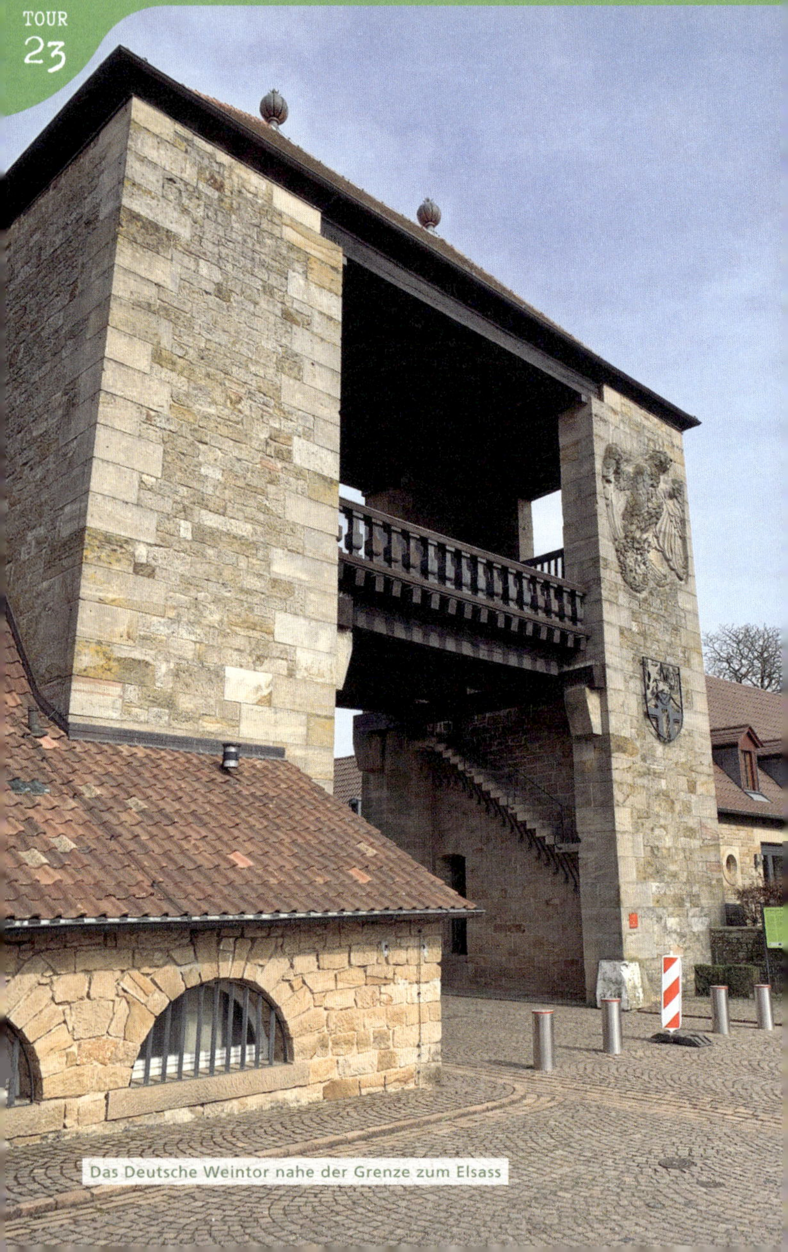

Das Deutsche Weintor nahe der Grenze zum Elsass

Wein und Waldrand – Genuss – Besuch im französischen Elsass

Vom Weintor ins Elsass

Hundefreundlichkeit: **Bei dieser Grenz- und Genusswanderung kommen alle auf ihre Kosten: Für den Hund gibt's immer mal wieder Wasser zum Toben und Schwimmen, und für den Menschen an fast jeder Ecke ein Gläschen Wein oder Wasser und etwas Feines zu essen. Deshalb genug Zeit einplanen, damit jeder auf seine Kosten kommt. Abgesehen vom steilen Stück hinunter nach Wissembourg und einem steilen Aufstieg über einige lange, betonierte Treppen, ist die Tour nicht besonders anstrengend. Am Weintor in Schweigen kann am Wochenende einiges los sein, besonders im Herbst. In den Weinbergen ist es meist ruhiger. In der Kleinstadt Wissembourg ticken die Uhren gleich ein bisschen langsamer, gemütlich und entspannt. Hunde sind in Frankreich herzlich willkommen, aber den Impfausweis nicht vergessen, der ist Pflicht. Achtung! im Sommer bietet die Wanderung fast keinen Schatten. Während der Weinlese ist die Tour nicht für geräuschempfindliche Hunde geeignet. Vollernter und die automatischen Schreckschussanlagen sorgen für Lärm.**

Tour-Info	↔ 12 km	3:30 Std.	++ mittel
Start-Ziel:	Schweigen, kostenfreier Parkplatz gegenüber dem Weintor		
GPS:	49°03'02.5"N 7°57'24.3"E		
Markierung:	Pfälzer Weinsteig, roter Kreis		
Wegecharakteristik:	< 1 % Bergwanderweg – 54 % Wanderweg – 30 % Nebenstraße – < 5 % Straße – < 1 % Bundesstraße		
Höchster Punkt: Niedrigster Punkt:	290 m 160 m		

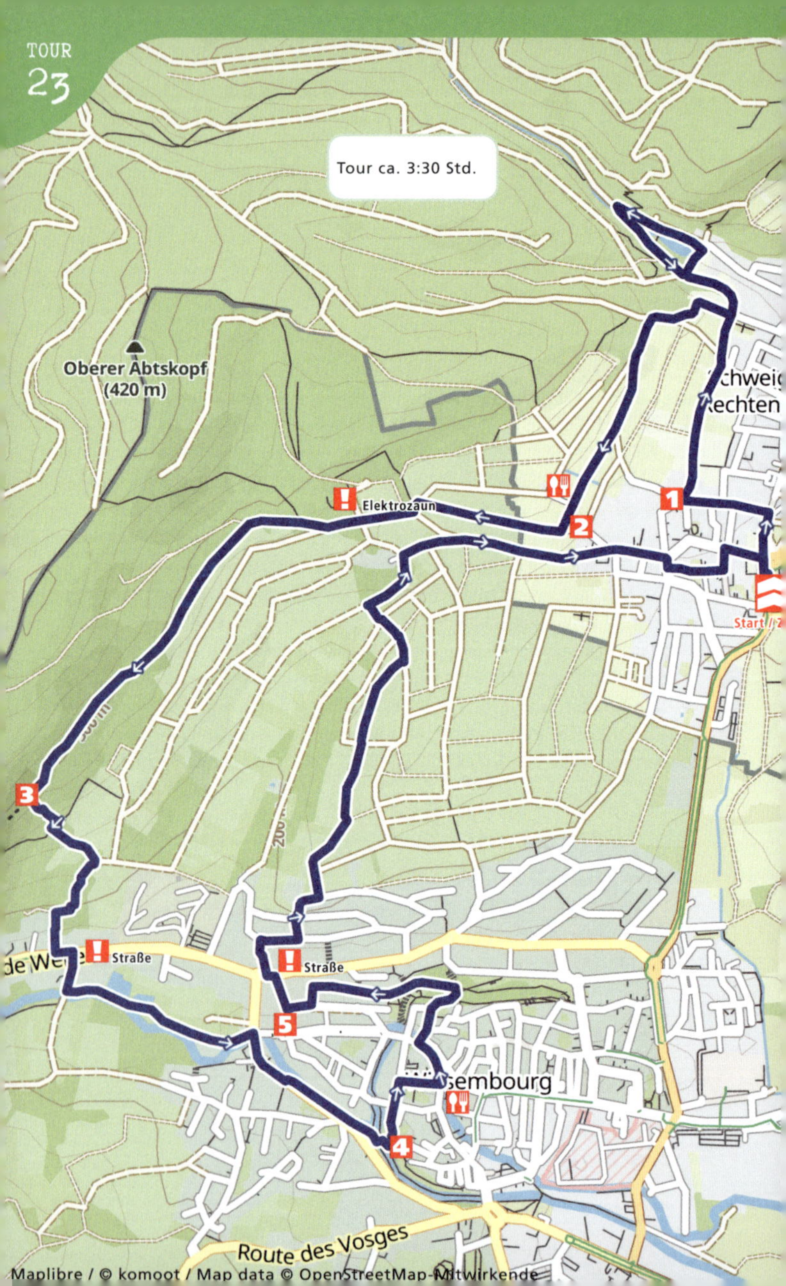
TOUR 23
Tour ca. 3:30 Std.
Oberer Abtskopf (420 m)
Elektrozaun
Straße
Straße
Start / Z
Wissembourg
Route des Vosges
Maplibre / © komoot / Map data © OpenStreetMap-Mitwirkende

Unser Parkplatz liegt nur wenige Gehminuten vom Tourismusmagnet Weintor entfernt. Von dort aus geht's links in die Längelsstraße und dann Richtung Weinberge. Wir lassen kein Wasser aus, deshalb biegen wir rechts in die Waldstraße 1 und machen noch schnell einen kleinen Umweg zum Rußbach und dem kleinen Seerosenteich. Den umrunden wir und folgen der Markierung „Pfälzer Weinsteig". Wir gehen weiter geradeaus (nicht hinunter ins Dorf) bis zum Seseldenkmal und biegen dort links ab.

Wer Durst hat, kann übrigens links hinunter, Richtung Dorf, in die Bergstraße abbiegen. Dort, im Weingut Harald Schäffer, gibt es nicht nur eine gemütliche Weinstube, sondern dank Getränkeautomaten auch rund um die Uhr eine Schorle to-go.

An dem Seseldenkmal 2 folgen wir dem roten Kreis „Circuit Wissembourg-Schweigen", genießen die Stille und die schönen Ausblicke auf Wissembourgs Kirchen. Es geht immer am Waldrand entlang. Unter uns liegt bald das Pauliner Schloss. Wir bleiben am Waldrand entlang des Elektrozauns, der Rehe und Wildschweine davon abhalten soll, die Reben zu futtern. Kein Wunder, hier gibt es jede Menge Esskastanienbäume. Achtung ! Auf dem Zaun könnte Strom sein. Bei unseren Wanderungen war keiner drauf.

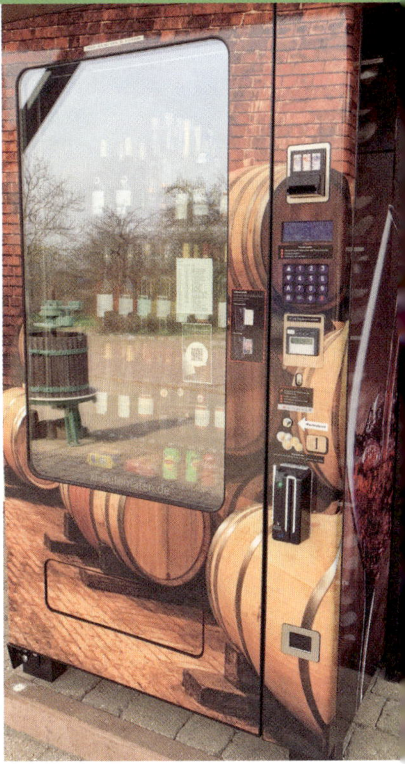

Für den schnellen Durst eine Schorle to-go

Wir folgen dem roten Kreis und beginnen den steilen Abstieg 3 nach Wissembourg durch einen kleinen vermoosten Märchenwald. Achtung ! Der Pfad endet nach rund 20 Minuten an einer Straße in Wissembourg, an der wir links und gleich wieder rechts gehen. Jetzt orientieren wir uns an dem Bach, die Lauter. Hier gibt's wieder die Chance, die Hunde schwimmen zu lassen. Der

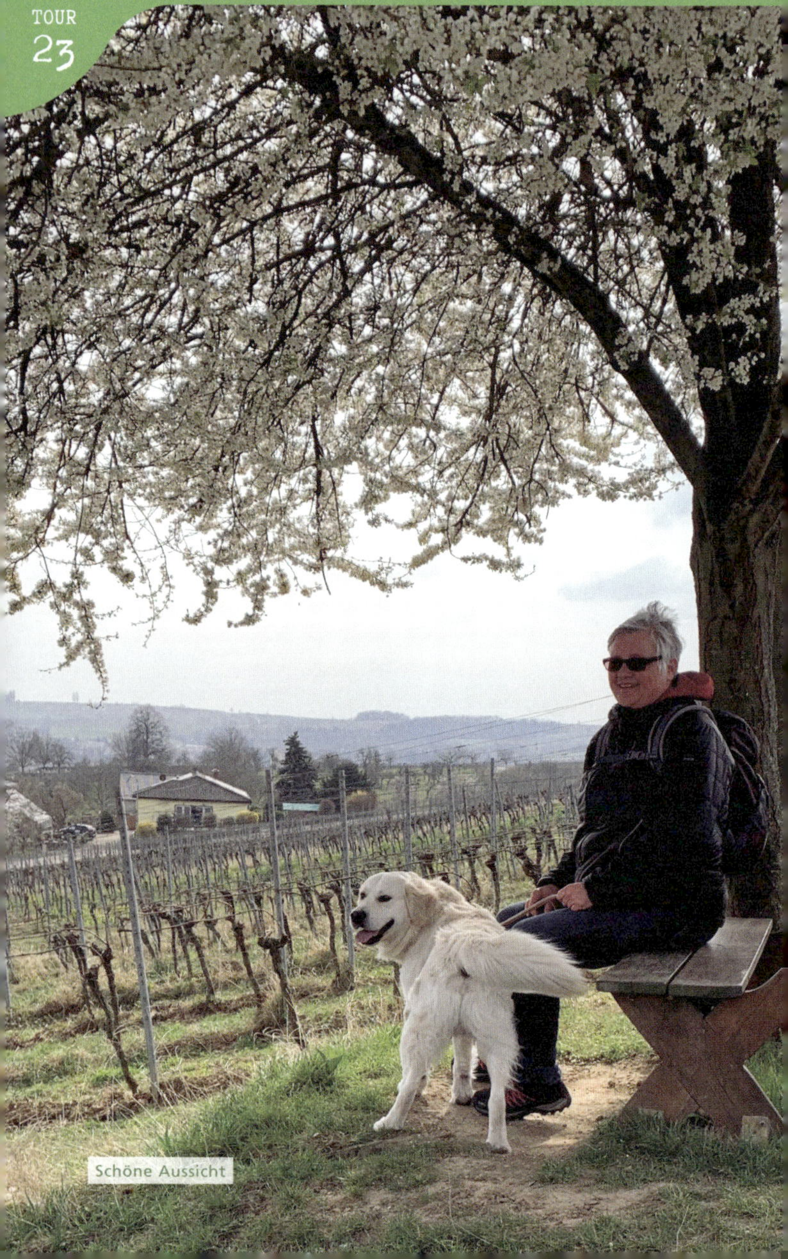

Schöne Aussicht

Tipp: Der Lauer folgen

Wer mag, kann dem Bach, der Lauter, ab Wegepunkt 4, durch den Stadtgraben noch ein bisschen folgen und auf der anderen Seite des Bachs wieder zurücklaufen bis zum Wegepunkt 4.

Bach schlängelt sich durch das Städtchen, wir folgen ihm bis zur kleinen Rundbogenbrücke 4 und sind auch schon mittendrin im elsässischen Wissembourg. Wir durchqueren den historischen Stadtkern – vorbei an dem Palais Stanislas, der Église Saints-Pierre-et-Paul und dem Place du Saumon – und folgen dem Quai du 24 Novembre, um dann rechts in die Rue du Presbytère abzubiegen. Dort erreichen wir einen Park, folgen kurz dem roten Kreis, nehmen dann aber den Weg links raus aus dem Park, der uns durch Wissembourger Hintergärten hindurchführt. Wir treffen auf eine Lindenallee, der Rue Otfried, und biegen rechts in die Route de Bitche ein. 5 Nun kommt ein quälender Part: Hauptstraße überqueren und vor dem Kreisel steil die Treppen hoch, im Zickzack raus aus Wissembourg. Die Treppen sind betoniert, und Hunde, die Treppen laufen, sollten keine Probleme haben. Wer keine Treppen laufen mag, kann auch die Rue du Chateau Saint-Paul nehmen und später wieder auf unsere Route zurückkehren.

Info

H	Ab Bahnhof Bad Bergzabern fährt der Bus 543 bis nach Schweigen, Weintor
P	Schweigen, Parkplatz gegenüber dem Weintor
Karte	LVermGeo Blatt 8 „Östlicher Wasgau mit Bad Bergzabern“, Naturpark Pfälzerwald (1:25.000)
Essen	Weingut Harald Schäffer Bergstraße 8 76889 Schweigen-Rechtenbach Tel.: 06342-7897 Öffnungszeiten auf: www.weingut-haraldschaeffer.de Restaurant Du Saumon 3 Pl. du Saumon 67160 Wissembourg, Frankreich Tel.: +33-3-8894-1395 täglich 9.30-21 Uhr
Hotel	Hôtel Weiss 1, rue Vauban 67160 Wissembourg, Frankreich Tel.: +33-3-8894-1367 www.hotel-weiss.biz
i	Tourismusverein Südliche Weinstraße Bad Bergzabern Kurtalstr. 27 76887 Bad Bergzabern Tel.: 06343-989660 www.bad-bergzaberner-land.de
+	Tierarztpraxis Dr. Sascha Stiny Hauptstraße 10 76889 Schweighofen Tel.: 06342-7299 www.tierarzt-dr-stiny.de

Oben angekommen, belohnt uns ein schöner Wiesenweg mit einem tollen Ausblick, und wir wandern auf Sicht durch die Weinberge zurück Richtung Schweigener Kirche und Weintor.

Südpfalz und Wasgau

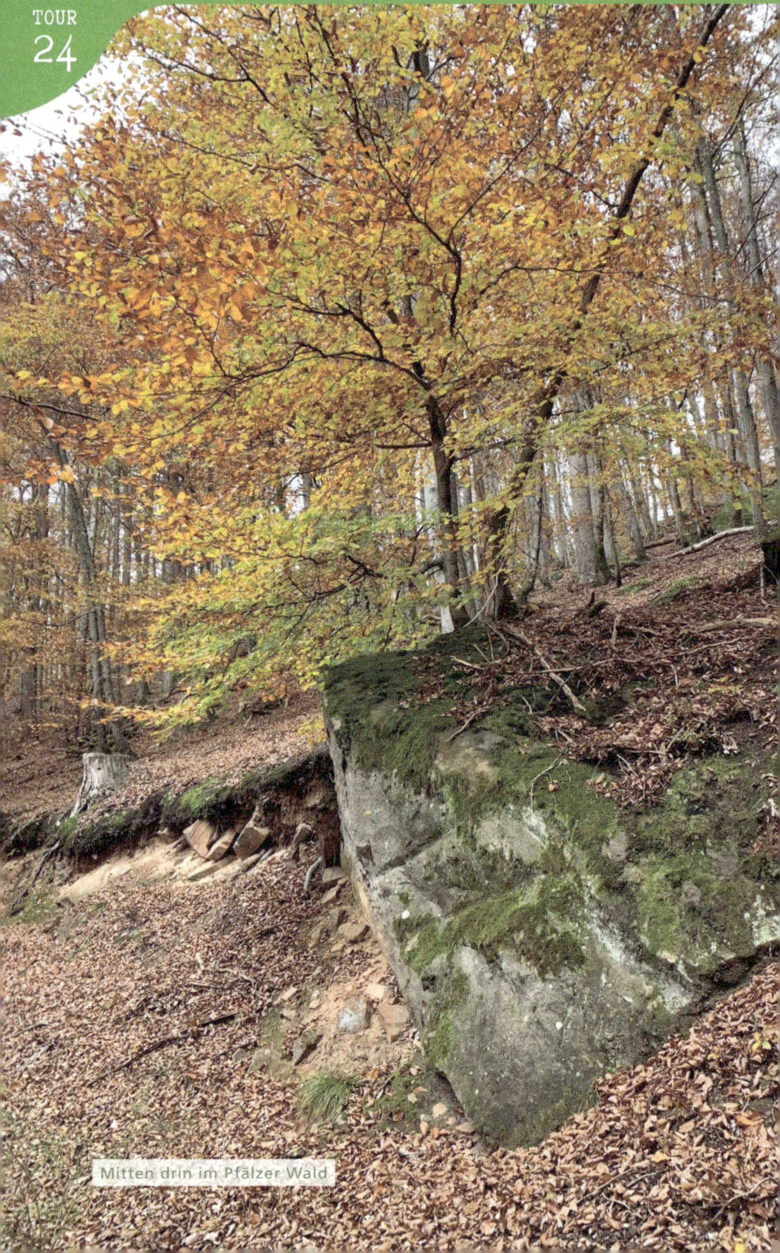

Mitten drin im Pfälzer Wald

Auf der Luchsspur: mitten drin im Biosphärenreservat

Hundefreundlichkeit: **Kurz hinter dem Johanniskreuz soll künftig der Urwald beginnen. Eine Kernzone, in der sich der Wald selbst überlassen bleibt. Eine Zone, in der sich Luchs und Wildkatze wohl fühlen. Der Mensch soll nicht eingreifen in die Natur: eine spannende Gegend für das Hund-Mensch-Team. Schon jetzt gibt es hier ein bisschen mehr Wildnis als sonst wo im Pfälzer Wald. Querliegende Bäume werden nicht mehr weggeräumt. Bachtäler und Wiesen wachsen zu. Und mit etwas Glück sehen und riechen wir hier jede Menge Wildtiere. Jagdlich motivierte Hunde deshalb unbedingt anleinen.**

Tour-Info	↔ 23 km	6:30 Std.	+++ schwer
Start-Ziel:	Auf der Luchsspur: mitten drin im Biosphärenreservat		
GPS:	49°20'10.2"N 7°49'31.6"E		
Markierung:	Blaues Kreuz, gelb-blaues Kreuz, gelb-blauer Balken, gelber Balken, blau-gelber Balken, gelb-roter Balken, gelb-grünes Kreuz		
Wegecharakteristik:	4 % Bergwanderweg – 22 % Wanderweg – 66 % Weg – 3 % Fußweg – 2 % Nebenstraße – 2 % Straße – 1 % Bundesstraße		
Höchster Punkt: Niedrigster Punkt:	570 m 310 m		

Vom Parkplatz Johanniskreuz laufen wir Richtung Haus der Nachhaltigkeit. Hier gibt es einen kleinen Shop mit witzigen Sachen rund um das Thema Wald, Ausstellungen sowie Veranstaltungen mit dem Schwerpunkt auf nachhaltigem Leben. Hinter dem Haus treffen wir auf das blaue Kreuz, dem wir fast bis zum Antonihof folgen. Der Hof ist ein Zentrum zum Erhalt von Genen unserer heimischen Bäume und

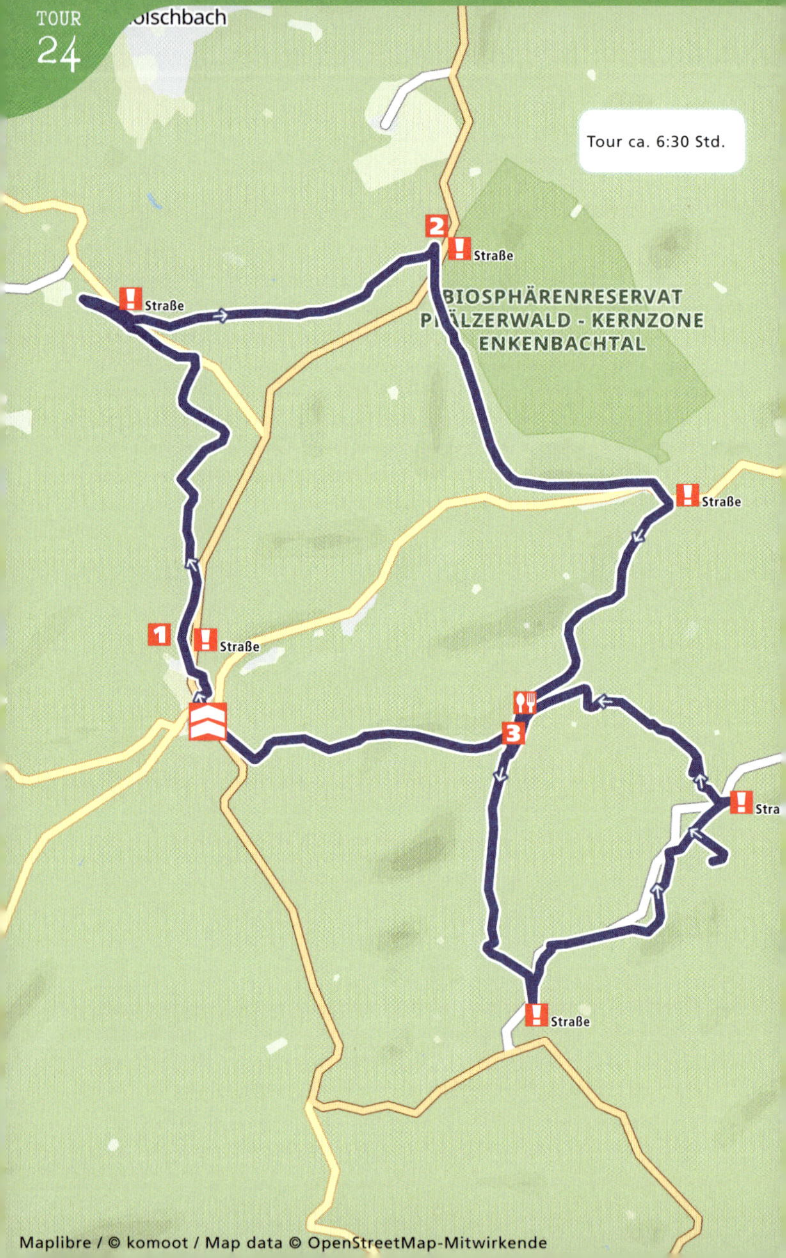
…oischbach
Tour ca. 6:30 Std.
BIOSPHÄRENRESERVAT
PFÄLZERWALD - KERNZONE
ENKENBACHTAL
1
2
3
Straße
Straße
Straße
Straße
Straße
Stra
Maplibre / © komoot / Map data © OpenStreetMap-Mitwirkende

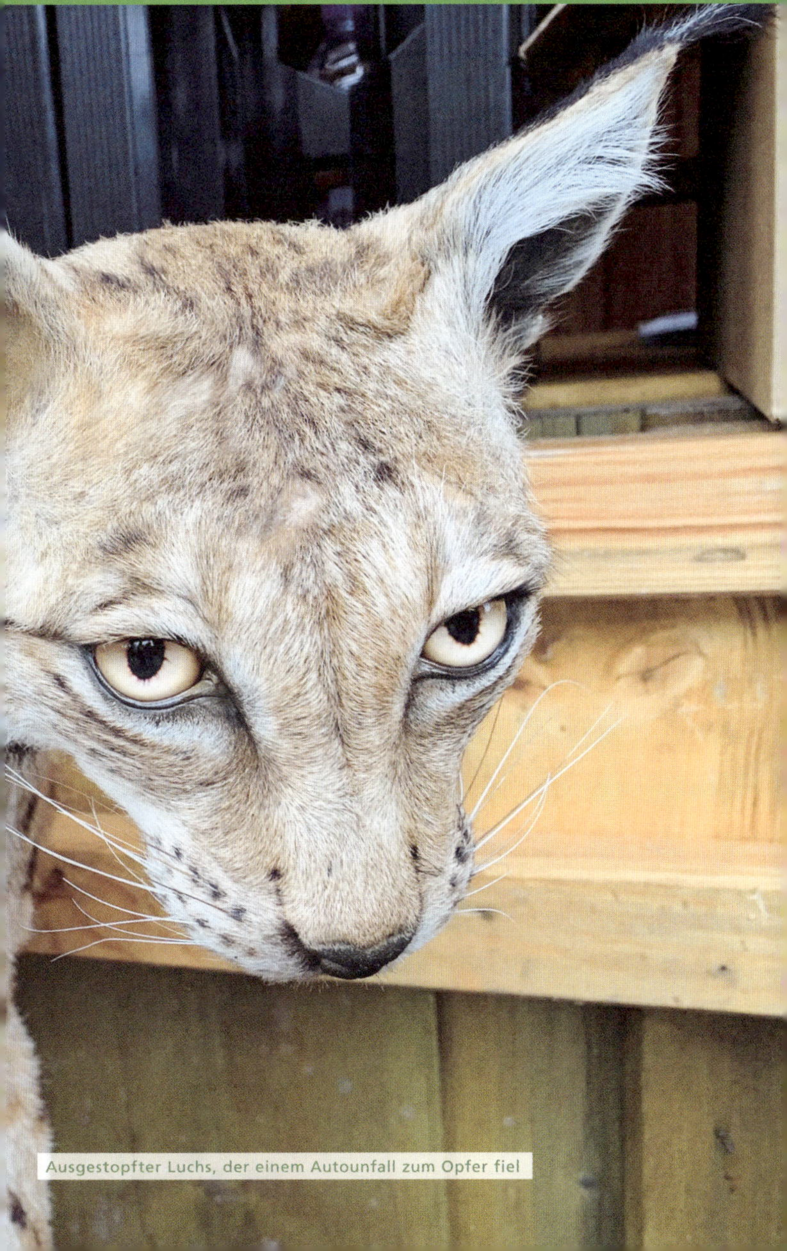

Ausgestopfter Luchs, der einem Autounfall zum Opfer fiel

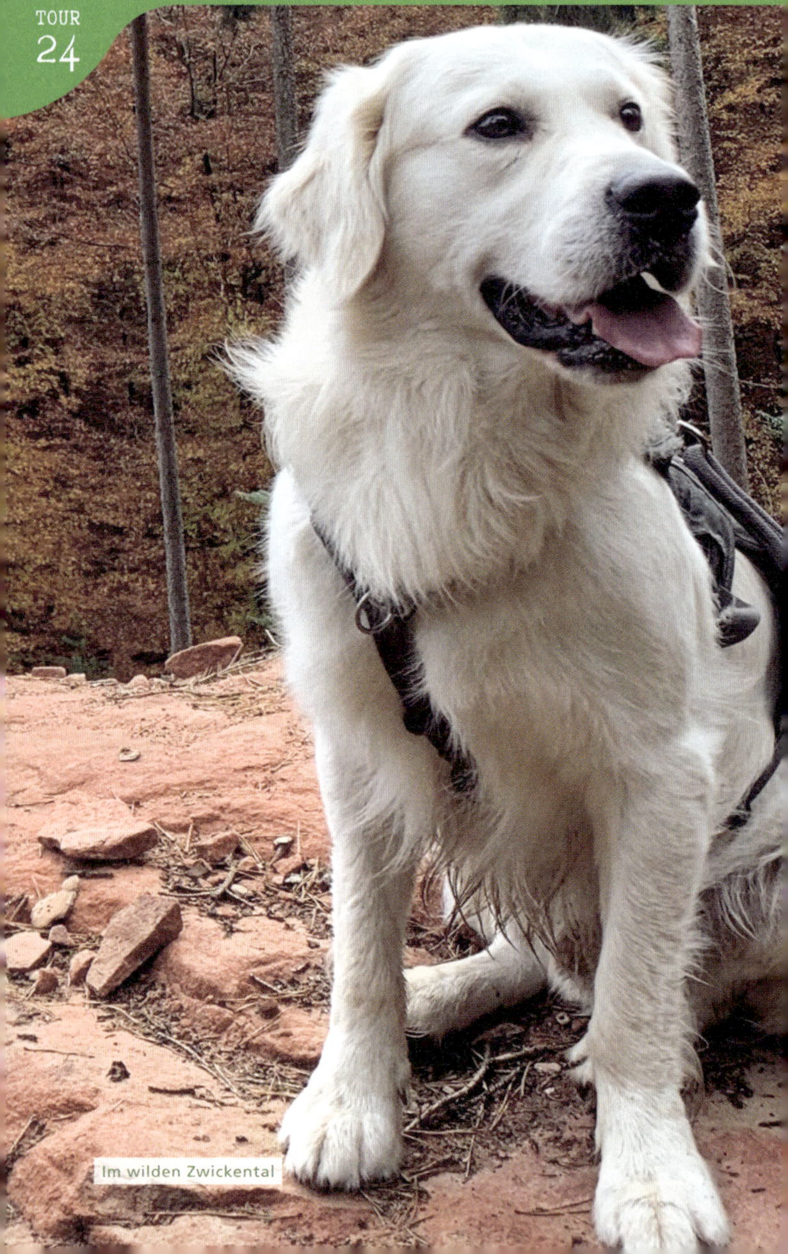

Im wilden Zwickental

Sträucher. Unser Weg führt kurz vorm Erreichen des Hofs Achtung ! rechts 1 über die Bundesstraße 48, und wir folgen dem gelb-blauen Balken. Nach rund 3 Kilometern Achtung ! Hunde anleinen! ganz in der Nähe der Lichtung rund um den Stüterhof überqueren wir nochmals die Bundesstraße 48. 2 Nun geht's bergab in das Große Scheidtal (gelber Balken). Das Tal bringt uns bis in die Ortschaft Speyerbrunn, wo wir im Restaurant Waldschlössel einkehren können.

An der Quelle des Speyerbachs mit einer schönen Bank setzen wir unseren Weg fort ins wild-romantische Erlenbachtal (blau-gelber Balken). Der Erlenbach bietet immer wieder mal die Gelegenheit für die Hunde, zu planschen.

Tipp: Wandermarathon

Immer am letzten Sonntag im Oktober findet rund um das Haus der Nachhaltigkeit sowie rund um das Biosphärenhaus ein Halbwandermarathon (rund 22 km) statt. Hunde sind gern gesehen. Die Strecken sind gut ausgeschildert, und zum Schluss gibt's eine Verlosung. Startgeld: 13 Euro (Stand 2022), Hunde kostenlos. Für trainierte Hund-Mensch-Teams gibt es natürlich auch einen Wandermarathon (rund 42 km), der führt vom Haus der Nachhaltigkeit quer durch den Pfälzer Wald, durch einige Kernzonen, bis zum Biosphärenhaus in Fischbach bei Dahn. www.wandermarathon-pfalz.de

Vor der Waldsiedlung Erlenbach 3 steigt der Weg (blau-gelber Balken) rund 2,5 Kilometer an. Achtung ! Hunde anleinen! Dann trifft der Weg auf eine Kreisstraße, die wir überqueren, wir halten uns links und wechseln auf die Markierung gelb-roter Balken. Der gelb-rote Balken führt – ein Stück parallel an der Kreisstraße – unterhalb des hölzernen Schindhübelturms vorbei. Ein Abstecher lohnt sich, der Ausblick ist gigantisch. Aber die offenen Holztreppen könnten für einige Hunde eine echte Herausforderung sein.

Weiter geht's auf dem rot-gelben Balken bis zum Parkplatz Mitteleiche, wo auch das Naturdenkmal Mitteleiche, eine wunderschöne alte Eiche, steht. Achtung ! Dort überqueren wir erneut die Straße, wechseln die Markierung zum gelb-grünen Kreuz und laufen einen schönen Waldpfad hinab, zurück ins Erlenbachtal. Rund 500 Meter nach der Mitteleiche können wir noch einen kleinen Umweg zum Schüllermannsbrunnen machen, der ein bisschen versteckt im Wald vor sich hinplätschert.

In Erlenbach und oberhalb der Ortschaft gibt es einige Triftanlagen. Früher wurde das Holz über sogenannte Triftanlagen talabwärts getrieben. Die Triftanlagen sorgten für den entsprechenden Wasserstand, damit das Holz auch schwimmen

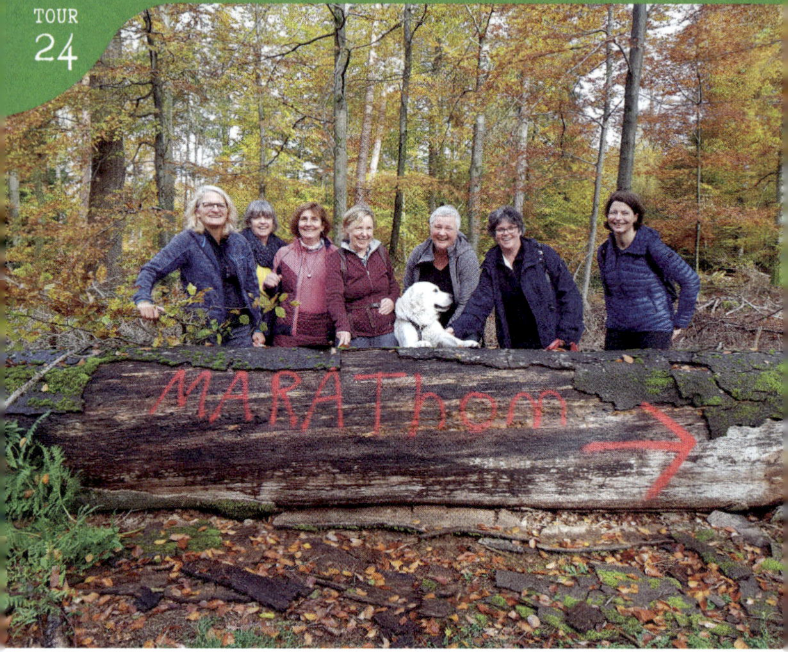

Großer Spaß, selbst wenn Bäume den Weg versperren.

Hintergrund: Kernzone im Biosphärenreservat

Insgesamt rund 5.400 Hektar – also rund 3 Prozent der Gesamtfläche des Biosphärenreservats – bilden die sogenannte Kernzone. Dabei handelt es sich um 20 Teilflächen, in denen sich die Natur ohne menschliche Eingriffe entwickeln soll und sich letztendlich eine regelrechte Wildnis herausbilden wird. Dieser künftige Urwald soll dann vom Menschen möglichst nicht mehr betreten werden und die Teilflächen dürfen nur auf eigens ausgewiesenen Wegen durchquert werden. Das Reservat bietet hervorragende Lebensbedingungen für den Luchs. Er findet hier genug Platz, ausreichend Wild, viele Felsen und einsame Waldbereiche, die ihm Rückzugsmöglichkeiten geben. In einem Wiederansiedlungsprojekt wurden 20 Tiere zwischen 2016 und 2020 ausgesetzt. Bleibt die Frage, wieviel Luchse im Pfälzer Wald wohnen? Das ist trotz Wildkameras und GPS-Halsband schwierig zu sagen. Bis zum Jahr 2021 konnten mindestens 18 Jungtiere, die im deutsch-französischen Biosphärenreservat Pfälzerwald-Nordvogesen geboren wurden, nachgewiesen werden. Aktuell wird geschätzt, dass zwischen neun und 22 Luchse unterwegs sind. Ob das Projekt damit erfolgreich ist oder nicht, sorgt immer wieder für kontroverse Diskussionen.
www.snu.rlp.de/de/projekte/luchs/
www.fawf.wald.rlp.de/de/forschung-und-monitoring-unsere-aufgaben/koordinationszentrum-luchs-und-wolf/

Info

Bus	ab Kaiserslautern Hbf. sonntags mit dem „Luchsbus" nach Trippstadt von dort per Ruftaxi nach Johanniskreuz Tel.: 0631-366777 (Saisonverkehr ab Ostersonntag bis Ende der Herbstferien)
P	Johanniskreuz, Parkplatz Johanniskreuz
Karte	LVermGeo Naturpark Pfälzerwald Blatt 5 „Vom Johanniskreuz bis Pirmasens" (1:25.000)
Restaurant	Hotel-Restaurant Waldschlössel Ortsstraße 24 67471 Speyerbrunn Tel.: 06328-280 www.speyerbrunn.de Mo, Di + Do-Sa ab 17.30 Uhr So ab 11 Uhr durchgehend Mi Ruhetag
i	Tourist Information Luftkurort Trippstadt Hauptstraße 57 67705 Trippstadt Tel.: 06306-341 www.trippstadt.de
+	Tierarztpraxis Dr. Manfred Stephan Hohenecker Mühle 9 67661 Kaiserslautern Tel.: 0631-98458 www.tierarztpraxis-dr-manfred-stephan.de

konnte. Heute sind die meisten Triftanlagen verwildert, leider auch die in Erlenbach.

In Erlenbach **3** laufen wir kurz durchs Wohngebiet und folgen weiter dem gelb-grünen Kreuz. Danach erwartet uns das Zwickental – nochmal mit einem kräftigen, langgezogenen Anstieg bis zum Johanniskreuz.

Kurz vor dem Parkplatz sieht man links am Albrechtshain von Oktober bis Mai die riesigen, wertvollen Baumstämme, die hier auf ihre Versteigerung warten. Es lohnt sich, vorbeizugehen, um die Stämme zu bestaunen. Von dort aus geht's in wenigen Gehminuten zum Parkplatz zurück.

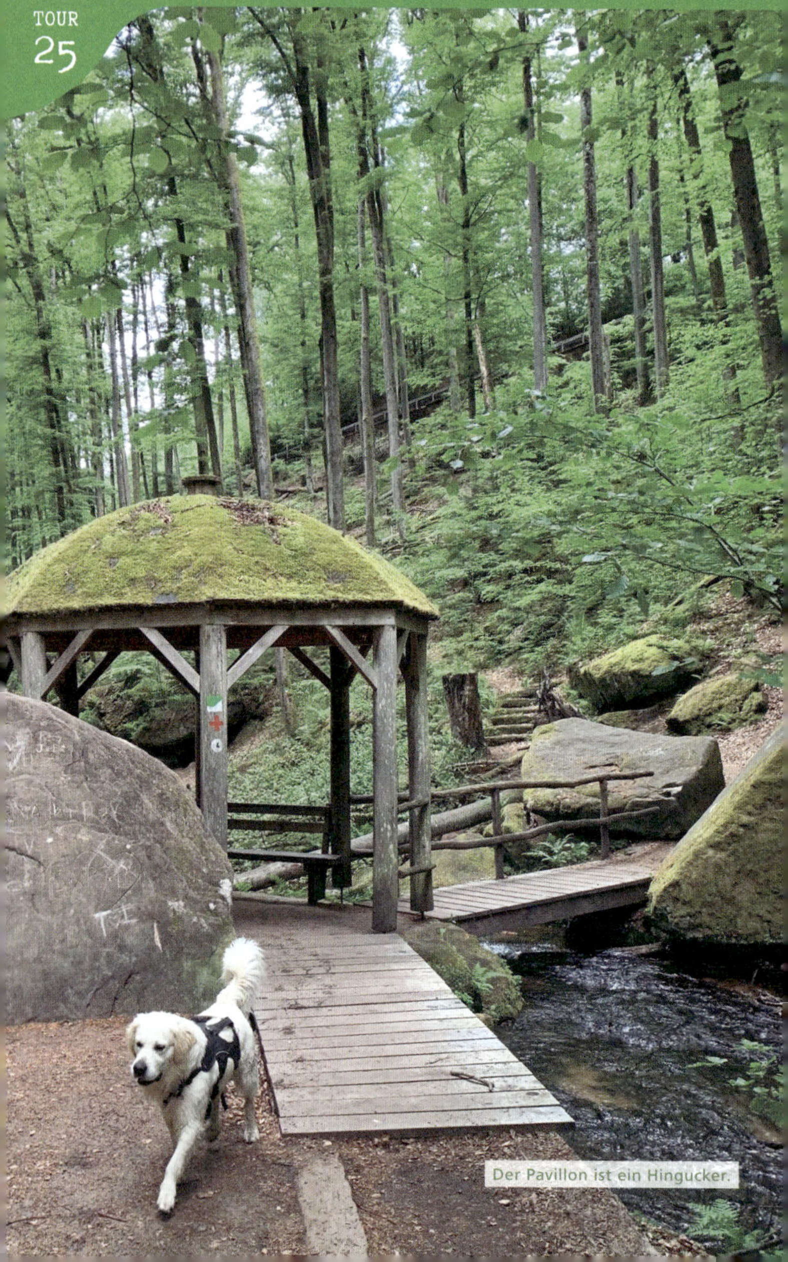

Der Pavillon ist ein Hingucker.

Baden in der Moosalbe – stiller Wald – super Sommerrunde

Wasserspaß pur: die Karlstalschlucht

Hundefreundlichkeit: Die Karlstalschlucht ist eins der romantischsten Täler im Pfälzer Wald. Dementsprechend viel los ist hier am Wochenende und an Feiertagen. Aber der Besuch lohnt sich für alle Wanderinnen und Wanderer, die Wasser- und Stöckchen-begeisterte Hunde haben, trotzdem: Wasser und Holz gibt es hier genug. Am schönsten ist es in den frühen Morgen- oder Abendstunden. Auf dem Weg zur Schlucht, oberhalb der Moosalbe, ist nur wenig los. Die Wege sind breit und prima für eine Wanderung mit mehreren Mensch-Hunde-Teams.

Tour-Info	↔ 10 km	3 Std.	++ mittel
Start-Ziel:	Naturfreundehaus Finsterbrunnertal		
GPS:	49°21'58.7"N 7°43'05.0"E		
Markierung:	Lokaler Wanderweg Nummer 3, Pfälzer Waldpfad		
Wegecharakteristik:	44 % Wanderweg – 56 % Weg		
Höchster Punkt: Niedrigster Punkt:	410 m 310 m	Seniorenhunde Variante	

Wir starten unsere Tour am Naturfreundehaus, das wir rechts liegen lassen, und wandern hinauf zum Finsterbrunnertal. Moosbewachsene Steine weisen uns den Weg. Es geht vorbei an einem kleinen Barfußpfad und an dem Finsterbrunnen mit einem wunderschönen Steintisch. Wir biegen rechts ab auf den breiten, geschotterten Forstweg 1 und durchqueren einen Fichtenwald. Es gibt hier keine Beschilderung, deshalb ist es hier auch schön einsam. An der Kreuzung mit der Bank geht's leicht links, bis sich der Forstweg nach weiteren 300 Metern gabelt, wo wir uns erneut links halten 2. Kurze Zeit später folgen wir, wieder links, einem schönen, schattigen Sandweg (Spitzkehr).

TOUR 25

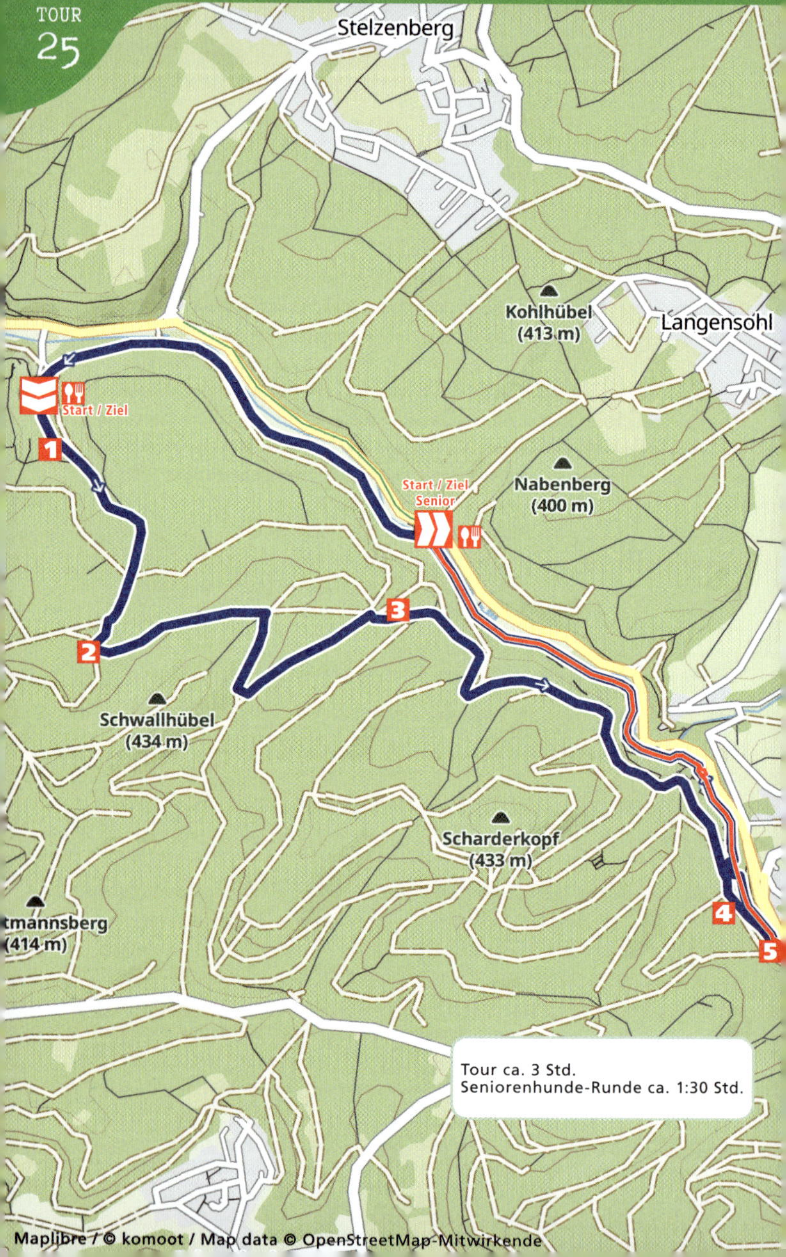
Stelzenberg
Kohlhübel (413 m)
Langensohl
Start / Ziel
Start / Ziel Senior
Nabenberg (400 m)
1
2
3
4
5
Schwallhübel (434 m)
Scharderkopf (433 m)
tmannsberg (414 m)
Tour ca. 3 Std.
Seniorenhunde-Runde ca. 1:30 Std.
Maplibre / © komoot / Map data © OpenStreetMap-Mitwirkende

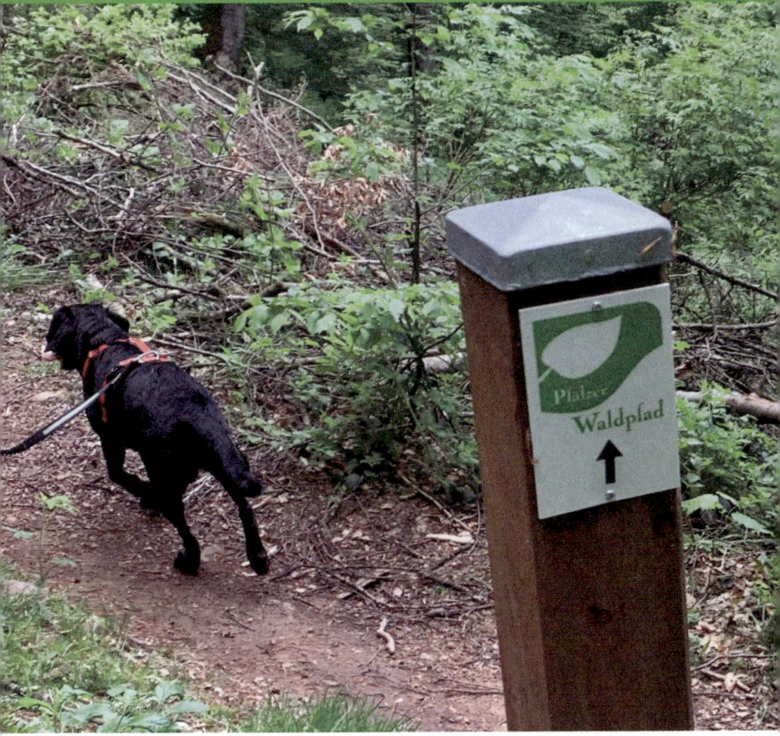

Bietet einsame Wege: der Pfälzer Waldpfad

Nach rund zehn Minuten kommt erneut eine Kreuzung, hier gehen wir rechts. Nach wenigen Metern gehen wir zwei Mal links. Es kann sein, dass hin und wieder kurze Teilstücke des Weges geschottert sind, denn wir laufen auf einem Forstweg, der für Waldarbeiten und von den Rangern genutzt wird. An der nächsten Kreuzung biegen wir rechts ab, Richtung Schutzhütte **3**. Ab jetzt wird es einfach: Es geht immer geradeaus. Wir laufen jetzt parallel zur Karlstalschlucht. Das Plätschern der Moosalbe ist bereits zu hören, und die Hunde riechen bereits das Wasser. Also Aufpassen!, dass sie nicht den steilen Hang hinunterrennen!

Nach insgesamt guten fünf Kilometern (rund 1,5 Wanderstunden) kommt links ein etwas zugewachsener Pfad, der unter anderem die lokale Markierung Nummer 3 hat. Dieser Pfad **4** bringt uns bergrunter

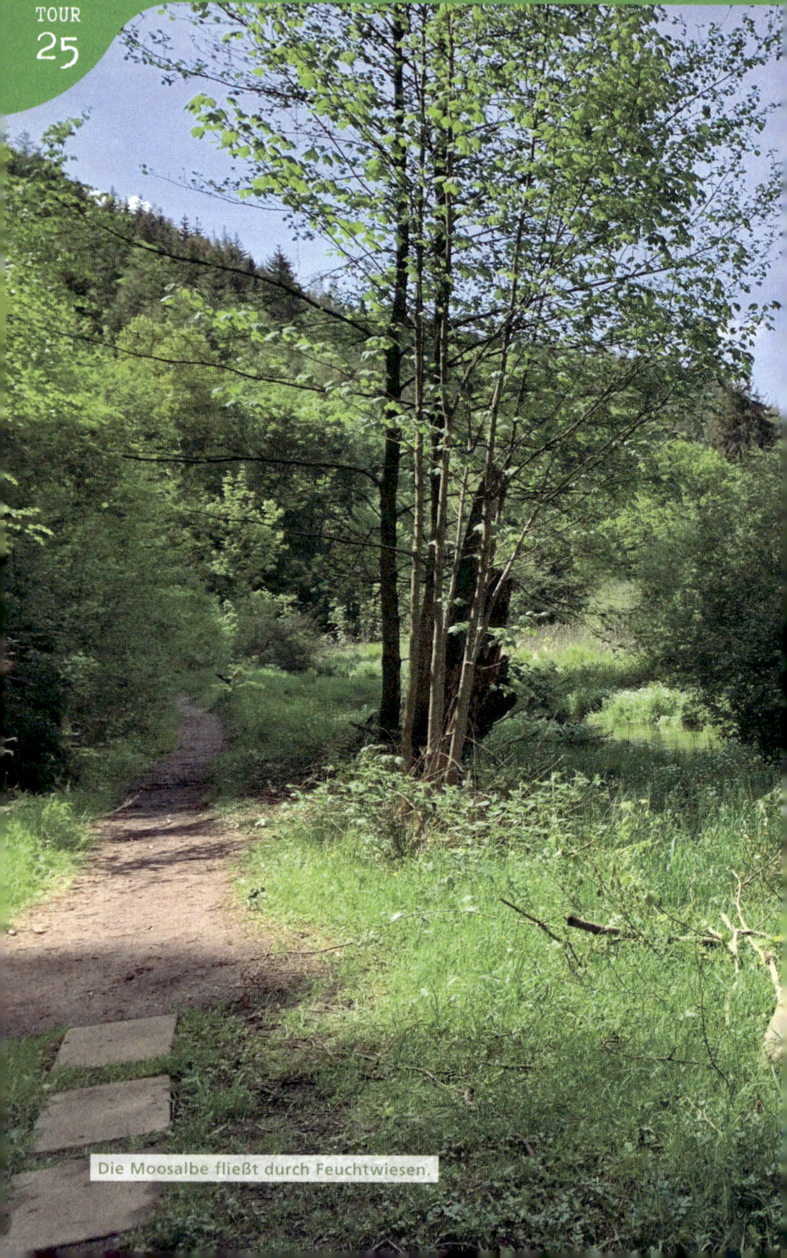

Die Moosalbe fließt durch Feuchtwiesen.

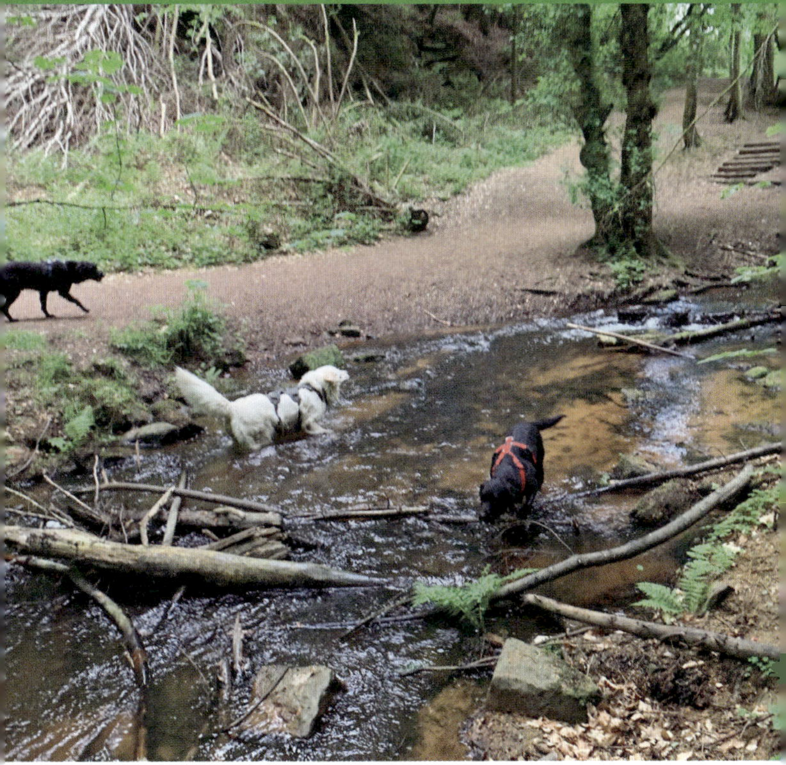

Ein Hundetraum: Wasser und Stöckchen

**Tipp:
Der Pfälzer Waldpfad**

Der Pfälzer Waldpfad durchquert den Pfälzerwald auf neun Etappen, von Kaiserslautern bis nach Schweigen-Rechtenbach an der Deutschen Weinstraße. Die 143 km lange Route bietet unberührte Natur, beeindruckende Stille, sehr alten Waldbestand und atemberaubende Sandsteinfelsen.
www.pfalz.de/de/route/pfaelzer-waldpfad

direkt an den Anfang **5** der Karlstalschlucht. Wir gehen links und folgen ab jetzt stromabwärts der Moosalbe und der Markierung
Etwa einen Kilometer lang ist der wildromantische Teil der Karlstalschlucht mit kleinen Wasserfällen, Bachbecken, umgestürzten Bäumen, Holzbrücken, Bänken, Sitzgruppen und einem kleinen Pavillon. Am schönsten ist es hier frühmorgens

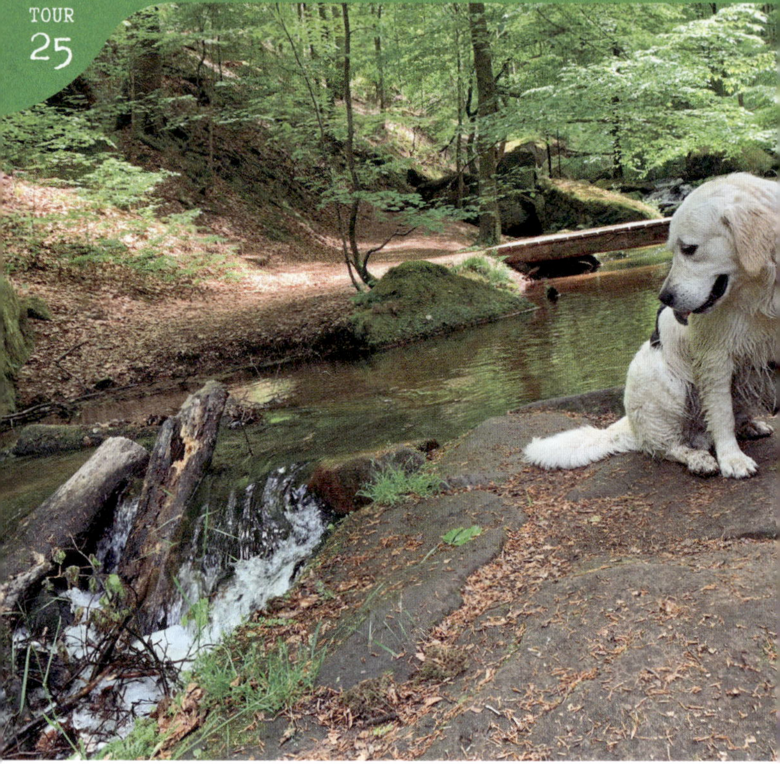

Planschen in der Moosalbe macht müde.

oder am späten Abend, wenn das Licht durch die Bäume scheint. Nach der Karlstalschlucht ändert die Moosalbe ihr Gesicht. Wir halten uns links, der Bach ist rechts. Bald wandelt sich der wilde Waldbach zu einem kleinen Fischweiher, und danach zu einem ruhigen, breiten Bach, der sich durch eine Feuchtwiesenlandschaft schlängelt. Wasser und Holz sorgten übrigens im 19. Jahrhundert dafür, dass das Tal zu den bedeutendsten Eisenproduktionsstätten in der Region gehörte. Im Außenbereich des Unterhammers – ein ehemaliges Eisenhammerwerk und heute Gesundheitszentrum sowie Café, an dem wir vorbeiwandern – kann man auf Tafeln die Geschichte der Eisenproduktion im Karlstal nachlesen.

Wir folgen der Markierung „Pfälzer Waldpfad" vorbei an Feuchtwiesen.

Info

Mit der Regionalbahn von Kaiserslautern nach Schopp oder mit dem Bus nach Stelzenberg, Haltestelle Lindenstraße
Bei beiden Varianten noch rund 30 Minuten Fußweg bergrunter bis zum Naturfreundehaus

Parkplatz am Naturfreundehaus

LVermGeo Naturpark Pfälzerwald Blatt 3 „Kaiserslautern und Umgebung" (1:25.000)

Naturfreundehaus Finsterbrunnertal
67705 Finsterbrunnertal
Tel.: 06306-2882
www.naturfreunde-kaiserslautern.de
Mo-So 11-17.30 Uhr

Café Unterhammer
Unterhammer 3
67705 Trippstadt
Tel.: 06306-701460
www.unterhammer.com
Mi-Sa 12-18 Uhr
So 10-18 Uhr

Seehotel Gelterswoog
Gelterswoog 20
67661 Kaiserslautern
Tel.: 0631-35300
www.seehotel-gelterswoog.de

Tourist Information Luftkurort Trippstadt
Hauptstraße 57
67705 Trippstadt
Tel.: 06306-341
www.trippstadt.de

Tierarztpraxis Dr. Manfred Stephan
Hohenecker Mühle 9
67661 Kaiserslautern
Tel.: 0631-98458
www.tierarztpraxis-dr-manfred-stephan.de

Seniorenhunde-Runde: Immer am Bach lang

Die Karlstalschlucht ist auch super für Seniorenhunde. Zumal die Moosalbe keinen hohen Wasserstand oder starke Strömung hat und deshalb ideal für ältere Hunde ist. Lediglich die vielen Stöckchen und Stämme im Wasser könnten Stolperfallen bilden. Bei der Seniorenwanderung sind Hin- und Rückweg gleich. Das ist bei diesem flachen, weichen Weg aber überhaupt nicht schlimm ist, denn es gibt immer etwas Neues zu entdecken und zu erplanschen. Parken kann man am Café Unterhammer (Unterhammer 3, 67705 Trippstadt) – und gemütlich mit Kaffee und Kuchen einsteigen. Von dort aus geht es entspannt rund drei Kilometer stromaufwärts die Karlstalschlucht hinauf. Am Ende der Schlucht (Wegepunkt 5) lädt ein schöner Steintisch zu einem Picknick ein. Danach geht's wieder retour. Die Seniorenhunde-Wanderung dauert also insgesamt knappe 5 Kilometer.

Zum Schluss, nach einem Picknickplatz mit Infos zum Pfälzer Jakobsweg, der auch hier verläuft, geht es, wieder auf einem Forstweg, leicht bergauf, bis das Naturfreundehaus links unterhalb sichtbar wird. Ein kleiner, steiler Waldpfad führt hinunter zum Haus und beendet unsere Wanderung.

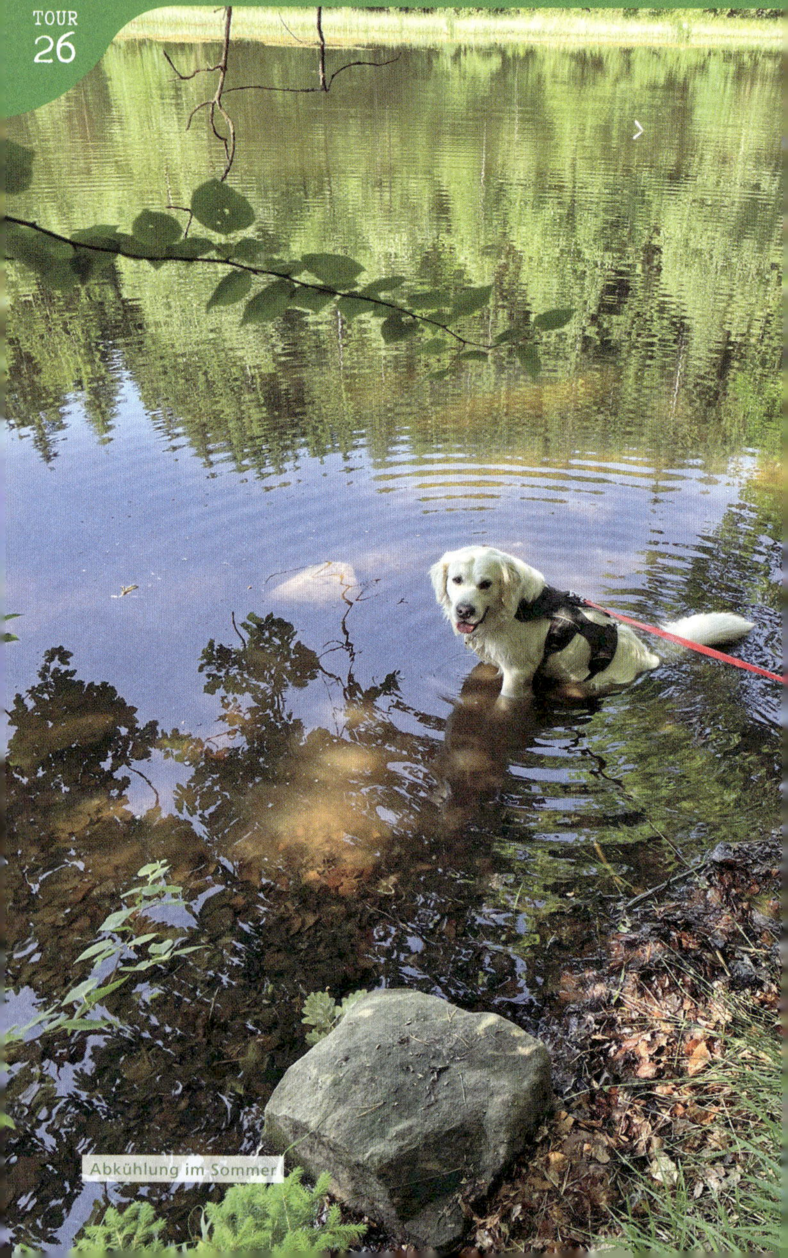

Abkühlung im Sommer

für heiße Sommertage – Fische, Frösche und Fingerhüte – auch für ältere Hunde

Badespaß an fünf Waldweihern: der Gelterswoog und seine feuchten Täler

Hundefreundlichkeit: **Hinter dem beliebten Badesee Gelterswoog, nahe Kaiserlautern, verstecken sich Paradise. Das kleine Naturschutzgebiet bietet Wiesen, Wald und Wildkatzen. Die Highlights sind jedoch die Wooge, mittelalterliche Fischweiher, wo heute Hunde und Karpfen schwimmen. Es gibt viel Schatten trotz breiter Wege. Picknick-Plätze laden zum Verweilen ein. Nach einer gemütlichen Tour gibt es dann zum Abschluss noch ein gemeinsames Bad im Gelterswoog.**

Tour-Info	↔ 8 km	2 Std.	leicht
Start-Ziel:	Gelterswoog, Kaiserslautern, Campingplatz Gelterswoog		
GPS:	49°23'40.0"N 7°41'25.5"E		
Markierung:	rotes Kreuz, weißer Balken mit schwarzem Punkt		
Wegecharakteristik:	2 % Wanderweg – 89 % Weg – 9 % Fußweg		
Höchster Punkt: Niedrigster Punkt:	90 m 90 m	Seniorenhunde Variante	

Der Einstieg in die Wanderung beginnt am Ende des Gelterswoogs, wo der Weg (rotes Kreuz / weißer Balken mit schwarzem Punkt) rechts abgeht. Bei nächster Gelegenheit links **1** auf einen breiten, leicht geschotterten Weg abbiegen. Wir laufen tief ins Tal hinein: Auf der linken Seite wechseln sich auf den ersten zwei Kilometern Wiesen und Wald-Auen ab: Erlen, Fichten, Gelbe Iris, und Fingerhüte säumen den Weg. Es geht weiter geradeaus, dann vor dem Weiher **2**, dem Kolbenwoog, biegen wir nach links ab. Direkt wieder links folgen wir einem Waldweg für etwa zwei Kilometer bis zum dritten Weiher **3**, der

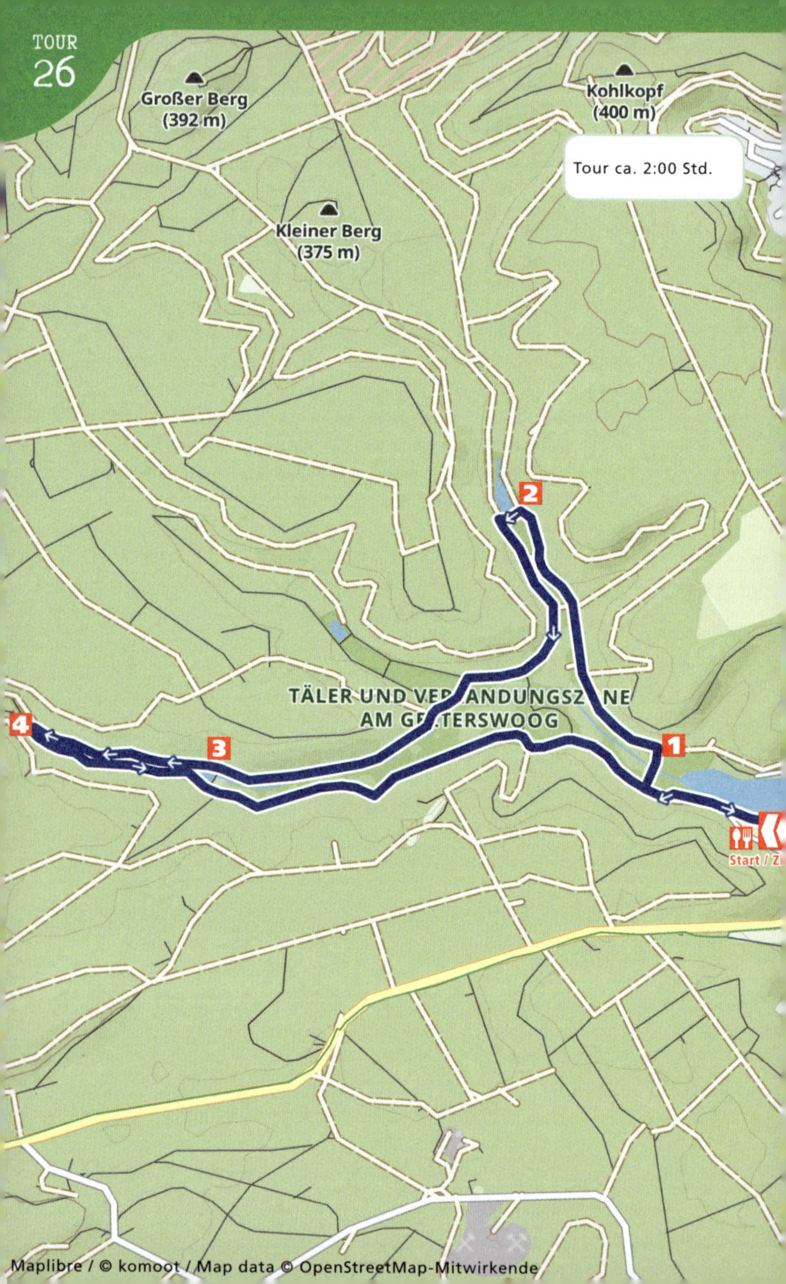
Großer Berg
(392 m)
Kohlkopf
(400 m)
Tour ca. 2:00 Std.
Kleiner Berg
(375 m)
2
TÄLER UND VER ANDUNGSZ NE
AM GE TERSWOOG
1
3
4
Start / Z
Maplibre / © komoot / Map data © OpenStreetMap-Mitwirkende

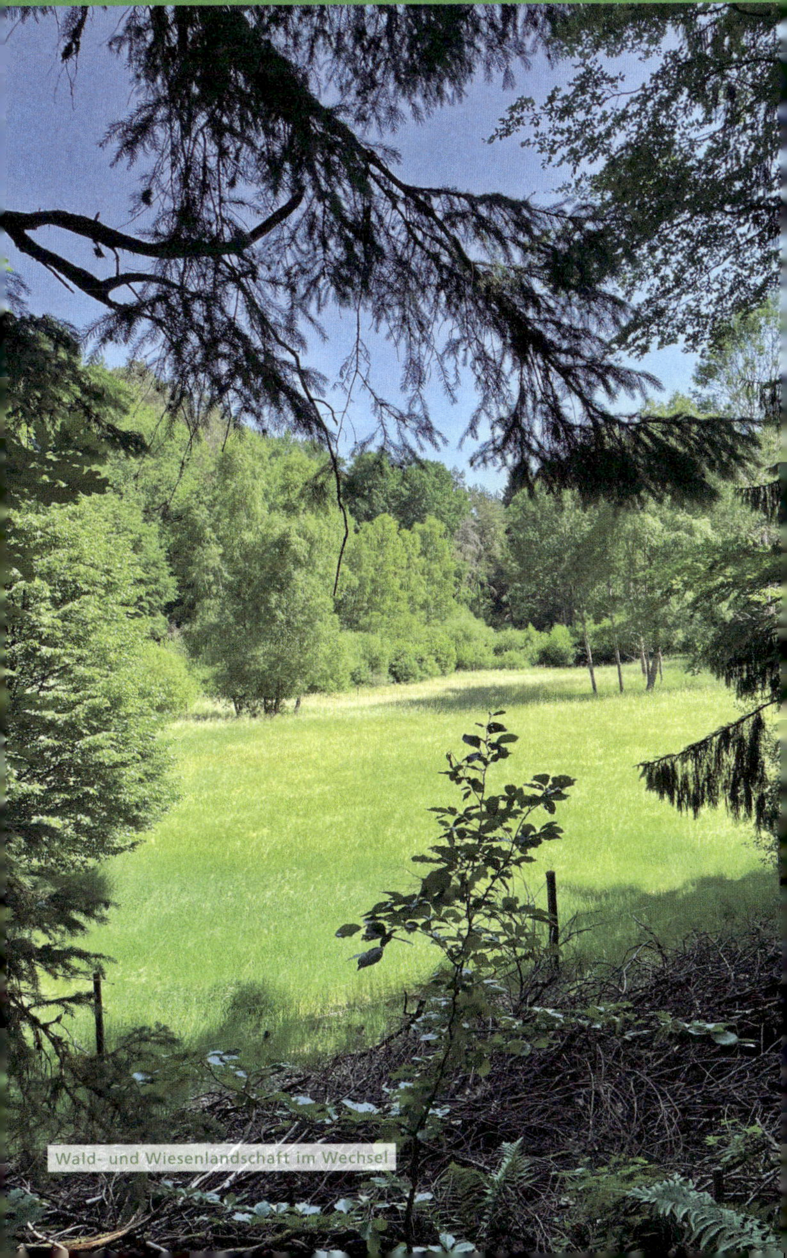

Wald- und Wiesenlandschaft im Wechsel

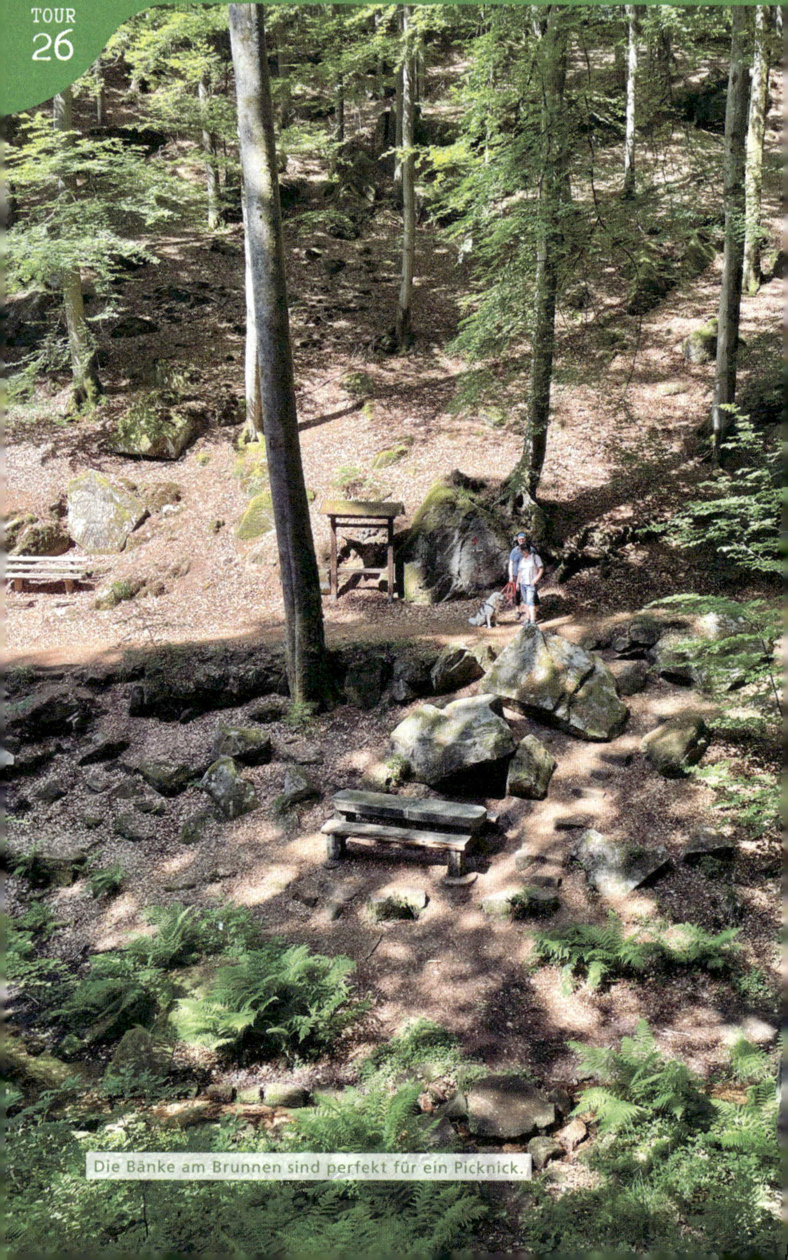

Die Bänke am Brunnen sind perfekt für ein Picknick.

Tipp: Gelterswoog: Ab ins Wasser, Frauchen!

Am Ende der Wanderung gibt es die Möglichkeit, gemeinsam mit dem Hund zu schwimmen. Links vom Campingplatz finden sich einige kleine Sandstrände im Schatten, die gerne von Hundebesitzern genutzt werden. Getränke und Burger gibt's im Imbiss am Campingplatz.

Seniorenhunde-Runde: Jederzeit wieder zurück

Die Tour kann an den urigen Waldweihern beliebig abgekürzt werden. Es führen Wege oder kleine Brücken zur anderen Seite des Tals. Dann zurück zum Parkplatz. Der Weg ist flach. An einigen Stellen leicht geschottert.

einlädt zum Hundeschwimmen und einer kleinen Pause. Entlang der Wooge gibt es immer wieder Picknick-Plätze. Besonders schön: die Bänke rund um den verwunschenen Brunnen 4 am Ende des Tals. Dort geht es dann auf der anderen Talseite immer geradeaus (rotes Kreuz Richtung Gelterswoog) an den vier urigen Waldweihern, zurück zum Parkplatz.

Info

H	Bis Kaiserslautern Hauptbahnhof, dann weiter mit dem Bus 101, Haltestelle Gelterswoog
P	Gelterswoog, Parkplatz am Campingplatz
Karte	LVermGeo Naturpark Pfälzerwald Blatt 3 „Kaiserslautern und Umgebung" (1:25.000)
Essen	Kiosk am Camping Gelterswoog Gelterswoog 2 67661 Kaiserslautern Tel.: 0631-3107007 Di, Do, Fr, Sa 16-20 Uhr Mi, So 11.30-20 Uhr
Hotel	Seehotel Gelterswoog Gelterswoog 20 67661 Kaiserslautern Tel.: 0631-35300 www.seehotel-gelterswoog.de
i	Tourist Information Kaiserslautern Fruchthallstraße 14 67655 Kaiserslautern Tel.: 0631-365-2317 www.kaiserslautern.de
+	Tierarztpraxis Dr. Manfred Stephan Hohenecker Mühle 9 67661 Kaiserslautern Tel.: 0631-98458 www.tierarztpraxis-dr-manfred-stephan.de

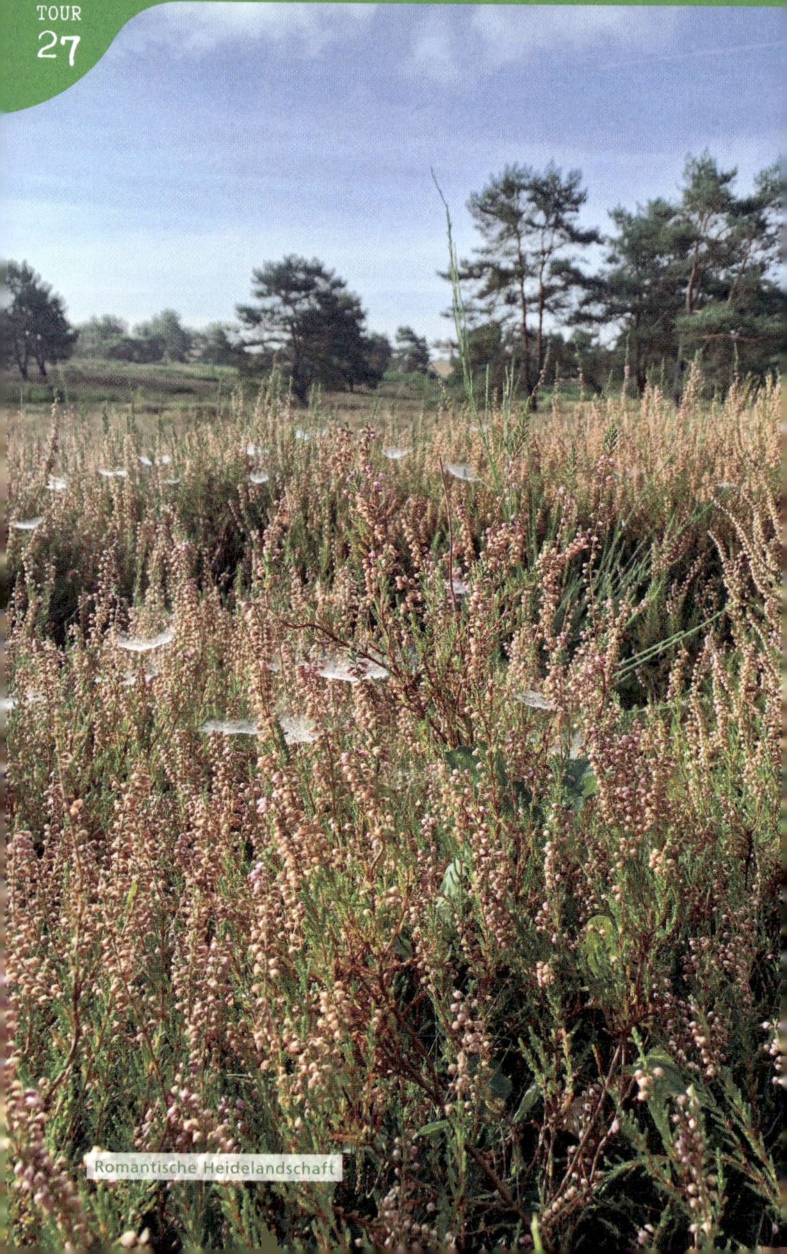

Romantische Heidelandschaft

Schafe und Heide – weiche Sandwege

Zu Besuch in einer der größten Heidelandschaften

Hundefreundlichkeit: Die Mehlinger Heide ist eine der größten Heidelandschaften Deutschlands und unbedingt einen Besuch wert. Zum einen, weil sie flach ist und überwiegend über weiche Sandwege verfügt und deshalb auch eine wunderschöne Seniorenwanderung ist. Zum anderen, weil sie auch für aktive Hunde zu jeder Jahreszeit eine entspannte Tour bietet. Im Sommer sollte man sehr früh morgens oder abends kommen, da es in der Heide wenig Schatten gibt. Aber ohnehin ist die Stimmung morgens und abends – vor allem im August, wenn die Heide blüht – am schönsten.

Tour-Info	↔ 8 km	2 Std.	++ mittel
Start-Ziel:	Fröhnerhof, Parkplatz Mehlinger Heide		
GPS:	49°29'07.7"N 7°50'41.9"E		
Markierung:	Markierung Eule, Europaweg E2, größte Teil der Tour nicht markiert		
Wegecharakteristik:	48 % Wanderweg – 48 % Weg – < 5 % Nebenstraße		
Höchster Punkt: Niedrigster Punkt:	360 m 310 m	Seniorenhunde Variante	

Unsere Tour startet am Parkplatz Mehlinger Heide: An dem Spielplatz vorbei hinein in die Heidelandschaft. Aussichtsturm, Donnersbergblick, Summfelsen und Klanghölzer – zunächst kommen wir an einer kleinen Erlebniswelt vorbei. Wir folgen dem Hauptweg, einem roten Sandweg. Birken, Kiefern, Eichen und ganz viel Heide säumen unseren Weg. Erstaunlich: Die Heide ist hochgewachsen und reicht bis an die Hüften. Ein perfekter Ort zum Versteckspielen.

Wir laufen auf einen Damm zu, auf dem sich die Autobahn A63 befindet, biegen davor rechts ab und laufen ein Stück den Europaweg E2. Nach der Schutzhütte biegen

TOUR 27

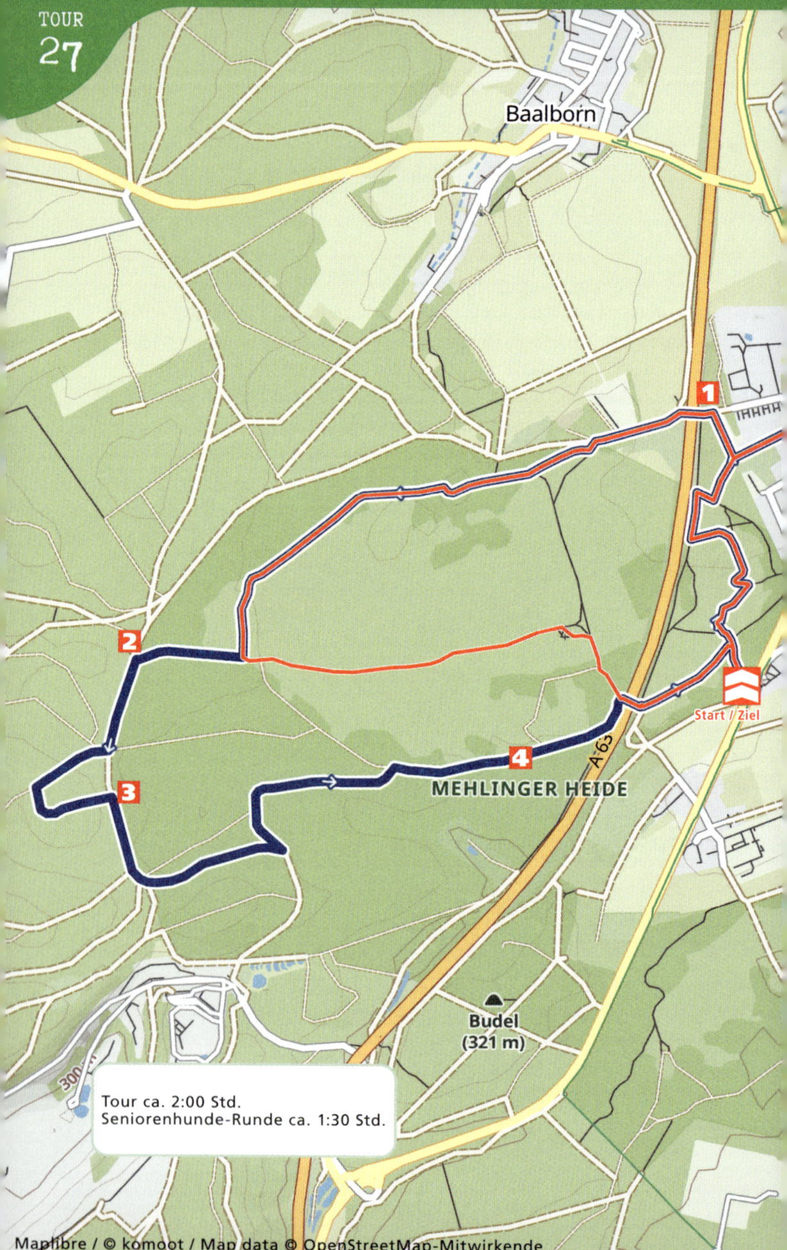
Baalborn
1
2
3
4
Start / Ziel
MEHLINGER HEIDE
A 63
Budel
(321 m)
300 m
Tour ca. 2:00 Std.
Seniorenhunde-Runde ca. 1:30 Std.

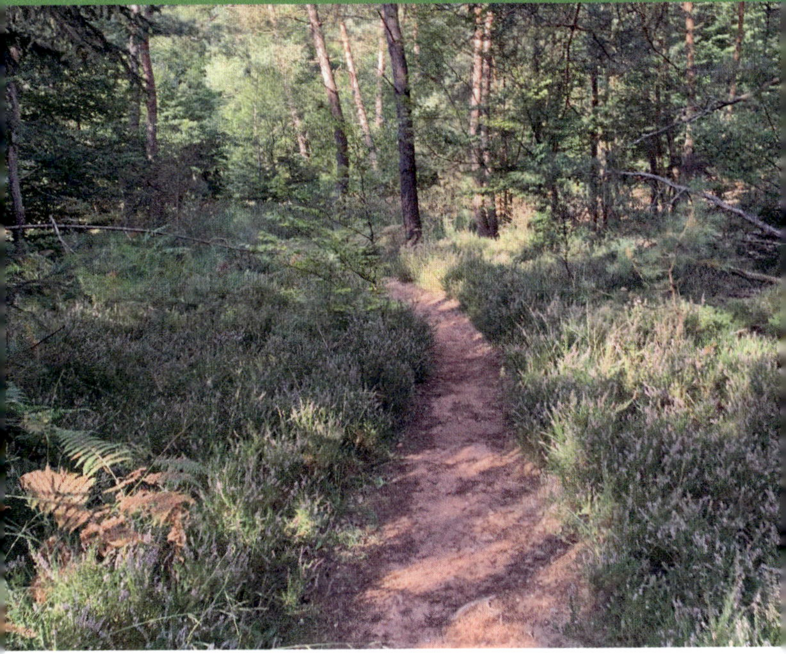

Weiche Sandwege

Mehlinger Heide

Mitten im Pfälzer Wald findet sich eine der größten Heidelandschaft Deutschlands: Auf 400 Hektar bietet die Mehlinger Heide ein Biotopmosaik aus Sandflächen, Heidekraut, kleinen Tümpeln, Gebüschen und Wäldern. Von 1912 bis 1994 wurde sie als militärischer Truppenübungsplatz genutzt. Mit dem Rückzug der Menschen und Panzer begann der Wald, das Gebiet zurückzuerobern. Um die Heidelandschaft zu erhalten, sind Schafe, aber auch forstwirtschaftliche Maßnahmen erforderlich. 2001 wurde die Mehlinger Heide als Natur- und Vogelschutzgebiet ausgewiesen. www.mehlinger-heide.de

wir erneut rechts ab und dann direkt links ins Kieferwäldchen hinein. Wer jetzt schon schwächelt, kann sich in der Flammkuchenhütte stärken. Alle anderen wandern am Schäferhund-Verein vorbei. Links, über die Autobahnbrücke rüber **1**, gelangen wir nun in den ruhigeren Teil der Heidelandschaft.
Nach 300 Metern erreichen wir einen Jüdischen Friedhof (von 1830), der mit seiner romantischen Lage einen Besuch wert ist. Danach halten wir uns links, dann direkt wieder rechts auf dem Hauptweg (Markierung Eule)

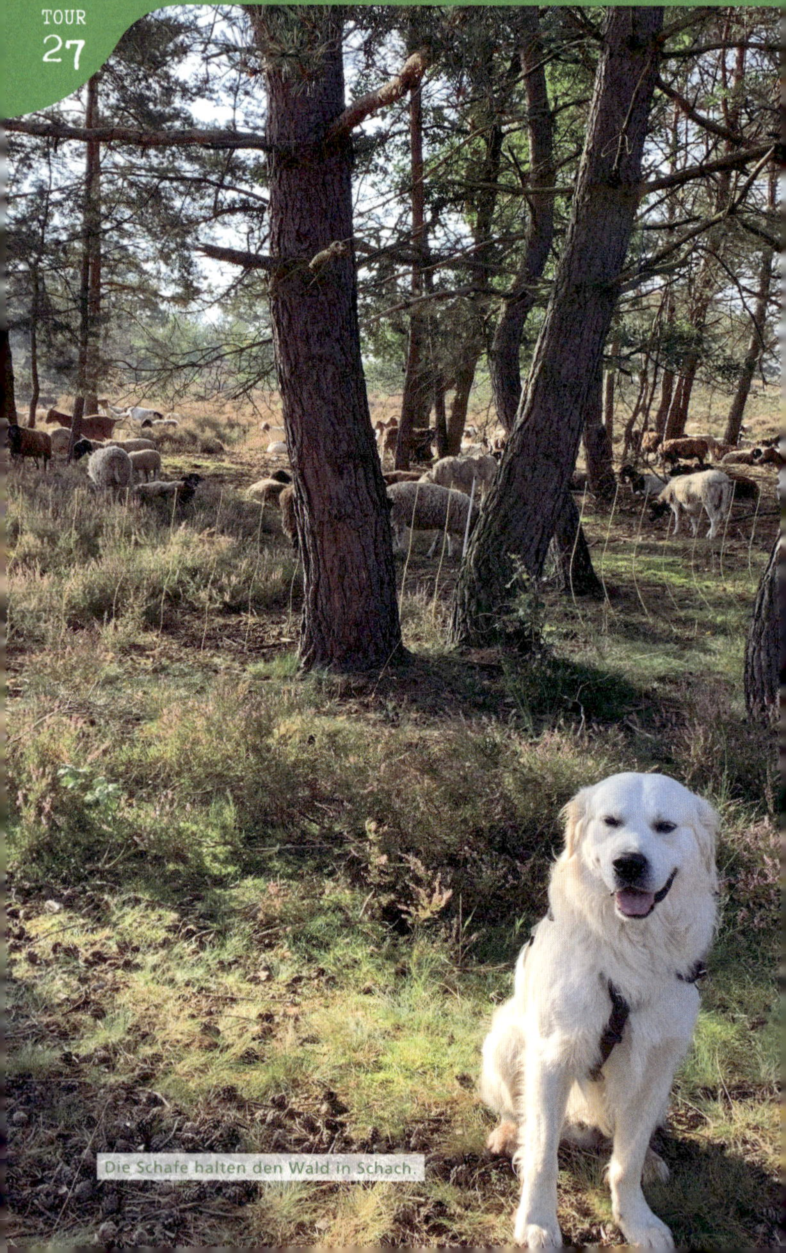

Die Schafe halten den Wald in Schach.

Seniorenhunde-Runde: Quer durch die Heide

Für Seniorenhunde ist die Mehlinger Heide ein Traum. Fast alle Wege verlaufen auf weichem Sand. Es ist flach, immer wieder laden Bänke zur Pause ein, und es gibt, dank Schafen und anderer Hunde, viel zu erschnüffeln.

und dann geht's immer weiter geradeaus. Wir tauchen ein in eine mediterrane Landschaft mit Kiefern und Kräutern. Nach einer Bank geht's rechts in einen kleinen Waldweg. An der nächsten Kreuzung biegen wir links auf einen breiten Waldweg **2** ab. An den drei Buchen geht's rechts und dann direkt wieder links hoch. Oben angekommen, nehmen wir die erste Abzweigung links und landen – sehr abgeschieden – bei einem Bauwagen der Jäger. Das ist ungefähr die Mitte unserer Wanderung. Nach dem Bauwagen geht's links runter, und **3** wir biegen rechts ab auf den Schotterweg. An der nächsten Kreuzung halten wir uns links. Nicht dort, wo die Schranke ist! Nach dem Schotterweg bleiben wir auf dem breiten Waldweg und halten uns links. Es geht jetzt leicht bergab. Wir durchqueren eine schöne

Info

H	ab Kaiserslautern Hbf mit Buslinie 137 nach Fröhnerhof
P	Fröhnerhof, Parkplatz Mehlinger Heide
Karte	LVermGeo Naturpark Pfälzerwald Blatt 3 „Kaiserslautern und Umgebung" (1:25.000)
Essen	Flammkuchenhütte An der Heide 3 67678 Mehlingen Tel.: 06303-8090080 www.flammkuchen-huette.de Mi-Fr 12-14 Uhr + 18-22 Uhr Sa 18-22 Uhr So + Feiertage 12-21 Uhr
Übernachtung	Landhaus Grinnerhof Königstraße 4 67678 Mehlingen Tel.: 01511-2278741
i	Tourist Information Kaiserslautern Fruchthallstraße 14 67655 Kaiserslautern Tel.: 0631-365-2317 www.kaiserslautern.de
+	Tierarztpraxis Dr. Olaf Burkert Sembacherstr. 17 67677 Enkenbach-Alsenborn Tel.: 06303-8090180 www.tierarzt-burkert.de

Lichtung, gehen immer weiter geradeaus und überqueren die Autobahn, bis wir, wieder aus dem Wald heraus, **4** in die Heidelandschaft eintauchen. Nach der Autobahn sind es nur noch wenige hundert Meter bis zum Parkplatz.

3-Tages-Tour entlang des Weinsteigs

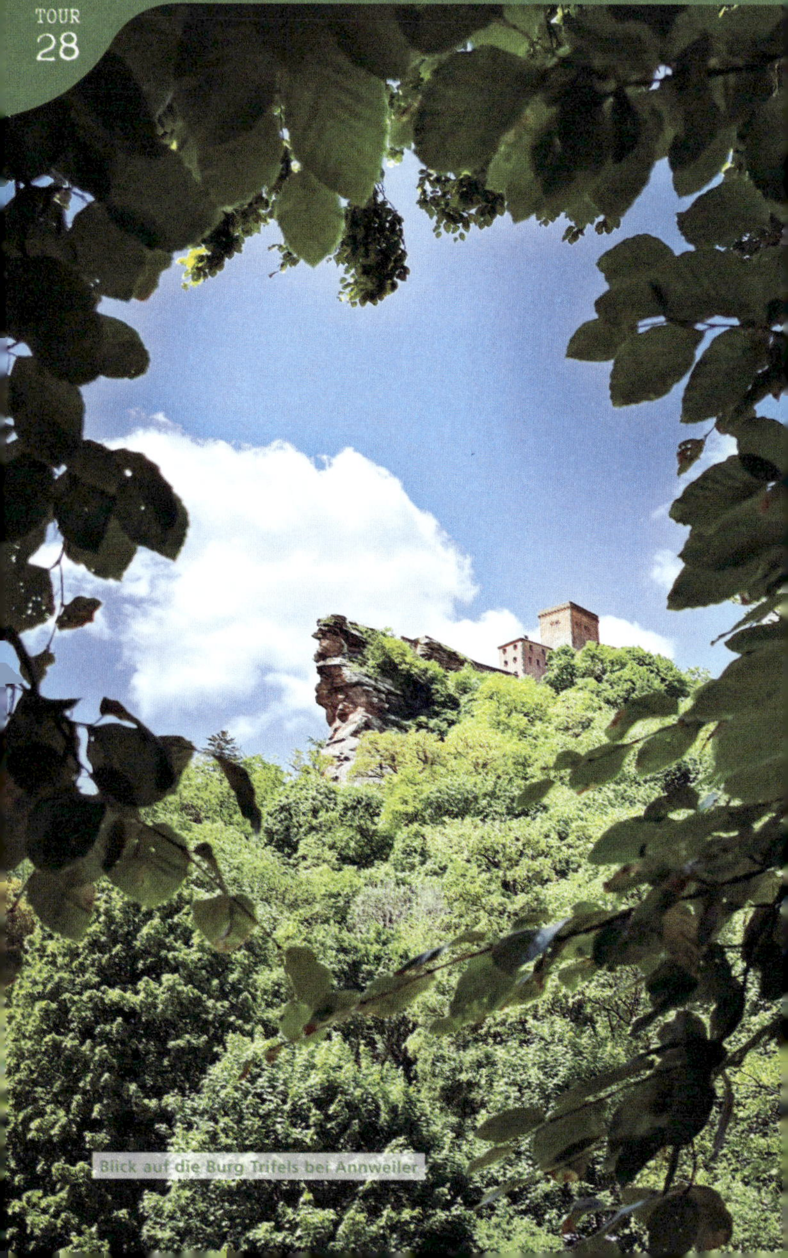

Blick auf die Burg Trifels bei Annweiler

imposante Felsenlandschaft – Kneippbecken und Bach am Ende

Auf dem Weinsteig: von Annweiler bis Leinsweiler – Tag I

Hundefreundlichkeit: **Der Weinsteig hat es in sich und ist nichts für Wanderhunde, die kernige Anstiege scheuen. Die erste Tour von Annweiler nach Leinsweiler führt auf schmalen, weichen Pfaden durch Buchen- und Kastanienwälder. Zwar sind Hunde auf der Burg Trifels nicht gestattet, aber es gibt auch ohne sie genug Postkartenaussichten und -ansichten. Ein Highlight für die Hunde: die Felsenlandschaft nach der Ruine Anebos. Eine tolle Kulisse für Such- und Versteckspiele.**

Tour-Info	9 km	2:30 Std.	mittel
Start-Ziel:	Annweiler, Parkplatz am Trifels		
GPS:	49°11'59.5"N 7°58'10.5"E		
Markierung:	Pfälzer Weinsteig		
Wegecharakteristik:	< 2 % Bergwanderweg – 41 % Wanderweg – 40 % Weg – 12 % Fußweg – < 6 % Nebenstraße		
Höchster Punkt: Niedrigster Punkt:	450 m 230 m	IronDog-Option	

Start ist der Wanderparkplatz an der Waldfriedenstraße. Ab jetzt folgen wir der Markierung „Pfälzer Weinsteig". Der Prädikatswanderweg ist bestens ausgeschildert. Der Weg schlängelt sich einen schönen Buchenwald hinauf, bis wir auf den Parkplatz bei der Burg Trifels gelangen. **1** Dort sind Hunde verboten, aber wir können auf der Terrasse des Ausflugslokals Barbarossa den Blick auf die ehemalige Reichsburg genießen.

Es geht links an dem Ausflugslokal vorbei, weiter auf einem Waldpfad. An der Ruine Anebos erwartet uns ein schöner Picknickplatz. Die Burg wurde vermutlich bereits um 1250 zerstört. Heute ist nur noch ein Felsbrocken zu sehen. Nach der Ruine durchwandern wir einen Geländesattel. Er wird rechts und links von

TOUR
28

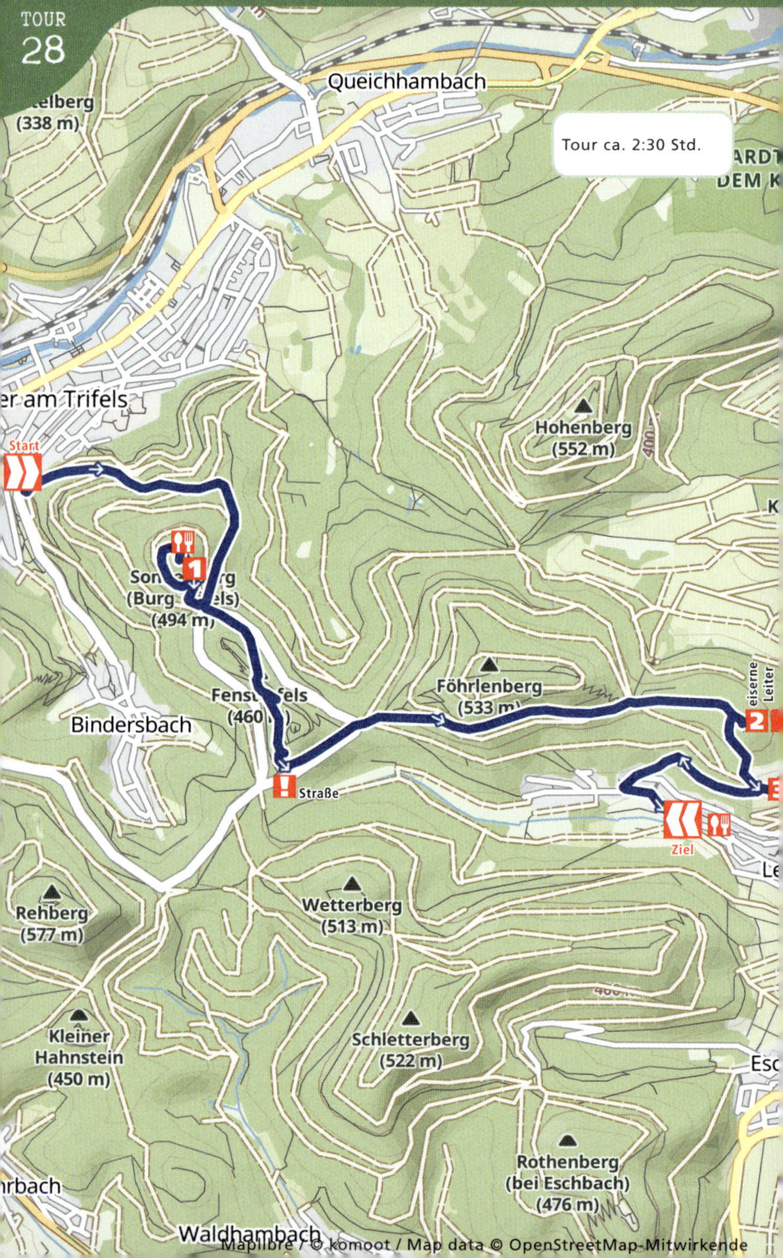
Queichhambach
(338 m)
Tour ca. 2:30 Std.
er am Trifels
Start
Hohenberg
(552 m)
Föhrlenberg
(533 m)
eiserne Leiter
Bindersbach
Straße
Ziel
Rehberg
(577 m)
Wetterberg
(513 m)
Kleiner
Hahnstein
(450 m)
Schletterberg
(522 m)
Rothenberg
(bei Eschbach)
(476 m)
Waldhambach
MapLibre / © komoot / Map data © OpenStreetMap-Mitwirkende

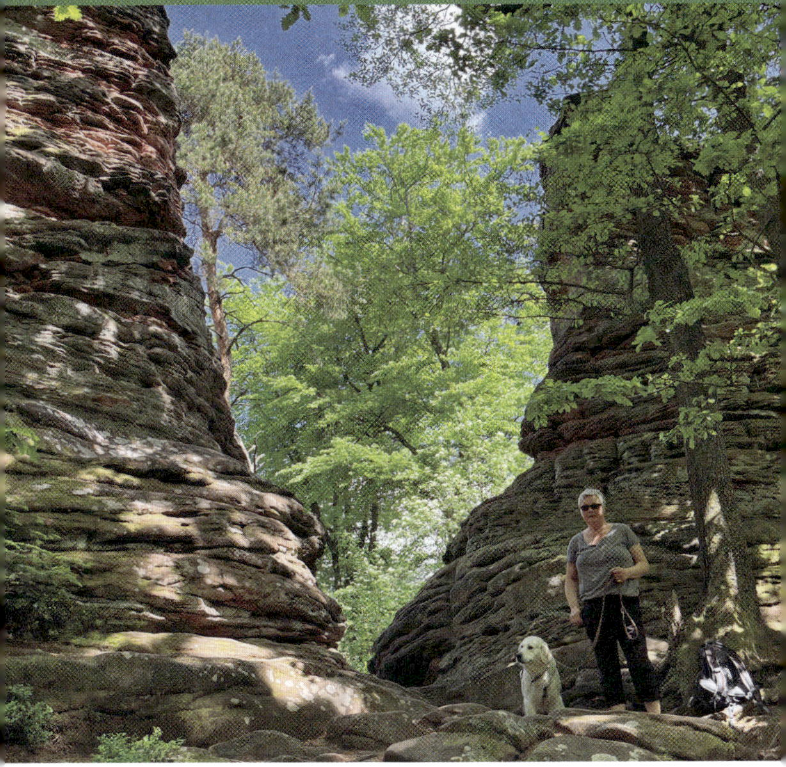

Holz und Fels zeichnen bizarre Formen.

imposanten Sandsteinfelsen flankiert. Die Felsen ragen wie Kliffe aus dem Waldboden. Ein idealer Platz für Versteck- und Suchspiele.
Rund 200 Meter nach den Felsen kommt ein kurzer, steiler Abstieg. Achtung ! Direkt nach dem steilen Abstieg die Hunde anleinen, denn der Weg verläuft ein Stück parallel zur Straße (nur wenig befahren), die wir auch überqueren. Danach wandern wir an den bewaldeten Südhängen des Föhrlenbergs entlang und anschließend, auf einem Pfad durch Esskastanienwälder am Hexentanzplatz vorbei, zur Ruine Neukastell 2.
Achtung ! Um auf die Ruine zu gelangen, muss man eine steile, eiserne Leiter erklimmen. Kleinere Hunde kann man tragen, alle großen Hunde können die Aussichtsplattform, die einen herrlichen Ausblick zur

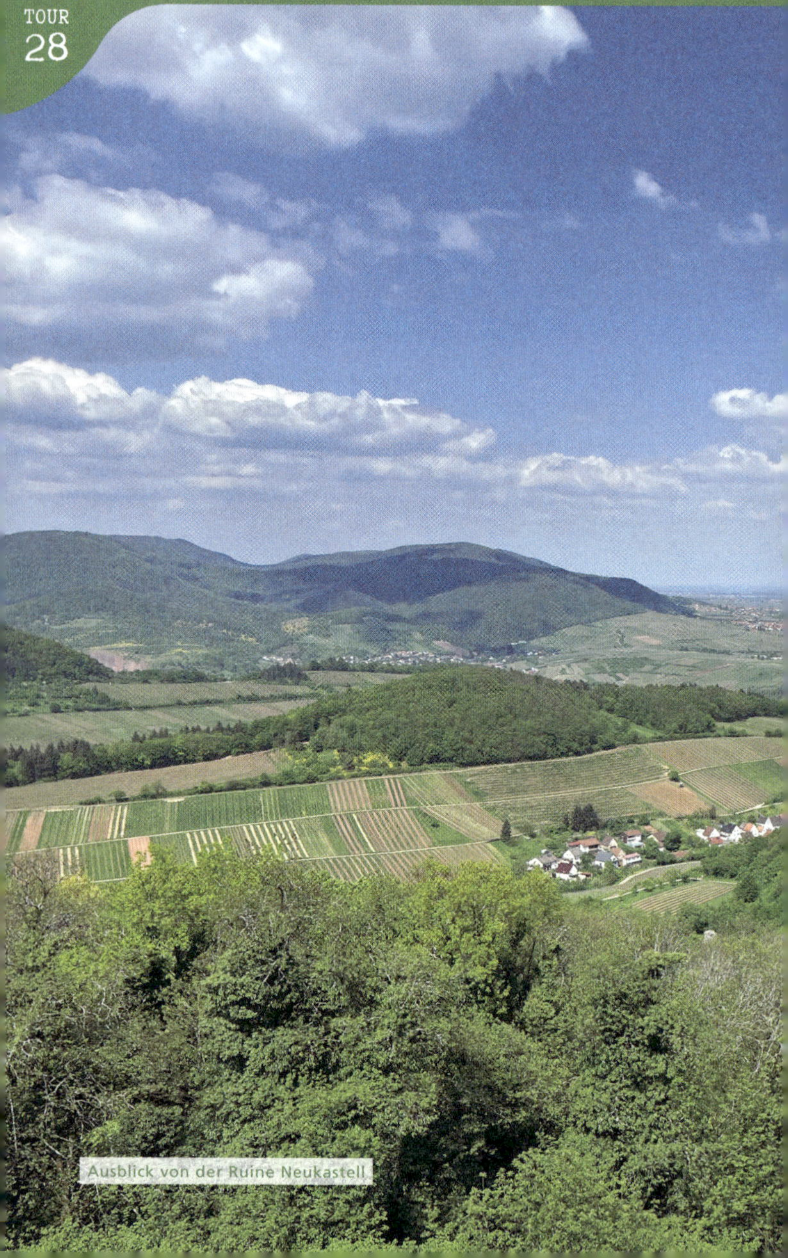

Ausblick von der Ruine Neukastell

gegenüberliegenden Madenburg und in die Rheinebene bietet, leider nicht genießen.
Nach der Ruine Neukastell steigen wir steil bergab, vorbei am Slevogthof 3, dem langjährigen Wohnhaus des berühmten Malers und Impressionisten Max Slevogt. Vorher gibt es bereits einige seiner Bilder auf Infotafeln im Wald anzuschauen. An dem Parkplatz neben dem Haus steht eine schöne Bank mit Aussicht. Direkt an der Bank führt ein schmaler Weg bergab bis in den kleinen Weinort Leinsweiler. Zum Schluss wartet am Ortseingang ein nasses Highlight: für die Hunde der Birnbach und für die Füße der Wanderer eine schöne, gepflegte Kneippanlage. Die Trifelsstraße bringt uns in die Dorfmitte von Leinsweiler.

IronDog: Aus zwei mach eins

Einige Wanderer laufen die rund 20 Kilometer von Annweiler bis nach Klingenmünster an einem Tag. Mit dem Bus 531 kommt man zurück nach Annweiler. Für die 20 Kilometer sollten selbst schnelle Wandernde 6 Stunden rechnen. Ist machbar, ist aber sehr happig wegen der vielen Steigungen auf dem Weinsteig. Wer gemütlich wandert und außerdem Aussichten, Burgen, Picknickplätze und Einkehrmöglichkeiten entlang der Tour genießen möchte, kommt schnell auf 7 bis 9 Stunden.

Info

Nach Annweiler: bis Landau Hauptbahnhof und weiter mit der Regionalbahn. Von Leinsweiler nach Annweiler: mit dem Bus über Landau nach Annweiler. Von Klingenmünster nach Annweiler: Bus 531, stündlich ab Klingenmünster-Landeckstraße bis Annweiler-Bahnhof
www.vrn.de
www.queichtal-nahverkehr.de/linien/j22/531.pdf

Annweiler, Parkplatz am Trifels

LVermGeo Blatt 8 „Östlicher Wasgau mit Bad Bergzabern", Naturpark Pfälzerwald (1:25.000)

Ausflugslokal Barbarossa
Trifelsstraße 72
76855 Annweiler am Trifels
Tel.: 06346-8479
www.barbarossa-trifels.de
Mi-So ab 10.30 Uhr

Weinstube Zehnkeller
Weinstraße 3a
76829 Leinsweiler
Tel.: 06345-407722
Mo + Do Ruhetage
Di, Mi, Fr, Sa 17-22 Uhr
So 11.30-22 Uhr

Ferienwohnung im Pamina Hof
Trifelsstraße 31a
76829 Leinsweiler
Tel.: 06345-9496789
www.pamina-hof-leinsweiler.jimdofree.com

Büro für Tourismus Südliche Weinstraße Landau-Land
Hauptstraße 4
76829 Leinsweiler
Tel.: 06345-3531
www.landauland.suedliche-weinstrasse.de

Tierarztpraxis am Südring
Südring 1
76829 Landau
Tel.: 06341-86440
www.tierarztpraxis-suedring.de

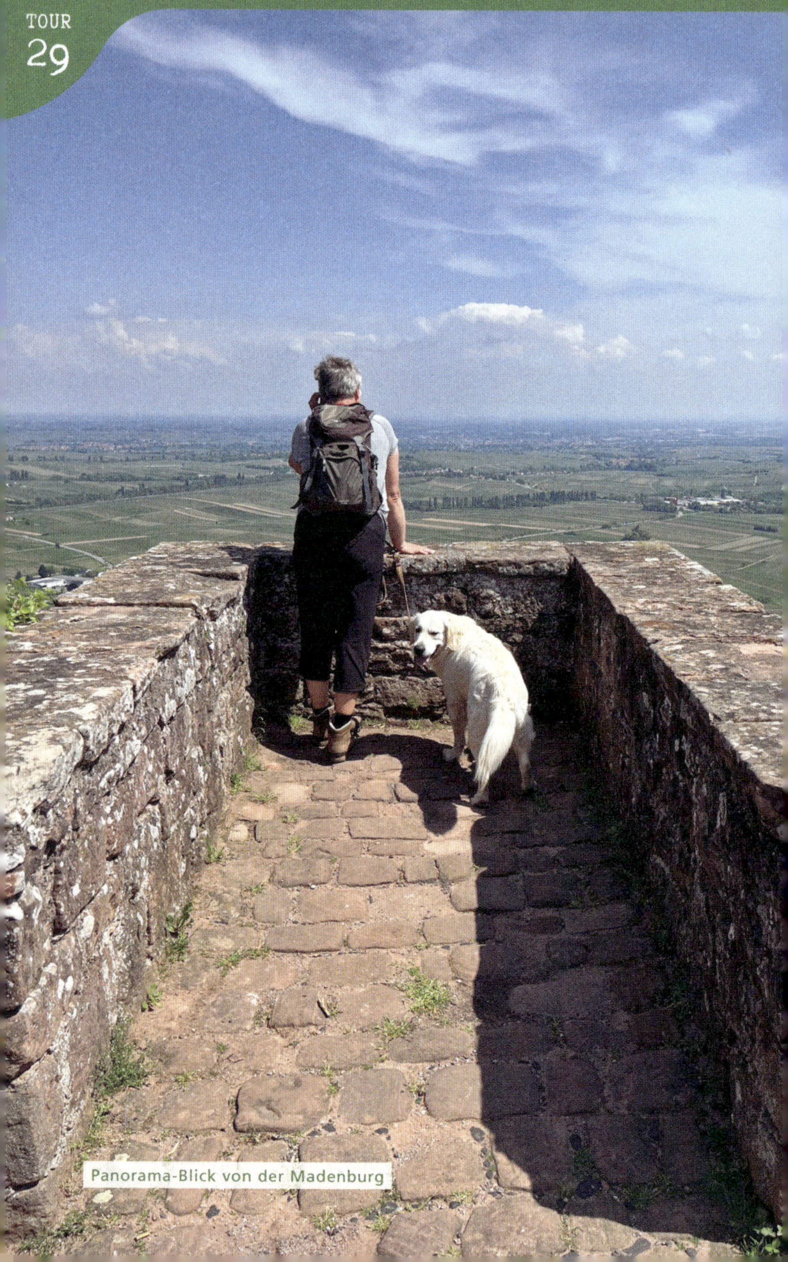

Panorama-Blick von der Madenburg

Auf dem Weinsteig: von Leinsweiler nach Klingenmünster – Tag 2

Hundefreundlichkeit: Die Wanderung bietet knackige An- und Abstiege und zwei wunderschöne Burgen mit 360-Grad-Panorama. Das alles auf überwiegend weichen Pfaden. Wir wandern hauptsächlich durch Eichen- und Kastanienwälder. Esskastanien und Pilze zu sammeln, ist im Herbst ein tolles Vergnügen. Trotz der berühmten Burgen sind die Wanderwege selbst an Wochenenden ruhig. Nur rund um die Burgen wird es voller. Am Ende der Wanderung gibt es für die Hunde eine Erfrischung: Weiher und Bach in der Parkanlage in Klingenmünster kühlen müde Pfoten.

Tour-Info	↔ 11 km	3:30 Std.	++ mittel
Start-Ziel:	Leinsweiler, Kneippanlage		
GPS:	49°11'07.2"N 8°00'41.6"E		
Markierung:	Pfälzer Weinsteig		
Wegecharakteristik:	18 % Wanderweg – 56 % Weg – 18 % Fußweg – 6 % Nebenstraße – 2 % Straße		
Höchster Punkt: Niedrigster Punkt:	440 m 170 m		

Wir starten unsere Wanderung am Kneippbecken in Leinsweiler. Unbedingt die Gelegenheit nutzen und mit erfrischten Füßen und Pfoten – unterhalb des Kneippbeckens fließt der Birnbach – die Tour starten. Nach dem Kneippen geht's links den asphaltierten Weg hoch, und ab jetzt folgen wir der rot-weißen Markierung des Pfälzer Weinsteigs. Der führt uns auf Wiesenwege den Weinberg steil hinauf, und wir genießen den Blick über Leinsweiler, auf die Kleine Kalmit, die Ruine Neukastel und den Slevogthof. Wir können eine herrliche Kulturlandschaft genießen, denn auf

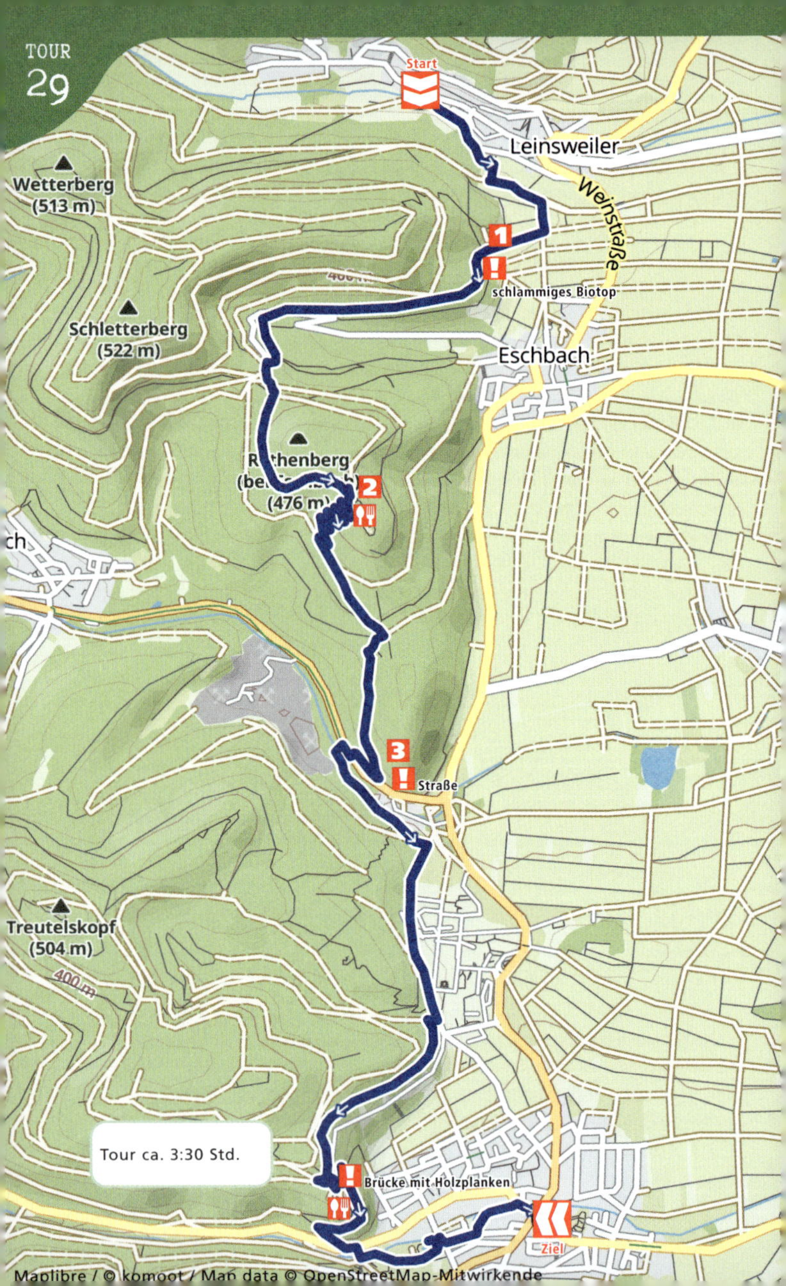
TOUR
29
Start
Leinsweiler
Weinstraße
Wetterberg
(513 m)
1
schlammiges Biotop
Schletterberg
(522 m)
Eschbach
2
(476 m)
3
Straße
Treutelskopf
(504 m)
400 m
Tour ca. 3:30 Std.
Brücke mit Holzplanken
Ziel
Maplibre / © komoot / Map data © OpenStreetMap-Mitwirkende

den Wein folgen Esskastanien-, Mirabellen- und wilde Kirschbäume. Achtung ! Kurz nach der Bank 1 und nachdem der Wanderweg in den Wald führt, kommt ein kleiner Wassertümpel. Bitte schwimmfreudige Hunde vorher anleinen oder abrufen, denn das Biotop wimmelt von Kleinstlebewesen, über die eine Infotafel Auskunft gibt. Danach wandern wir auf weichen Hohlwegen durch den Esskastanien- und Eichenwald bis zum Parkplatz der Madenburg 2. Am Wochenende sind hier viele Eltern mit Kindern unterwegs. Unter der Woche trifft man auf Schulklassen, aber der Betrieb hält sich wochentags in Grenzen. Der Pfälzer Weinsteig führt über den breiten Hauptweg hinauf zur Burg. Oben angekommen, gibt es einen gigantischen Rundumblick – Wald, Weinberge, Rheinebene – bis hinüber zum Schwarzwald. Das Außengelände der Madenburg ist weitläufig, sogar Leinenpöbler haben hier die Chance, ein stilles Plätzchen zu finden, um Wasser und Knochen für den Hund, Weinschorle und Flammkuchen für die Zweibeiner sowie den Ausblick zu genießen. In der Ruine gibt es an ruhigen Tagen die Möglichkeit, Such- und Geschicklichkeitsspiele zu machen. Es macht richtig viel Spaß, die Burganlage aus der Hundeperspektive (Geruch, Bewegung, altes Gemäuer) zu erkunden.

Nach der Madenburg schlängelt sich ein steiler Lass-Mich-Flitzen-Pfad mit Baumwurzeln den Berg hinunter. An Wochentagen sind nur wenige Wanderer unterwegs, sodass das Flitzenlassen kein Problem ist. Im Herbst kann man hier super Esskastanien sammeln. Aber Achtung !, nach rund 45 Minuten kommt eine stark befahrene Bundesstraße 3. Hunde vorher anleinen.

Hintergrund: Die Bürgerstiftung Pfalz

Vor 15 Jahren wurde in Klingenmünster die Bürgerstiftung Pfalz (www.buergerstiftung-pfalz.de) gegründet. Die Stiftung ist eine Initiative von Bürgerinnen und Bürgern der Pfalz. Ihre Werte: die Bewahrung der natürlichen Lebensräume in der Region; nachhaltige Wirtschaftsmethoden; bessere Chancen für benachteiligte Menschen; sozial verantwortliches Handeln sowie die Belebung der Region.
Eins ihrer Projekte: Der Park am Stiftungssitz wurde ökologisch umgestaltet, dabei entstanden ein Baumhaus um eine Eiche herum, ein Bio-Kräutergarten und ein Mühlenbach-Brunnen, der für plätschernde Wassergeräusche sorgt, die es einst hier gab. Auch das Stiftsgut Keysermühle (Hotel) ist als Projekt der Bürgerstiftung Pfalz dem Wertesystem verpflichtet. Und eins der jüngeren Projekte: der Pfälzer Landmarkt (www.pfaelzer-landmarkt.de), der zum Ziel hat, regionale Produkte zu stärken. Außerdem bietet die Stiftung immer wieder interessante Vorträge (www.buergerstiftung-pfalz.de/umdenken/). Hunde sind im Park, Hotel und bei den Projekten gerne gesehen.

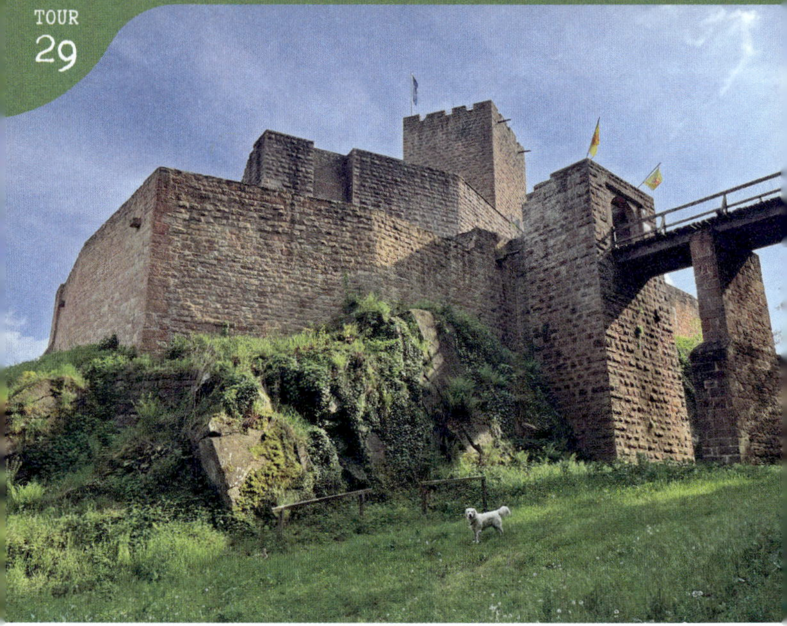

Spielwiese unterhalb der Burg Landeck

Wir überqueren die Straße und laufen auf einem breiten Forstweg, der nach rund 500 Metern rechts hinauf Richtung Pfalzklinikum führt. Nach dem Klinikum wandern wir rechts 4 einen steilen Weg zur Burg Landeck hinauf. Dieser Weg ist nochmals schweißtreibend und lässt die Oberschenkel brennen. Der Weinsteig macht seinem Namen alle Ehre. Doch die Burganlage versöhnt: Es gibt kühle Getränke und leckeres Essen. Gut zu wissen !: Die Brücke, die zur Burg führt, hat sehr schmale, aber offene Holzplanken. Hunde könnten damit Probleme haben, ähnlich wie mit offenen Treppen. Macht aber nichts, wenn Hund nicht auf die Anlage kommt: Man kann auch unterhalb der Burg auf der Wiese sitzen und die Stimmung genießen.

Links neben der Burg und wieder links führt der Weinsteig runter nach Klingenmünster. Achtung ! Nach einem steilen Abstieg überqueren wir nochmals eine Straße, um dann in die Parkanlage von Klingenmünster abzubiegen. Dort gibt es einen Bach und Weiher für ein bisschen Badespaß. Der Park führt uns Richtung Ortsmitte.

Info

Nach Leinsweiler: mit der Bahn bis Landau und dann mit dem Bus 530 nach Leinsweiler
Von Klingenmünster nach Leinsweiler: mit dem Bus über Landau nach Leinsweiler (dauert aber über eine Stunde) schneller, aber natürlich viel teurer geht's mit dem Taxi
Von Klingenmünster nach Annweiler: Bus 531 ab Klingenmünster-Landeckstraße bis Annweiler-Bahnhof
www.vrn.de
www.queichtal-nahverkehr.de/linien/j22/531.pdf

Parkplatz an der Kneippanlage in Leinsweiler

LVermGeo Blatt 8 „Östlicher Wasgau mit Bad Bergzabern", Naturpark Pfälzerwald (1:25.000)

Burgschänke Madenburg
76831 Eschbach
Tel.: 06345-7110
www.madenburg-pfalz.de
Mai - Oktober:
11.30-19 Uhr
Mo, Di Ruhetag
November - April:
11.30-17 Uhr
Mo, Di, Do Ruhetag
Fällt der Ruhetag auf einen Feiertag, ist geöffnet und der folgende Tag wird zum Ruhetag.
An Ruhetagen ist die gesamte Burganlage geschlossen!

Burgschänke Burg Landeck
Weinstraße 105
76889 Klingenmünster
Tel.: 06349-8744
www.stiftsgut-keysermuehle.de/burgschaenke-landeck/
täglich 11-20 Uhr

Stiftsgut Keysermühle gGmbH
Bahnhofstr. 1
76889 Klingenmünster
Tel.: 06349-99390
www.stiftsgut-keysermuehle.de

Ortsgemeinde Klingenmünster
Steinstraße 2
76889 Klingenmünster
Tel.: 06349-3417
www.klingenmuenster.org

Tierarztpraxis am Südring
Südring 1
76829 Landau
Tel.: 06341-86440
www.tierarztpraxis-suedring.de

TOUR 30

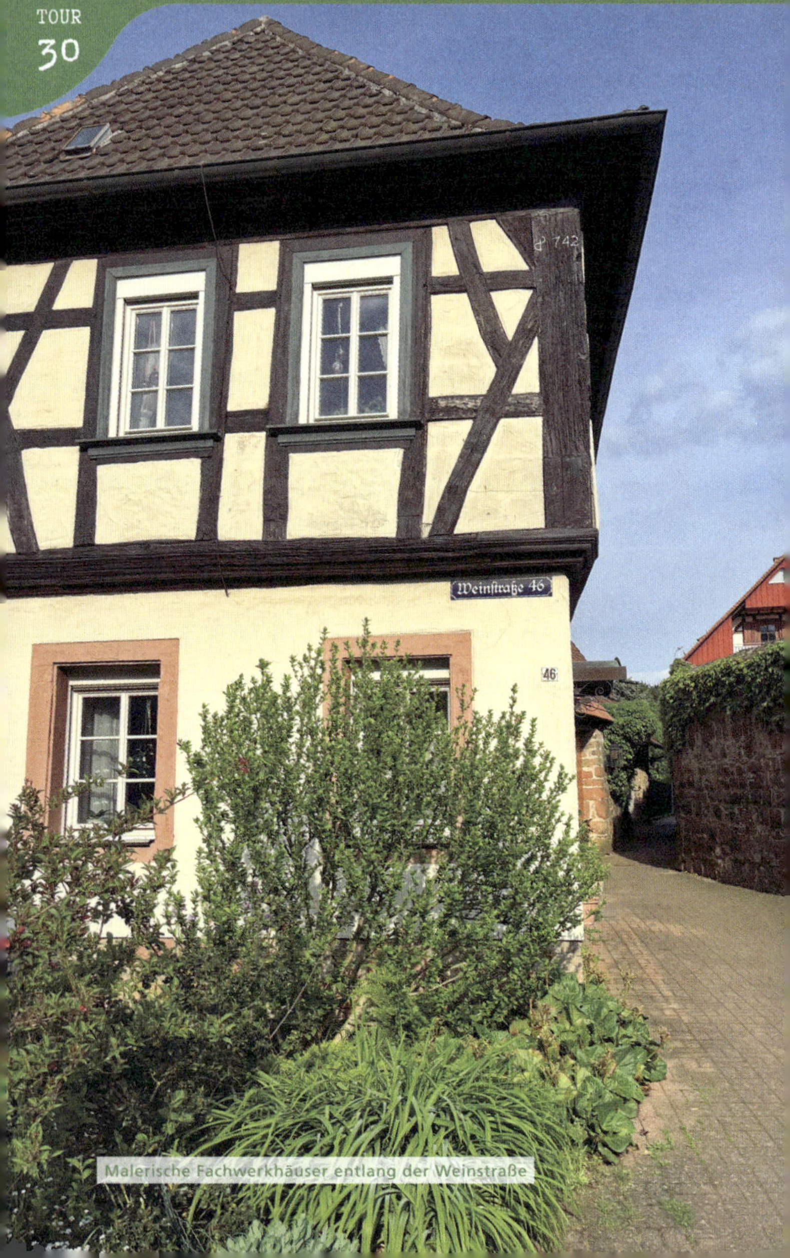

Malerische Fachwerkhäuser entlang der Weinstraße

Auf dem Weinsteig: von Klingenmünster nach Bad Bergzabern – Tag 3

Hundefreundlichkeit: **An Start und Ende liegen Bäche und Parks. Dazwischen erwartet uns Wald, aber auch Wein und viele Winzerhöfe, die zum Vespern oder zur Weinprobe einladen. Gemütlich geht's durch die Weinberge und, auf den für den Weinsteig charakteristischen schmalen Pfad, durch den Wald. Es gibt Möglichkeiten, Abstecher in die hübschen Weindörfer entlang der Weinstraße zu machen. Die Tour ist nichts für heiße Sommertage, da die Weinberge keinen Schatten spenden.**

Tour-Info	↔ 13,5 km	4 Std.	++ mittel
Start-Ziel:	Klingenmünster, Parkplatz Klingbachhalle		
GPS:	49°08'22.5"N 8°00'47.9"E		
Markierung:	Pfälzer Weinsteig		
Wegecharakteristik:	8 % Wanderweg – 58 % Weg – 20 % Nebenstraße – 9 % Fußweg – 4 % Straße – 1 % Bundesstraße		
Höchster Punkt: Niedrigster Punkt:	350 m 170 m		

Wir starten am Parkplatz von der Klingenbachhalle und laufen in Richtung Park. Erst am Teich und dann am Klingenbach entlang, folgen wir der Markierung „Pfälzer Weinsteig".

Vom Park geht es links hinauf in die sonnigen Weinberge. 1 Vorsicht ! Die flachen Sandsteinstufen sind bei Regen rutschig. Hunde können sie zum Teil umgehen. Für Zweibeiner empfehlen sich bei schlechtem Wetter Schuhe mit gutem Profil. Die Stufen schlängeln sich rund 300 Meter romantisch den Berg rauf. Zwischendurch gibt es tolle Aussichten. Auf der Hälfte des Treppenwegs finden wir eine Bank zum Rasten.

Bald geht's wieder raus aus dem Wald, und wir wandern durch eine

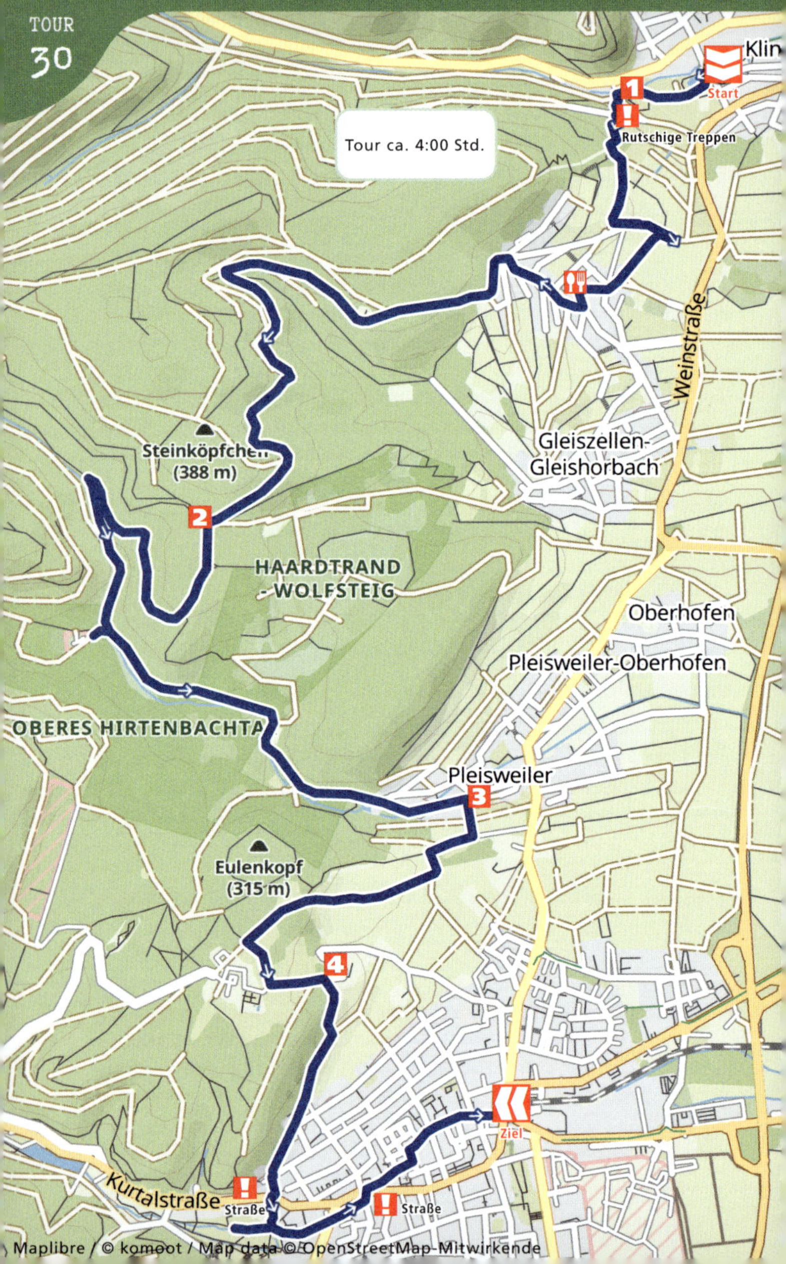
TOUR
30
Tour ca. 4:00 Std.
Start
Rutschige Treppen
Weinstraße
Gleiszellen-
Gleishorbach
Steinköpfchen
(388 m)
HAARDTRAND
- WOLFSTEIG
Oberhofen
Pleisweiler-Oberhofen
OBERES HIRTENBACHTA
Pleisweiler
Eulenkopf
(315 m)
Kurtalstraße
Straße
Straße
Ziel
Maplibre / © komoot / Map data © OpenStreetMap-Mitwirkende

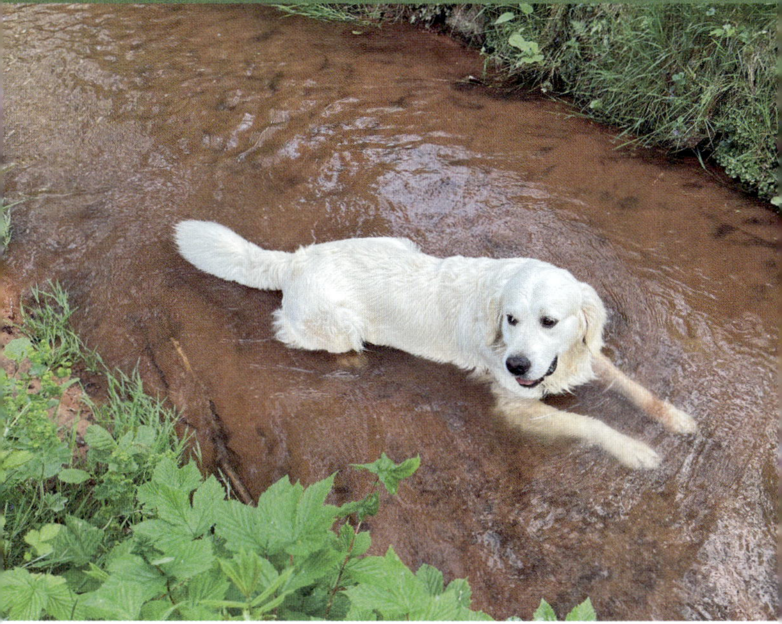

Fell kühlen, bevor es losgeht.

hügelige Rebenlandschaft mit vielen schönen Aussichtspunkten in Richtung Weinbauort Gleiszellen. Auf der Winzergasse geht's schließlich durch das hübsche Dorf hindurch. Fachwerkhäuser, Blumen, Wein, Feigen und viele Einkehrmöglichkeiten säumen den Weg. Wir biegen rechts ab in die Bergstraße, der wir bis zum Hatzelberg-Brunnen folgen. Kurz danach – links und nochmals links in den Sauhohl – tauchen wir wieder in den Wald ein. An den Hängen des Hatzel- und des Röhlbergs wandern wir rund drei Kilometer gemütlich bis zur großen, hübschen Wegekreuzung Am Seicheneck. 2 Seicheneck bedeutet übrigens feuchte Ecke.

Nach der Wegkreuzung geht's leicht bergab in das Hirtenbachtal. Vorbei an der Silberkugel, einer verlassenen Nato-Satellitenbodenstation. Wir folgen dem Hirtenbach weiter talabwärts. Der Bach und der kleine Waldsee sind sehr zugewachsen. Nur wenige hundert Meter später laufen wir an dem historischen Fachwerkhaus Wappenschmiede vorbei. (Zum Zeitpunkt der Recherchen für diesen Wanderführer gab es dort leider immer noch keine

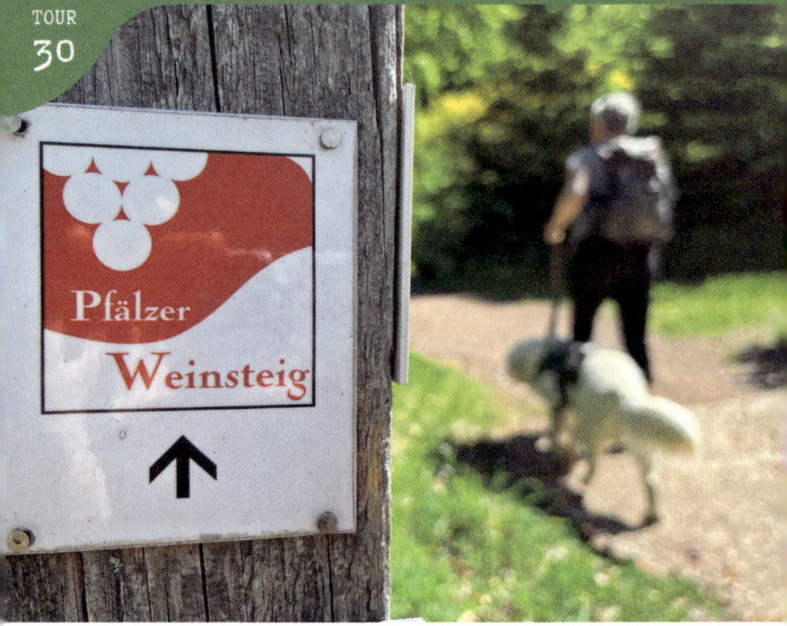

Immer der Markierung „Pfälzer Weinsteig" folgen.

neue Gastronomie.) Wir folgen der Wappenschmiedstraße rund 300 Meter in Richtung Dorfmitte Pleisweiler und biegen rechts ab **3** Richtung Weinberge. Wer mag, geht geradeaus, um sich das hübsche Dörfchen anzuschauen und einzukehren. Ansonsten bleiben wir auf dem Weinsteig.

Nach Pleisweiler wandern wir durch die Weinberge am Waldrand weiter in Richtung Bad Bergzabern. Es gibt viele schöne Ausblicke über die Rheinebene bis in den Schwarzwald. Bänke laden zur Rast ein. Wir folgen weiterhin der Markierung „Pfälzer Weinsteig", vorbei am Kloster Liebfrauenberg mit seinen Stallungen, Koppeln, Pferden und Lamas. Wenn wir das Kloster hinter uns gelassen haben, laufen wir in ein Wäldchen hinein. **4** Dort biegen wir rechts ab und befinden uns nun oberhalb Bad Bergzaberns. Wir bleiben am Waldrand und folgen schließlich dem Altenbergweg. Achtung **!** Ab dem Wohngebiet sollten wir die Hunde anleinen, denn wir überqueren bald eine Bundesstraße, um – an der Südpfalztherme vorbei – in Richtung Kurpark zu gehen. Dort finden müde Pfoten im Bach und

Info

H	Zurück nach Klingenmünster: ab Bahnhof Bad Bergzabern mit Bus 540 nach Klingenmünster Zurück nach Annweiler: mit dem Bus 540 nach Klingenmünster und dann mit Bus 531 ab Klingenmünster-Landeckstraße bis Annweiler-Bahnhof www.vrn.de www.queichtal-nahverkehr.de
P	Klingenmünster, Parkplatz Klingbachhalle
Karte	LVermGeo Blatt 8 „Östlicher Wasgau mit Bad Bergzabern", Naturpark Pfälzerwald (1:25.000)
Gastronomie	Gasthof & Hotel Zum Lam Winzergasse 37 76889 Gleiszellen-Gleishorbach Tel.: 06343-939212 www.zum-lam.de Mi Ruhetag April - Oktober: täglich ab 11.30 Uhr November - März: Mo, Di, Do, Fr ab 17 Uhr Sa, So + Feiertage ab 11.30 Uhr
	Weinstube Leonhard Hauptstraße 19 76889 Pleisweiler-Oberhofen Tel.: 06343-8290 www.weingut-leonhard.de Di, Mi, Fr, Sa 17-22 Uhr
Übernachtung	Schlosshotel Bergzaberner Hof Königstraße 55-57 76887 Bad Bergzabern Tel.: 06343-936586-0 www.bergzaberner-hof.de mit Restaurant
i	Büro für Tourismus Kurtalstraße 27 76887 Bad Bergzabern Tel.: 06343-98966-0 www.bad-bergzaberner-land.de
+	Tierarztpraxis Markus Greiner Auf dem Viertel 5 76887 Bad Bergzabern Tel.: 06343-61510

schwitzende Füße in der Kneippanlage Abkühlung.

Quer durch Bad Bergzabern folgen wir zunächst wieder der Markierung Weinsteig. Auf dem Weg zum Ziel, dem Bahnhof, kommen wir an der St. Martinskirche, dem sehenswerten Schloss sowie dem Stadtmuseum (an der Parallelstraße zum Weinsteig) vorbei. Das Stadtmuseum zählt zu den schönsten Renaissancebauten der Pfalz. Die Innenstadt ist sehr gemütlich und deshalb auch für Hunde, die das Stadtleben nicht gewohnt sind, geeignet.

Impressum

Bibliografische Informationen der Deutschen Nationalbibliothek
Die Deutsche Nationalbibliothek verzeichnet diese Publikation in der Deutschen Nationalbibliografie; detaillierte bibliografische Daten sind im Internet über http://dnb.d-nb.de abrufbar.

ISBN: 978-3-95693-057-7

Grafisches Gesamtkonzept, Titelgestaltung, Satz und Layout: fototypo.de

Abbildungsnachweis

Fotos auf Seite 6, 19, 21, 204, 208, 218, 221, 222, 224, 230, 234: Alexandra Stark
Foto Seite 184: Ute Merz
alle weiteren Fotos: Susanne Rohmund

Coverillustration: Isabel Junghans-Bichler

Karten:
Kartendaten: © OpenStreetMap-Mitwirkende, SRTM
Kartendarstellung: © OpenTopoMap (CC-BY-SA)
zusätzliche Kartenbearbeitung: Stefan Berndt, fototypo.de

Freundschaft: www.facebook.com/fredundotto